JN296692

認知科学パースペクティブ
──心理学からの10の視点──

都築誉史 編

信 山 社

はじめに

　認知科学は，知能と知的システムの性質を理解しようとする学際的な研究領域である．認知科学は1956年ごろに誕生したと見なされているが，実質的には約四半世紀の歴史しかないと言えるであろう．歴史と定義は序章で詳しく述べるが，現在の認知科学は，複数の専門領域のゆるやかな連合体と見なした方がわかりやすい．

　認知科学を構成する主要な領域は，心理学，計算機科学（人工知能），言語学，神経科学，哲学の5つであり，それに人類学と教育学を加えることもある．アメリカでは，1980年代後半以降，認知科学と名のつく学際的な学部がいくつも設立され，研究体制が充実してきている．しかし，現代の日本の大学には，認知科学部や認知科学科はまれであるから，認知科学の研究者の多くは，縦割りされたどれかの専攻領域に属することになる．

　従来，我が国では，認知科学のテキストは，情報科学や計算機科学の立場からのものが主流であった．これに対して本書は，認知科学を構成するコア領域である心理学，その中でも特に広義の認知心理学の立場から，認知科学の最近の研究動向を概観する，学部学生向けのテキストとして立案された．

　本書の目次に見られるように，知覚と注意，記憶，知識，言語理解，推論と意思決定といった狭義の認知研究に加えて，学習と認知発達，感情と認知，社会的認知，電子ネットワーキングとコラボレーション，ヒューマン・インタフェースといったきわめて広範囲で，最近の研究動向をふまえたテーマが，9人の分担執筆者によって解説されている．さらに，本書は，計算機科学領域の2人の著者による特別コラム（人工知能，脳と認知）も収録している．

　本書のもう1つの大きな特徴は，近年の認知研究で特に注目されているコネクショニスト・モデル（ニューラルネットワーク・モデル）を重視して構成されている点にある．コネクショニスト・モデルは，脳神経系か

らヒントを得たアプローチであり，現在，認知研究における標準モデルの1つとして，非常に重要な位置を占めている．本書では，コネクショニスト・モデルとともに，最近の神経科学的なアプローチについても，十分な解説がなされている．

本書では，読者の学習と理解を助けるために，さまざまな工夫を凝らした．まず，1980年代以降の新しい研究を紹介するように努め，実証データの説明にとどまらず，モデルに関しても詳細に言及した．各章の最後にコラムを設け，日常生活で役立つような実際的な例をあげた．また，読者のさらなる学習のために，推薦書のリストと簡単な書評からなる読書案内を，各章ごとに示した．認知科学の授業に限らず，認知心理学のテキストや参考書としてもお使いいただけると思う．

本書の執筆者の方々は，各領域で業績をあげられている若手の研究者である．さまざまな事情により，本書の出版作業が大幅に遅れてしまったことは，編者の非力によるものであり，この場をお借りして深くお詫び申し上げる．

本書の企画にあたっては，京都大学の楠見孝先生に大変お世話になった．本書の出版については，立教大学の佐藤彰一先生に多大なご助力を賜った．また，信山社の渡辺左近さんと編集部の皆様には，本書の完成にいたるまで多大のご苦労をおかけした．心からお礼申し上げたい．

2002年3月

　　　　　　　筑波研究学園都市にて　　都 築 誉 史

目　次

序　章 ──────────────── 都築誉史

1 認知と認知心理学 ……………………………………………1
　1.1 認知と研究の学際性 …………………………………1
　1.2 認知心理学と情報処理アプローチ ……………………2
2 認　知　科　学 ………………………………………………4
　2.1 認知科学のアプローチ ………………………………4
　　(1) 認知科学の歴史 ……………………………………4
　　(2) 認知科学と人工知能 ………………………………7
　　(3) 計算主義と認知革命の第二波 ……………………8
　2.2 認知過程と認知構造 …………………………………9
　　(1) 認知過程 ……………………………………………9
　　(2) 認知構造とモジュール性 …………………………10
　2.3 認知科学におけるコンピュータ・シミュレーションの意義 ……11
　2.4 20世紀の認知科学を振り返る ………………………12
3 認知神経心理学 ……………………………………………13
4 相互作用と分散化された認知 ……………………………14

【特別コラム1】コネクショニスト・モデル ─────── 都築誉史

1 コネクショニスト・モデルとは ………………………21
2 コネクショニスト・モデルの分類と基本概念 ………22
3 研究の略史 …………………………………………………23
　3.1 1980年代以前 …………………………………………23
　3.2 1980年代以降 …………………………………………24

  4 コネクショニスト・モデルの計算例 …………………………………25

第1章　知覚と注意 ──────────────── 熊田孝恒

 1 知覚と注意の基本的枠組み──初期視覚と高次視覚 …………………31
  1.1 初期視覚 ………………………………………………………………31
  1.2 高次視覚 ………………………………………………………………32
  1.3 トップダウン処理とボトムアップ処理 ……………………………32
 2 対象の認識 ……………………………………………………………………33
  2.1 陰影からの形知覚 ……………………………………………………33
  2.2 図地反転と知識の効果 ………………………………………………34
  2.3 対象認知の理論 ………………………………………………………35
  2.4 視覚失認 ………………………………………………………………36
 3 選択的注意 ……………………………………………………………………37
  3.1 選択的注意とは ………………………………………………………37
  3.2 視覚的ポップアウト …………………………………………………38
  3.3 空間を媒介とした注意 ………………………………………………39
  3.4 結合探索 ………………………………………………………………40
  3.5 注意のモデル …………………………………………………………40
   (1) 特徴統合理論 ……………………………………………………40
   (2) 誘導探索モデル …………………………………………………42
  3.6 結合問題 ………………………………………………………………43
  3.7 注意のキャプチャ ……………………………………………………44
 4 まとめ──視覚認知の目的は何か …………………………………………45
 《コラム1》　注意が失われた世界 ……………………………………………48

第2章　記　憶 ──────────────────── 寺澤孝文

 1 心理学的記憶理論の概観 ……………………………………………………51
  1.1 現象志向から理論志向の記憶研究へ ………………………………51
  1.2 3タイプの記憶理論 …………………………………………………52

		(1) ルール志向の理論 …………………………………… 52

- (1) ルール志向の理論 …………………………………………… 52
- (2) モジュール志向の理論 ……………………………………… 53
- (3) システム志向の理論 ………………………………………… 53

1.3 認知科学における心理学的記憶理論 ……………………… 54
2 脳研究における記憶理論 ……………………………………… 55
 2.1 記憶区分の主張 …………………………………………… 55
  (1) 短期記憶と長期記憶の区分 ……………………………… 56
  (2) 顕在記憶と潜在記憶 ……………………………………… 56
  (3) 複数記憶システム論 ……………………………………… 57
  (4) スクワイアの記憶区分 …………………………………… 57
 2.2 脳画像研究 ………………………………………………… 58
 2.3 脳画像研究における記憶理論 …………………………… 59
3 システム志向の理論 …………………………………………… 61
 3.1 ネットワーク理論とその問題 …………………………… 61
 3.2 グローバルマッチング理論 ……………………………… 62
 3.3 認知科学に必要な記憶表象に関する議論 ……………… 64

《コラム2》 無意味なパターンからシンボルを創造するアルゴリズム
　　　　　――UMEモデル ………………………………………… 71

第3章 知　識 ――――――――――――――――― 河原哲雄

1 工学的な知識表現モデル ……………………………………… 75
 1.1 弁別ネット ………………………………………………… 76
 1.2 意味ネットワーク ………………………………………… 76
 1.3 スキーマ，フレーム，スクリプト ……………………… 79
 1.4 プロダクション・システム ……………………………… 82
2 概念とカテゴリーの認知心理学 ……………………………… 86
 2.1 定義的特徴モデル ………………………………………… 86
 2.2 プロトタイプ・モデル　　　　　　　　　　　　　　87

	2.3　事例モデル	87
	2.4　理論ベースモデル	88
3	コネクショニスト・モデル	89
	3.1　コネクショニズムと知識表現	89
	3.2　スキーマ検索のコネクショニスト・モデル	91
	3.3　概念獲得のコネクショニスト・モデル	93

《コラム3》　Linuxで学ぶ認知科学　97

【特別コラム2】人工知能　―― 三輪和久

1	作ってわかる人間の心	100
2	人工知能モデルの様々	101
3	人工知能モデルの実際――プロダクション・システムの例	102
4	プロダクション・システムの現在	105

第4章　言語理解　―― 都築誉史

1	はじめに	107
	1.1　強い方法と弱い方法	107
	1.2　文の表象	108
2	言語学からのアプローチ	109
	2.1　生成文法	109
	2.2　格文法	109
3	シャンクらの研究	111
	3.1　概念依存理論	111
	3.2　スクリプトとMOP	111
4	ACTモデル	113
5	容量モデル	115
6	キンチュらの研究	116
	6.1　キンチュとヴァン・ダイクのモデル	116
	6.2　構成-統合モデル	116

7 コネクショニスト・モデル ·· 119
    7.1 コネクショニスト・モデルの枠組み ······························ 119
    7.2 超並列統語解析モデル ·· 119
    7.3 並列分散処理モデル ·· 120
      (1) 並列分散処理モデルの特徴 ·· 120
      (2) 単純再帰ネットワーク ·· 122
      (3) 文ゲシュタルト・ネットワーク ································ 122
  8 最 後 に ·· 124
《コラム4》 失語症と失読症 ··· 130

第5章 推論と意思決定 ─────────── 山岸侯彦

  1 三段論法的推論 ·· 133
  2 仮説をテストする認知過程 ·· 135
  3 確率の判断とヒューリスティック ·· 137
    3.1 連言誤謬 ·· 137
    3.2 典型との類似性ヒューリスティック ·························· 138
    3.3 利用可能性のヒューリスティック ······························ 139
    3.4 その他のヒューリスティック ······································ 140
  4 意思決定の認知モデル ·· 141
    4.1 期待効用 ·· 141
    4.2 選好が逆転することの発見 ·· 142
    4.3 選好逆転の認知科学的説明 ·· 143
    4.4 選好逆転のモデルとその後の展開 ······························ 144
  5 記述不変性からの逸脱とプロスペクト理論 ······································ 146
    5.1 記述不変性とフレーミング効果 ·································· 146
    5.2 プロスペクト理論が説明できる選択の矛盾 ·············· 147
  6 新たな展開 ·· 148
《コラム5》 日常場面での選択と放棄の矛盾 ····································· 153

第6章　学習と認知発達 ―――― 外山紀子

- 1　機械の学習 …………………………………………………………155
  - 1.1　学習とは，新たな入出力関係をつくりだすことである ………155
    - (1)　システム内部の変容としての学習 ………………………155
    - (2)　2つのモデル ………………………………………………156
  - 1.2　記号処理モデル …………………………………………………156
    - (1)　記号の計算としての思考 …………………………………156
    - (2)　学習とは新しいルールの生成である ……………………157
    - (3)　記号処理モデルの限界 ……………………………………158
  - 1.3　並列分散処理モデル ……………………………………………159
    - (1)　脳の情報処理 ………………………………………………159
    - (2)　知識はユニットの結合の中にある ………………………160
    - (3)　学習とは結合強度の調整である …………………………161
    - (4)　経験論と並列分散処理モデル ……………………………162
- 2　人間の発達における学習 …………………………………………163
  - 2.1　制　約 ……………………………………………………………163
  - 2.2　語の獲得における制約 …………………………………………164
    - (1)　ギャバガイ問題 ……………………………………………164
    - (2)　語の指示対象の特定――事物全体制約 …………………164
  - 2.3　ハードウェアの未熟さによる制約 ……………………………165
    - (1)　ハードウェアの成熟を含む発達 …………………………165
    - (2)　言語獲得の臨界期 …………………………………………166
  - 2.4　フィードバックに依存しない学習 ……………………………166
    - (1)　文法の学習 …………………………………………………167
    - (2)　食べ物の汚染原理の理解 …………………………………167
  - 2.5　外的制約 …………………………………………………………168
- 3　まとめ ………………………………………………………………168
  - 3.1　機械の学習と人間の発達 ………………………………………168

3.2 生得的制約とは何か ……………………………………… 169
《コラム6》 乳児は物理的世界の基本原則に気づいている ……… 174
   1 馴化パラダイム ………………………………………………… 174
   2 ピアジェによる「ものの永続性」…………………………… 174
   3 乳児が物理現象の不合理性に気づく ………………………… 175

第7章 感情と認知 ─────────────────── 中村　真

1 なぜ感情があるのか──感情の意味論と生理的基盤 ………… 177
 1.1 感情の機能 …………………………………………………… 177
 1.2 感情の生理学的中枢 ………………………………………… 178
 1.3 感情と認知 …………………………………………………… 179
2 感情喚起プロセスのモデル ……………………………………… 179
 2.1 2要因説 ……………………………………………………… 179
 2.2 刺激評価モデル ……………………………………………… 180
3 表情と感情の認識 ………………………………………………… 183
 3.1 表情に表れる感情情報 ……………………………………… 183
  (1) 感情と普遍的な表情 …………………………………… 183
  (2) 感情間の関係 …………………………………………… 183
 3.2 ニューラルネットワークによる表情の分析と合成 ……… 184
  (1) 表情情報 ………………………………………………… 184
  (2) ニューラルネットの構造と学習 ……………………… 184
  (3) モデルの評価 …………………………………………… 186
 3.3 表情認識への認知心理学的アプローチ …………………… 187
4 感情情報と知識構造 ……………………………………………… 188
 4.1 感情情報の記憶 ……………………………………………… 188
 4.2 感情信号 ……………………………………………………… 189
5 今後の課題 ………………………………………………………… 191
《コラム7》 プロダクション・ルールとしての表示規則 ………… 195

【特別コラム3】脳と認知 ───── 大森隆司
  1 モデルはいろいろ ……………………………………………………… 197
  2 モデルの相互関係 ……………………………………………………… 198
    (1) 生理実験と生理モデル ……………………………………………… 198
    (2) 行動実験と認知モデル ……………………………………………… 199
    (3) 生理モデル・認知モデルと計算モデル …………………………… 200
  3 モデルの役割 …………………………………………………………… 200
  4 認知過程の脳モデル化への戦略 ……………………………………… 201

第8章　社会的認知 ───── 木村泰之・都築誉史
  1 印 象 形 成 ……………………………………………………………… 203
    1.1 印象形成の古典的理論 ……………………………………………… 203
    1.2 ネガティビティ・バイアス ………………………………………… 205
    1.3 プライミング効果 …………………………………………………… 206
  2 帰 属 理 論 ……………………………………………………………… 208
    2.1 共変モデルと因果図式モデル ……………………………………… 208
    2.2 スクリプトと自動的特性推論 ……………………………………… 210
  3 態　　度 ………………………………………………………………… 212
    3.1 認知的一貫性 ………………………………………………………… 212
      (1) 認知的均衡理論 …………………………………………………… 212
      (2) 認知的不協和理論 ………………………………………………… 213
    3.2 説得的コミュニケーションと態度変容 …………………………… 214
      (1) 情報処理要因 ……………………………………………………… 214
      (2) 送り手・受け手要因 ……………………………………………… 215
      (3) メッセージ要因 …………………………………………………… 216
      (4) 状況要因 …………………………………………………………… 217
  4 コネクショニスト・モデルと社会的認知 …………………………… 217
  《コラム8》集団の認知 ………………………………………………… 223

第9章　電子ネットワーキングとコラボレーション
――――――――――――――――――――木村泰之・都築誉史

1　コンピュータ・コミュニケーションの特徴 …………………225
　1.1　情報濾過機能 …………………………………………226
　1.2　立場の平等化 …………………………………………226
　1.3　リスキーな意思決定 …………………………………227
　1.4　フレーミング …………………………………………229
　1.5　意見の発散 ……………………………………………231
2　コンピュータ・コミュニケーションとコラボレーション ……232
　2.1　集団思考 ………………………………………………232
　2.2　コラボレーションにおける課題の種類 ……………233
　　　(1)　討議課題（葛藤解決）………………………………234
　　　(2)　選択課題（調整）……………………………………235
　　　(3)　生成課題（共同）……………………………………237
3　まとめ ………………………………………………………239

《コラム9》　ソフトウェアのインタフェース ………………243

第10章　ヒューマン・インタフェース――人とモノの相互作用を考える
――――――――――――――――――――――――原田悦子

1　認知科学の成果の「応用」としてのモデル化 ……………247
2　相互作用過程を「対話」としてモデル化する ……………252
3　相互作用過程と問題解決――媒体としてのモノ …………256
4　パーソナルビューからみた相互作用――ユーザビリティテスト ……259
5　状況・社会的文脈の中での人-モノ間相互作用 …………261
6　構成概念としての「使いやすさ」……………………………263

《コラム10》　コンピュータはなぜ難しいのか ………………268

　人名索引 ……………………………………………………271
　事項索引 ……………………………………………………274

執筆者紹介（執筆順）

都築誉史（つづき　たかし）　　執筆担当：序章，特別コラム1，第4，8，9章
　　　　　　　　　　　　　　　立教大学社会学部教授

熊田孝恒（くまだ　たかつね）　執筆担当：第1章
　　　　　　　　　　　　　　　産業技術総合研究所人間福祉医工学研究部門
　　　　　　　　　　　　　　　グループリーダー

寺澤孝文（てらさわ　たかふみ）執筆担当：第2章
　　　　　　　　　　　　　　　岡山大学教育学部助教授

河原哲雄（かわはら　てつお）　執筆担当：第3章
　　　　　　　　　　　　　　　東京大学大学院教育学研究科助手

三輪和久（みわ　かずひさ）　　執筆担当：特別コラム2
　　　　　　　　　　　　　　　名古屋大学大学院人間情報学研究科助教授

山岸侯彦（やまぎし　きみひこ）執筆担当：第5章
　　　　　　　　　　　　　　　東京工業大学大学院社会理工学研究科助教授

外山紀子（とやま　のりこ）　　執筆担当：第6章
　　　　　　　　　　　　　　　津田塾大学学芸学部専任講師

中村　真（なかむら　まこと）　執筆担当：第7章
　　　　　　　　　　　　　　　宇都宮大学国際学部助教授

大森隆司（おおもり　たかし）　執筆担当：特別コラム3
　　　　　　　　　　　　　　　北海道大学大学院工学研究科教授

木村泰之（きむら　やすゆき）　執筆担当：第8，9章
　　　　　　　　　　　　　　　立教大学社会学部助手

原田悦子（はらだ　えつこ）　　執筆担当：第10章
　　　　　　　　　　　　　　　法政大学社会学部教授

序　章

　認知科学は，学際的研究の典型例の1つといえよう．認知科学の成立における研究者の自覚を，スティリングスら（Stillings et al., 1987）は，次のようにまとめている．

　「心理学，言語学，計算機科学，哲学，および神経科学の研究者は，それぞれが人間の心の特性について多くの同じ問いかけを行ってきたこと，そして彼らが展開してきた研究方法は，互いに補完的であり本来的には協同的なものであるということに気づいた．」

　心理学は認知科学における中心的な研究領域の1つである．「はじめに」ですでに指摘したように，本書は，認知心理学を基盤として，最近の認知科学を展望するというスタンスをとっている．

　認知心理学（cognitive psychology）と認知科学（cognitive science）は，相互に強く関連している．その違いは何だろうか．大まかに言うと，認知心理学が実験データを重視するのに対し，認知科学ではモデル構成が重視されるという特徴がある．さらに，近年の認知研究は，(a)脳の研究と，(b)相互作用（人と人，人と人工物）の研究という両方向へ発展している．本章では，認知科学のアプローチとモデルに関して説明する前に，認知（cognition）という用語と認知心理学について述べ，最後に脳研究と相互作用研究の動向を紹介する．

1　認知と認知心理学

1.1　認知と研究の学際性

　cognition の語源は，ラテン語の cognōscere で，語義は「知ること」であり，哲学では認識と訳される．認知科学では，まず，生体が内的なシステム

や知識を有していることを前提とし，それを「心的表象（mental representation）」と呼ぶ．そして，認知とは，生体がこうした心的表象との相互作用を通して，外界からの情報を受容し，選択し，変形し，対象に関する新しい知識を生成し，適応的な行為のためにそれを運用する活動をさす．したがって，認知という用語は，生体の情報収集と情報処理活動の総称であり，知覚，注意，記憶，思考，言語理解・言語生成といった，生体の知的諸過程をさす包括的な構成概念である．狭義には，感覚，知覚過程と区別された高次の心的過程をさすこともある．また，感情や情動といった主観性の強い心的過程とは区別されることが多い．

ただし，ここで述べた認知の定義は，あくまでも暫定的なものである．これから説明していくように，最近の認知研究はさまざまな広がりを見せており，当然その定義も大きく変化しつつある．

認知研究は学際的に行われているが，心理学，計算機科学，言語学，神経科学，哲学，人類学，教育学といった領域が均等な力関係で相互作用しているわけではない．現時点では，認知科学は，「自立した学問というよりは，種々の学問の緩やかな連合体とでも言うべきである（Varela et al., 1991）」といった指摘もある．

北米を中心とした国際的な認知科学会の学会誌 *Cognitive Science* における，第一著者の所属機関の学問領域を分類した興味深いデータがある（Schunn, Crowley, & Okada, 2000）．それによると，1977～1981年において最も著者の数が多い領域は計算機科学（約40％）で，次いで心理学（約30％）であった．しかし，1996～1997年で最も多いのは心理学であり（約50％），次いで計算機科学（約20％）と逆転している．一例にすぎないが，この報告からも，認知科学における心理学と計算機科学の優勢は明らかであろう．

1.2 認知心理学と情報処理アプローチ

大まかに言って，認知心理学では人間の心をコンピュータの機能にたとえて理解しようと試みており，これを情報処理アプローチと呼ぶ．したがって，認知心理学とは，情報処理アプローチに基づいて，人間の認知過程や知識構造について研究するモデル指向的な実験心理学である（認知過程と認知構造

に関しては，後でまとめて説明する）．

1920年代以降，心理学の領域では，内的過程の研究を排除し，客観的な自然科学を目指す行動主義（behaviorism）が主流であった．刺激と反応の関係だけが問題とされ，主に動物を用いた実験によって，行動の条件づけ（conditioning）が詳細に研究された．こうした行動主義心理学に対する「認知革命（Gardner, 1958）」として，1950年代後半から1960年代に，情報科学，計算機科学，言語学などの影響のもとに，認知心理学のパラダイムは形成された．

第一に，系時的・段階的な情報処理アプローチの基礎は，人間の情報処理容量が 7 ± 2 チャンク（chunk：情報のまとまり）であることを検討したミラー（Miller, 1956）の研究や，入力情報が選択されて記憶に至る過程を明確にフローチャートの形でモデル化したブロードベント（Broadbent, 1958）らの研究の中で確立された．そして，情報の保持時間によって記憶を多重のシステム（感覚貯蔵，短期貯蔵，長期貯蔵）に区分するといった，認知過程の研究に浸透していった（第2章参照）．

第二の計算機科学，特に知識に基づく高度な情報処理を実現しようとする人工知能（artificial intelligence：AI）研究の成果は，認知心理学における知識構造の研究と，高次精神過程の研究に大きな影響を及ぼした．ニューエルら（Newell, Shaw, & Simon, 1958）による問題解決のコンピュータ・シミュレーションは，こうした初期の代表的な人工知能研究の1つである．彼らの研究は，if-then 規則の集合に基づいて制御された推論を実行するプロダクション・システム（production system）へと発展し，認知心理学に大きく寄与してゆく（第3章参照）．

第三に，言語学の領域における，チョムスキー（Chomsky, 1957）の生成文法理論やフィルモア（Fillmore, 1968）の格文法理論は，言語研究の基本的な枠組みとして様々な側面から検討されてきた（第4章参照）．チョムスキーは言語能力の生得性を仮定しており，彼が言語習得と関連して行動主義を強く批判したことは，良く知られている．

1967年に出版されたナイサー（Neisser）の著書 *Cognitive Psychology* と1970年に創刊された同名の学会誌は，認知心理学の分野に定義を下す上で，重要

な役割を果たした.ナイサーの著書は,知覚と注意に関する6章と,記憶,言語,思考に関する4章で構成されている.これとは対照的に,2000年に出版された,アイゼンクとキーン(Eysenck & Keane)による概説書は,知覚・注意に関する4章,記憶に関する3章,知識・概念に関する2章,言語に関する3章,問題解決,創造性,推論・演繹,意思決定,認知と情動に関する5章から構成されており,現代の認知研究の広がりを示している.

認知心理学に寄与した他の要因として,測定方法の洗練と統計解析技法の普及をあげることができる.これらは,行動主義心理学によって発展した方法論を継承していると見なすこともできよう.特に,刺激を瞬間提示し,高精度で測定する実験装置(最近では,パソコンが活用される)の普及によって,単なる遂行成績に加えて,1ミリ秒(1000分の1秒,ms)単位で測定された反応時間データが,認知心理学の諸問題に対する重要な知見を生み出してきた.

一方,認知心理学の実験データに関しては,(a)課題遂行の速度や正確さといった指標は,内的な認知過程や認知構造に関する間接的な情報にすぎない,(b)統制された実験室状況で得られたデータは,日常生活における行動とは異なる可能性がある,といった観点からその限界が指摘されることがある(Eysenck & Keane, 2000).こうした,認知研究の諸技法の特徴と限界に関しては,海保・加藤(1999)が参考になる.

心理学は,「今日でも,真に蓄積できる学問ではなく,印象的ではあるがそれぞれが孤立した知見から構成された科学(Gardner, 1985)」ではないかと批判されることがある.この点を克服するためには,計算機科学や他の領域と結びついた研究を行う必要がある.つまり,こうした批判に対する答えの1つが,認知心理学から認知科学への展開であると言えよう(都築,1997).

2 認 知 科 学

2.1 認知科学のアプローチ
(1) 認知科学の歴史

認知科学は,知能と知的システムの性質を理解しようとする学際的な研究領域である.認知科学では,心的表象レベルにおいて分析が行われ,コンピ

ュータ・シミュレーション（計算論的モデル）が重視される．

　ガードナー（Gardner, 1985）は，認知科学にとって鍵となった1950年代までの理論的背景として，主に次の3つをあげている．その第一は，論理数学的研究である．チューリング（Turing）は，1936年にコンピュータの理論的基礎を示し（チューリング・マシンと呼ばれる），1950年には，機械からの答えを質問者に見せ，それが本当の人間による答えと区別できないような機械をプログラムできると示唆した．このアイデアは，「チューリング・テスト」と呼ばれ，人工知能や認知科学でしばしば引用される．

　一方，シャノン（Shanon）は，1938年に，電気回路のリレースイッチのオンとオフが，記号論理で記述可能であることを示した．そして，1949年には，情報の基本単位がビットであることに基づいた情報理論を提案する．フォン・ノイマン（von Neumann, 1945）は，こうした研究をふまえて，プログラム内蔵方式のコンピュータの構想を提唱した．第二次世界大戦直後の1946年には，真空管を用いた最初のコンピュータENIACが開発されている．

　第二の理論的背景は，神経モデルであり，マカロックとピッツ（McCulloch & Pitts, 1943）は，神経細胞の働きと他の神経細胞との結びつきを，数学的にモデル化できることを示した．さらに，ヘッブ（Hebb, 1949）は，神経細胞同士の結びつき（シナプス結合）を強める学習の規則を提案している．こうした研究は，扱う心的表象のレベルが微視的すぎるとして，記号処理モデルの立場から批判された．しかし，特に1980年代以降，コネクショニスト・モデル（connectionist model）として発展してきている（特別コラム1参照）．

　第三に，ウィーナー（Wiener, 1949）は，コントロール（制御）とコミュニケーション（通信）が不可分とする考えを提出した．そして，この2つの理論領域を，機械においてであれ，動物においてであれ，サイバネティックス（cybernetics）という名称で統合しようと試みた．

　1956年に，マサチューセッツ工科大学で情報科学に関するシンポジウムが開催され，先に述べたように，チョムスキー，ミラー，ニューエルとサイモンによる重要な研究が発表された．この年には，ブルーナーら（Bruner, Goodnow, & Austin, 1956）によって，人間の思考（概念形成）に関する認知心

序章

理学的な著作も発表されている．同年，ダートマス大学においてもコンピュータの問題解決能力に関する会議があり，シャノン，マッカーシー（McCarthy, 人工知能研究用の記号処理言語LISPの開発などで知られる），ミンスキー（Minsky），ニューエル，サイモンらが参加した．その際に，ニューエルとサイモンは，数学基礎論の定理証明を行うプログラム（Logic Theorist）を紹介した．また，この会議において，初めて人工知能という言葉がマッカーシーによって使われたとされている．こうしたことから，特に1956年を，認知科学の誕生の年と見なすことがある（Gardner, 1985）．

人間の認知システムにおいては，神経生理学的レベルから社会文化的レベルに至る多様な要因が，緊密に関連し合っている．これまで述べたように，1950年代後半から，心理学，計算機科学（人工知能），言語学，神経科学，哲学等の近接領域における研究成果や方法論が相互に影響し合う傾向が顕著になった．学際的研究の必要性から，学会誌である *Cognitive Science* が1977年に創刊され（当時の副題は，「人工知能，心理学，言語学による学際的学術雑誌」であった），同名の国際学会が北米を中心に発足した（1979年）．日本認知科学会の創設は，1983年である．

また，1985年に，ヨーロッパ系の認知研究の中心的な学術雑誌 *Cognition* は，副題を「認知心理学の国際学会誌」から，「認知科学の国際学会誌」に改称している．ちなみに，人工知能学会の機関誌 *Artificial Intelligence* の創刊は1970年である．1988年から，*Cognitive Science* 誌の副題は，「人工知能，言語学，神経科学，哲学，心理学による学際的学術雑誌（領域の順番はアルファベット順）」となっている．

第一回認知科学会議の招待論文のなかで，ノーマン（Norman, 1980）は，認知科学で扱うべき12の主題として，以下をあげている．各項目の括弧内には，本書の対応する章を示した．

(a)信念システム（第8章），(b)意識，(c)発達（第6章），(d)感情（第7章），(e)相互作用（社会的，あるいは，人間-機械：第8，9，10章），(f)言語（第4章），(g)学習（第6章），(h)記憶（第2章），(i)知覚（第1章），(j)行為実行，(k)技能，(l)思考（第5章）．

上記のように，本書では，意識，行為実行，技能については扱っていない

が，それ以外の領域はほぼ網羅しており，人工知能（特別コラム2）や，脳研究（特別コラム3）に関しても説明を加えている．最近，意識の問題に関しては，精力的な取り組みがなされている．興味ある読者は，たとえば，苧阪（2000）を参照してほしい．

(2) **認知科学と人工知能**

認知科学では，心理学的データから構成された，認知過程の複雑な相互作用に関する理論を，プログラミング言語を用いて明確にモデル化し，コンピュータ・シミュレーションの実行によって，モデルの論理的整合性と妥当性の検証が行われることが多い．このように認知科学では，人間の認知システムとシミュレーション・モデルとの間の単なる機能的等価性だけではなく，機能を生み出す一定の抽象的レベルでの構造的等価性が追求される．従って，主に機能的等価性のみを実現しようとする人工知能研究とは区別される．

ある機能を実現する方法論の議論において，「鳥と飛行機」の例がよく持ち出される．人間は鳥を見て飛びたいと願い，ついに飛行機を発明した．しかし，鳥と飛行機の飛行の原理は，まったく異なっている．この例から，人間の知的な機能をコンピュータで実現する際に，必ずしも人間の真似をする必要はないという示唆が得られる（松原，1997）．

人工知能の理論を工学的に応用する分野は，知識工学（knowledge engineering）と呼ばれており，限定された領域において，人間の専門家による推論結果に近い答えを出力するエキスパート・システム（expert system）の研究が行われてきた．1980年代には，いくつかの有用なエキスパート・システムの開発などをきっかけとして，AIブームが起きた．しかし，1990年代になるとこうしたブームは終わり，人工知能に対する厳しい評価が広がった．なぜなら，人工知能は部分的には成功しているが，知的情報処理システムの実現にはほど遠い状況だからである．近年，こうした従来のアプローチを「古き良き人工知能（good old-fashioned artificial intelligence : GOFAI）」と呼ぶことがある．1982年には，10年間で人工知能コンピュータを開発するという，日本の第五世代コンピュータ・プロジェクトが開始されたが，必ずしも成功裏に終わったとは言えないように思われる．

理解しやすい部分的な成功の一例として，コンピュータ・チェスがある．

1997年に,強化したスーパー・コンピュータをベースにしたディープ・ブルー(Deep Blue, IBM 社のチェス専用マシン)が,人間のチェスの世界チャンピオンに僅差ながら勝利を収めた(2勝1敗3引き分け).ディープ・ブルーのプログラムには,さまざまな人工知能研究の成果が活用されているが,基本的には力任せによる全数探索(brute force search)という方法が用いられている.つまり,その勝利は,「人間の真似」方法論ではなく,「コンピュータ独自」方法論に基づいていた.コンピュータ・チェスは,シャノンやチューリングらによって生み出された領域であり,約50年かけて人間の世界チャンピオンに勝つという目標を達成したことになる(松原,1997).

(3) 計算主義と認知革命の第二波

典型的な認知科学の立場によれば,人間の認知過程は記号で表現可能な心的表象に対する複雑な形式的操作(computation, 計算)であるとみなされる.簡単に言えば,「認知は記号の計算である」と仮定する.脳に関する神経科学や,刺激-反応の対応関係を扱う行動主義とは異なり,心的表象レベルにおいて人間の知能を解明しようとする認知科学的アプローチは,(古典的)計算主義(computationalism)と呼ばれる.ニューエル(Newell, 1980)の「物理記号系(physical symbol system)仮説」には,この立場が典型的に表明されている(これは,GOFAI にほぼ対応している).

物理記号系仮説によれば,柔軟性と合理性を示す適応的な人間の認知システムは,ある種の記号操作によって実現されていると仮定する.そして,計算可能な関数の最大クラスを表現できる現在の記号処理言語によって,知能のモデルをシミュレーション・プログラムの形で実現できるはずであると主張された.if-then ルールの集合に基づいて制御された推論を行うプロダクション・システム(production system)は,こうした記号処理モデルの典型例の1つである.また,アンダーソン(Anderson, 1976, 1993)は,プロダクション・システムをベースとして,認知の統一モデル ACT(adaptive control of thought)を提案している(第3, 4章参照).このように,当初は記号処理アプローチの影響が強かったため,記憶,言語,思考といった人間の知識の機能,構造,処理過程に関連した領域に研究が集中し,感情や社会・文化的文脈などの問題は,ひとまず無視されていた.

これに対して，1980年代の半ばごろから，研究の流れが大きく変化する．これを，認知革命の第二波と呼ぶこともある（波多野・三宅，1996）．その第一は，脳神経系にヒントを得たコネクショニスト・モデルの発展である（Rumelhart, McClelland, & the PDP Research Group, 1986：特別コラム1参照）．コネクショニズムでは，認知を単純な要素（unit，ユニット）のネットワークにおける全体状態の「創発（emergence）」として把握しようとする．

第二は，頭の中の処理と外界との相互作用の重視（たとえば，人間と機械のインタフェースの問題，第10章参照），第三は棚上げされていた感情や社会・文化的文脈などの復活である（第7，8章参照）．この第二，第三の立場では，認知が状況に依存しており，社会的活動である点が強調され，「状況的認知（situated cognition）」や，「分散化された認知（distributed cognition）」と呼ばれるアプローチを生み出している．こうした問題に関しては，本章の最後でもう一度言及する．

2.2 認知過程と認知構造

認知研究は，大まかに認知過程（cognitive process）へのアプローチと，認知構造（cognitive structure）へのアプローチに分けることができる．今までの説明と重複する部分があるが，この2つについて整理しておくことは，本書を読み進める上で有用であろう．

(1) 認知過程

生体の認知を情報処理過程として把握する際には，異なるタイプの処理を区別することが必要である．第一に，ボトムアップ処理とトップダウン処理とが区別される．前者はデータ駆動型とも呼ばれ，視覚や聴覚からの入力データにもとづいた，分析水準が低次から高次へと向かう情報処理をさす．これに対して，後者は既存の知識や期待といった認知構造にそってなされる情報処理であり，概念駆動型と呼ばれる．ノーマン（Norman, 1981）の指摘によれば，ボトムアップ処理とトップダウン処理間の相互作用の発生が，人間の情報処理の一般的な特徴である．

たとえば，"THE CAT"という文字の並びがあって，TとE，CとTの間の文字がHかAか曖昧であったとしよう．しかし，ほとんどの人は，"THE

CAT"と解釈するであろう．その際には，文字の分析によるボトムアップ処理だけではなく，知識に基づいたトップダウン処理が働いている．

　第二に，注意を人間の情報処理システムにおける有限な処理資源 (processing resource) としてとらえた場合，心的努力に依存する制御的処理過程と，注意に依存しない自動的処理過程とが区別され，訓練によって後者は前者に移行することが知られている．自動車の運転やピアノの演奏などで，初心者が練習によってだんだんと熟達してゆくプロセスがその例である．

　第三に，人間の認知過程における系列処理と並列処理の問題は，研究における重要な論点の1つである．たとえば，前者は記号処理モデルであるプロダクション・システムに，後者は脳神経系からヒントを得たコネクショニスト・モデルと関連する．

(2) **認知構造とモジュール性**

　外界から情報を収集し処理する際に，生体が用いる構造化された知識表象を認知構造と呼ぶ．バートレット (Bartlett, 1932) は，過去の経験から体制化された抽象的な認知構造 (schema, スキーマ) が，人間の記憶において重要な役割をはたすことを実験によって示した．また，ピアジェ (Piaget, 1936) は，シェマ (schéma) の発達的な構成過程と，シェマへの同化やシェマ自体の調節という機能的な変化を論理数学的に分析しており，その発生的認識論は発達心理学に大きな影響を及ぼした．

　認知心理学や認知科学においては，1970年代以降，認知構造の問題は，知識がいかに表現され，組織化され，利用されるかという知識表象の問題として，主要な研究テーマの1つとなってきた．こうした研究領域では，構造化された知識表象を用いた情報処理に関する詳細なシミュレーション・モデルが作成されると共に，その心理学的妥当性が実験的に検討されている．代表的な例として，日常的な事象に関する一連の出来事の連なりをモデル化した，シャンクとアベルソン (Schank & Abelson, 1977) によるスクリプト (script) や，ミンスキー (1975) のフレーム理論をあげることができる（第3章参照）．

　1980年代以降，社会心理学の領域においても，スキーマやスクリプトといったモデルが導入され，実証的に検討されてきた（第8章参照）．こうしたアプローチを，特に認知社会心理学とよぶ．また，対人認知における認知者

側の特性の研究においても認知構造が問題とされている．社会心理学において，認知構造の研究が発展してきた要因の1つに，多次元尺度構成法（MDS），因子分析，クラスター分析，共分散構造分析（構造方程式モデリング）といった多変量解析技法の普及がある．認知心理学においても，こうしたデータ解析技法を用いて，人間の知識構造に関する検討を行うことがある．

　フォーダー（Forder, 1983）は，あらゆる関連情報を参照した処理を必要とする中央系と，知識の呼び出しを必要としない機能単子系（入力系）とを明確に区別し，後者の性質をモジュール性（modularity）と名づけた．つまり，知覚系や初期段階の言語系といった各モジュールは，作動が高速，強制的，無意識的であり，領域固有的（個々のモジュールは特定の情報タイプのみを扱う）であって，利用できる情報源が限られている（情報遮蔽性，informationally encapsulated）と主張される．マー（Marr, 1982）の視覚モジュールに関する研究などをふまえて，フォーダーは中央系に至る前にかなりの処理が，さまざまな制約条件を活用してボトムアップ的になされると仮定している．

2.3　認知科学におけるコンピュータ・シミュレーションの意義

　前にも述べたように，認知科学ではコンピュータ・シミュレーションという方法論が重要な意味をもつ．コンピュータ・シミュレーション・モデルとはモデルの特殊な形態であり，厳密に定義された記号体系であるプログラミング言語によって記述されている．したがって，プログラムを実行させることにより，モデルの整合性を客観的に検証することができる．また，内部構造が明示的なシミュレーション・モデルでは，特定の実験事態に対して理論値を出力するまでの内的処理過程を問題にすることができる．

　認知研究は，シミュレーション・モデルを積極的に導入し，実験データとの比較検討を通して，モデルに修正を加えながら展開してきた．また，特定の現象に関するシミュレーション・モデルを構成する過程において，これまで見過ごされてきた諸問題が新たに見いだされることが多い．たとえば，人工知能研究にみられるように，コンピュータ・シミュレーションは，以前には当たり前だと考えられていた心的過程の細部がいかに複雑なものであるかを，研究者に再発見させる役割も果たしてきた．

認知研究の分野では，これまで，様々なモデルが提案されてきた．たとえば，数理モデルがその一例である．しかし，従来の数理モデルは，独立変数と観測データの関係を関数的に記述できるにすぎず，データの生成過程自体を扱うことが困難であった．なぜなら，情報処理過程を問題にするためには，何らかの内的表象を仮定することが必要であるが，過去の数理モデルにはそれが欠如していたからである．

従来の数理モデルに代わるものとして注目されるようになったのが，言語記憶の意味ネットワーク・モデル（第3章参照）や，問題解決に関するプロダクション・システムである．これらはプロセス・モデルの一種であり，特定の心的構造を仮定した上で，その処理過程をもモデル化している．換言すれば，認知研究における主要なシミュレーション・モデルは，数式で表現可能な側面だけでなく，数式では記述できない要因をもプログラミング言語で記述したものであり，人間の認知システムとシミュレーション・モデルとの間の，単なる機能的等価性だけではなく，一定の抽象レベルにおける構造的等価性が追求される（都築，1999）．

2.4 20世紀の認知科学を振り返る

ミネソタ大学認知科学センターでは，20世紀の認知科学において最も影響力のあった著書・論文を公募し，それを教員グループが評価したリストを公開している（http://cogsci.umn.edu/millennium/final.html）．参考までに1～10位をあげてみると，以下のようになる．

(1)チョムスキー（1957）『文法の構造』，(2)マー（1982）『ビジョン』，(3)チューリング（1950）『計算機と知性』，(4)ヘッブ（1949）『行動の機構』，(5)ラメルハートら（1986）『並列分散処理』，(6)ニューエルとサイモン（1972）『人間の問題解決』，(7)フォーダー（1983）『精神のモジュール形式』，(8)バートレット（1932）『想起』，(9)ミラー（1956）『魔法の数 7 ± 2 』，(10)ブロードベント（1958）『知覚とコミュニケーション』．

これまでに述べてきたことの総復習と言えそうなリストである．第一著者の専門領域を見てみると，心理学が5名，計算機科学が3名，言語学と哲学がそれぞれ1名であり，先に引用したシューンら（2000）の結果とよく似て

いる．これらのうち，(2), (4), (5)はコネクショニスト・モデルと関連している．

日本認知科学会でも，学会員を対象として20世紀を振り返る同様のアンケートが行われた（市川，2001）．それによると，影響力のあった著書・論文の1〜4位は，(1)ラメルハートら (1986), (2)マー (1982), (3)サイモン (1969)『システムの科学』, (4)チョムスキー (1957)とミラー (1956)であり，きわだった出来事（理論，モデル，研究テーマなど）の1〜5位は，(1)認知神経科学（脳科学，脳機能イメージングを含む），(2)コネクショニズム，(3)生成文法理論，(4)インターネット（特にworld wide web）の普及，(5)スキーマ理論（フレーム，スクリプトを含む）であった．ミネソタ大学の結果と同様に，コネクショニスト・モデルに対する近年の高い評価が反映されていると言えよう．

3　認知神経心理学

認知科学を構成する主な5領域の1つに神経科学があるが，ここでは認知心理学と関連した認知神経心理学（cognitive neuropsychology）について説明する．認知神経心理学では，脳損傷の患者たちがどのような認知障害を起こすかに焦点をあてている．そして，脳損傷の患者を研究することが，健常者の認知過程を知る上で有用であると仮定している．認知神経心理学では，認知にはいくつかの処理モジュール（情報処理の役割分担をしている，脳の細胞，コラム，層，領野）がかかわっていると考える．さまざまな脳損傷患者はいろいろなモジュールに障害を受けているので，そうした患者を詳細に検査することによって，認知に関するほとんどのモジュールを同定できると想定している（第4章・コラム4を参照：ただし，神経科学におけるモジュールという用語は，先に述べたフォーダーのモジュール性の主張にみられるような，強い仮定を含んでいないことに留意すべきである）．

脳研究の基本的な方法としては，微小電極による単一ニューロン活動記録法がある．最近，人間の脳を観察する非侵襲的な機能イメージング技法が大きく発展してきた．従来の事象関連電位（event-related potential : ERP）の測

定に加えて，1990年代には，ポジトロン断層法（positron emission tomography：PET），磁気共鳴画像（magnetic resonance imaging：MRI）および機能MRI（functional MRI：fMRI），脳磁図（magnetoencephalogram：MEG）といった技法が普及してきている（第2章2.2を参照）．

先に述べたニューエルの物理記号系仮説では，学習と自己組織化の側面が軽視されており，脳という知能の根底を成すハードウェアの制約があえて無視されていた．これに対して，従来の臨床・病理研究や，最近の非侵襲的な機能イメージング技法によって，脳の仕組みや機能が徐々に明らかにされてきている．こうした知見は，それを無視したモデル構成は適切ではないという意味で，認知科学的なモデルに一定の制約を与えている．換言すれば，脳についてある程度の知見が蓄積されてきた以上，脳のハードウェア的な制約を取り入れたモデル構成が必要になってきたと言うことができよう．コネクショニスト・モデルはその一例である．脳と認知の関わりについては，特別コラム1，3も参照して欲しい．

4　相互作用と分散化された認知

ここまでは，認知科学と関連した主要な研究領域（認知心理学，人工知能，認知神経心理学など）と，認知科学における基本的なアプローチやモデルについて説明してきた．一方，2.1の最後に述べたように，1980年代半ばから，頭の中と外界の相互作用や，社会・文化的文脈の問題がクローズアップされるようになってきている．

相互作用に関しては，人間と機械の関係を扱うヒューマン・インタフェース（認知工学）研究や，コンピュータによる人間の認知情報処理の支援・増幅（AIに対して，IA：intelligence amplificationと呼ぶことがある）の問題が重要である（第10章参照）．ヒューマン・インタフェース研究では，外界の事物が生体に対して適応行動を誘発する情報を提供しているという，アフォーダンス（affordance：Gibson, 1979）の考え方が注目されている．アフォーダンスは，「環境内の事物が，動物の感覚運動能力に関連して所有する相互作用の機会（Varela et al., 1991）」とも言い換えることができる．こうした研究は，環境

に対して自ら動作できる能力（身体性，embodiment）の意義を重視する立場とも関連する．神経科学の領域においても，ダマシオ（Damasio, 1994）は，理性，感情，身体の三者が不可分であるとし，脳と身体のダイナミックな相互作用の重要性を強調している．

ヒューマン・インタフェースの問題をこえて，1990年代後半以降，インターネットなどの発展により，電子メディアを介したコミュニケーションが急速に普及している．今日，コンピュータは個々人の情報処理を支援するだけでなく，人と人をつなぐコミュニケーションや，グループによる協同作業の支援に活用されている．こうした研究領域はCSCW（computer supported cooperative work）と呼ばれており，さまざまな興味深い問題が発生している（第9章参照）．

社会的文脈の問題と関連して，チームによる協調作業を「分散化された認知」と呼ぶことがあり，比較的新しい研究領域の1つである．分散化された認知の具体例としては，ハッチンス（Hutchins, 1990）によって報告された，船舶の航行におけるチームワークの事例がよく知られている．

一方，人工知能研究の分野で，ミンスキー（Minsky, 1985）は，ある程度自律的で機能が限定されたエージェント（agent）の集合が心であると仮定した，「心の社会（society of mind）」と呼ばれるモデルを提案した．1980年代から，ネットワークによって結合された分散計算システムに，人工知能技術の応用が試みられるようになり，分散人工知能と呼ばれる．こうした分野では，エージェントが互いに協調して問題解決を行う，マルチエージェント指向のアプローチが注目されている（沼岡・大沢・長尾, 1998 を参照）．

このように現代の認知科学は，ミクロな神経細胞レベルのネットワークと，マクロな対人ネットワークや環境との相互作用といった双方向に発展していると言うことができよう．認知科学における学際的な相互作用が，創造的なコラボレーションにつながることを期待したい．

序章

【引用文献】

Anderson, J. R.　1976　*Language, memory and thought.* Hillsdale, NJ: Lawrence Erlbaum Associates.

Anderson, J. R.　1983　*The architecture of cognition.* Cambridge, MA: Harvard University Press.

Bartlett, F. C.　1932　*Remembering: A study in experimental and social psychology.* Cambridge: Cambridge University Press.　宇津木　保・辻　正三（訳）　1983　想起の心理学——実験的社会的心理学における一研究——　誠信書房

Broadbent, D. E.　1958　*Perception and communication.* Oxford: Pergamon.

Bruner, J. S., Goodnow, J. J., & Austin, G. A.　1956　*A study of thinking.* New York: John Wiley.　岸本　弘ほか（訳）　1969　思考の研究　明治図書

Chomsky, N.　1957　*Syntactic structures.* The Hague: Mouton.　勇　康雄（訳）　1963　文法の構造　研究社

Damasio, A. R.　1994　*Descartes' error: Emotion, reason, and human brain.* New York: Putnam's Sons.　田中三彦（訳）　2000　生存する脳——心と脳と身体の神秘——　講談社

Eysenck, M. W., & Keane, M. T.　2000　*Cognitive psychology: A student's handbook. 4th ed.* East Sussex: Psychology Press.

Fillmore, C. J.　1968　The case for case. In E. Bach & R. T. Harms (Eds.), *Universals in linguistic theory.* New York: Holt, Rinehart & Winston.

Foder, J. A.　1983　*The modularity of mind: An essay on faculty psychology.* Cambridge, MA: MIT Press.　伊藤笏康・信原幸弘（訳）　1985　精神のモジュール形式——人工知能と心の哲学——　産業図書

Gardner, H.　1985　*The mind's new science: A history of the cognitive revolution.* New York: Basic Book.　佐伯　胖・海保博之（監訳）　1987　認知革命——知の科学の誕生と展開——　産業図書

Gibson, J. J.　1979　*The echological approach to visual perception.* Boston: Houghton-Mifflin.　古崎　敬ほか（訳）　1985　生態学的視覚論——ヒトの知覚世界を探る——　サイエンス社

波多野誼余夫・三宅なほみ　1996　社会的認知——社会についての思考と社会における思考——　市川伸一（編）　思考（認知心理学4）　東京大学出版会　Pp. 205-235.

Hebb, D. O.　1949　*The organization of behavior.* New York: John Wiley.　白井　常（訳）　1957　行動の機構　岩波書店

Hutchins, E.　1990　The technology of team navigation. In J. Galegher, R. Kraut & C. Egido (Eds.), *Intellectual teamwork.* Mahwah, NJ: Lawrence Erlbaum Associates.　杉本　卓（訳）　1992　チーム航行のテクノロジー　安西祐一郎・石崎　俊・大津由紀雄・波多野誼余夫・

溝口文雄（編）　1992　認知科学ハンドブック　共立出版　Pp. 21-51.

市川伸一　2001　20世紀の認知科学を振り返る――新世紀の発展に向けて――　認知科学, 8, 183-189.

海保博之・加藤　隆（編）　1999　認知研究の技法　福村出版

Marr, D.　1982　*Vision: A computational investigation into the human representation and processing of visual information.* San Francisco, CA: W. H. Freeman.　乾　俊郎・安藤広志（訳）　1987　ビジョン――視覚の計算理論と脳内表現――　産業図書

松原　仁　1997　Deep Blueの勝利が人工知能にもたらすもの　人工知能学会誌, 12, 698-703.

McCulloch, W. S., & Pitts, W.　1943　A logical calculus of the ideas immanent in nervous activity. *Bulletin of Mathematical Biophysics*, 5, 115-133.

Miller, G. A.　1956　The magical number seven, plus minus two: Some limits on our capacity for processing information. *Psychological Review*, 63, 81-97.

Minsky, M.　1975　A framework for representing knowledge. In P. H. Winston (Ed.), *The psychology of computer vision.* New York: McGraw-Hill.　白井良明・杉原厚吉（訳）　1979　コンピュータビジョンの心理　産業図書

Minsky, M.　1985　*The society of mind.* New York: Simon and Schuster.　安西祐一郎（訳）　1990　心の社会　産業図書

守　一雄　1995　認知心理学（現代心理学入門1）　岩波書店

守　一雄・都築誉史・楠見　孝（編）　2001　コネクショニストモデルと心理学――脳のシミュレーションによる心の理解――　北大路書房

Neisser, U.　1967　*Cognitive psychology.* New York: Appleton-Century-Crofts.　大羽　蓁（訳）　1981　認知心理学　誠信書房

Newell, A.　1980　Physical symbol systems. *Cognitive Science*, 4, 135-183.

Newell, A., Shaw, J. C., & Simon, H. A.　1958　Elements of a theory of human problem solving. *Psychological Review*, 65, 151-66.

Newell, A., & Simon, H.　1956　The logic theory machine. *IRE Transactions on Information Theory*, 2, 61-79.

Newell, A., & Simon, H.　1972　*Human problem solving.* Englewood Cliffs, NJ: Pretice-Hall.

Norman, D. A.　1980　Twelve issues for cognitive science. *Cognitive Science*, 4, 1-32.

Norman, D. A. (Ed.)　1981　*Perspectives on cognitive science.* Ablex, NJ: Norwood.　佐伯　胖（監訳）　1984　認知科学の展望　産業図書

沼岡千里・大沢英一・長尾　確　1998　マルチエージェントシステム　共立出版

苧阪直行（編著）　2000　意識の認知科学――心の神経基盤――　共立出版

Piaget, J.　1952　*The origins of intelligence in children.* New York: International Universities Press. Originally Pub. 1936 (M. Cook, trans.) 谷村　覚・浜田寿美男（訳）　1978　知能の誕生　ミネルヴァ書房

Rosenblatt, F.　1958　The perceptron: A probabilistic model for information storage and organization in the brain. *Psychological Review,* 65, 386-408.

Rumelhart, D. E., McClelland, J. L., & the PDP Research Group (Eds.)　1986　*Parallel distributed processing: Explorations in the microstructure of cognition.* Vol.1.　Cambridge, MA: MIT Press.　甘利俊一（監訳）　1989　PDPモデル――認知科学とニューロン回路網の探索――　産業図書

Schank, R. C., & Abelson, R.　1977　*Scripts, plans, goals, and understanding.* Hillsdale, NJ: Lawrence Erlbaum Associates.

Schunn, C. D., Crowley, K., & Okada, T.　2000　Cognitive science: Interdisciplinary now and then. In S. J. Derry & M. A. Gernsbacher (Eds.), *Problems and promises of interdisciplinary collaboration: Perspectives from cognitive science.* Mahwah, NJ: Lawrence Erlbaum Associates.　野上康子（訳）　2000　認知科学――その学際性について――　植田一博・岡田　猛（編）　協同の知を探る――創造的コラボレーションの認知科学――　共立出版　Pp. 167-198.

Shannon, C. E.　1938　A symbolic analysis of relay and switching circuits. *Transactions of the American Institute of Electrical Engineers,* 57, 1-11.

Shannon, C. E., & Weaver, W.　1949　*The mathematical theory of communication.* Urbana, IL: University of Illinois Press.　長谷川　淳・井上光洋（訳）　1969　コミュニケーションの数学的基礎　明治図書

Simon, H. A.　1969　*The science of the artificial.* Cambridge, MA: MIT Press.　倉井武夫・稲葉元吉・矢矧晴一郎（訳）　1969　システムの科学　ダイヤモンド社

Stillings, N. A., Feinstein, M. H., Garfield, J. L., Risslan, E. L., Rosenbaum, D. A., Weisler, S. E., & Baker-Ward, L.　1987　*Cognitive science : An introduction.* Cambridge, MA: MIT Press.　海保博之ほか（訳）　1991　認知科学通論　新曜社

都築誉史　1997　言語処理における記憶表象の活性化・抑制過程に関する研究　風間書房

都築誉史　1999　コンピュータ・シミュレーション　海保博之・加藤　隆（編）　認知研究の技法　福村出版　Pp. 21-24.

Turing, A. M.　1936　On computable numbers, with an application to the entscheidungs problem. *Proceedings of the London Mathematical Society, Series 2,* 42, 230-265.

Turing, A. M.　1950　Computing machinery and intelligence. *Mind,* 59, 433-460.

Varela, F. J., Thompson, E., & Rosch, E.　1991　*The embodied mind: Cognitive science and human experience.* Cambridge, MA: MIT Press.　田中靖夫（訳）　2001　身体化された心

工作舎

Wiener, N. 1948 *Cybernetics: Control and communication in the animal and the machine.* New York: John Wiley. 池原止戈夫ほか（訳） 1957 サイバネティックス 岩波書店

【読書案内】

森 敏昭・井上 毅・松井孝雄 1995 グラフィック認知心理学 サイエンス社
  オーソドックスな枠組みに基づいて，実験的知見とモデルがコンパクトにまとめられている．図表が多いので，読みやすく初学者に適している．

行場次朗・箱田裕司（編） 2000 知性と感性の心理――認知心理学入門―― 福村出版
  本書と類似した章立てに基づいており，感情，社会，インタフェースなども扱われている．感性にも重点をおいたところに特徴がある教科書．

守 一雄 1995 認知心理学（現代心理学入門 1） 岩波書店
  他の認知心理学の教科書と異なり，モデルの説明に重点が置かれている．

認知心理学（全 5 巻） 1995-1996 東京大学出版会
  知覚と運動，記憶，言語，思考，学習と発達といった 5 巻から構成された，中級者向けの充実した教科書．

守 一雄・都築誉史・楠見 孝（編） 2001 コネクショニストモデルと心理学――脳のシミュレーションによる心の理解―― 北大路書房
  主に認知心理学の立場から，コネクショニスト・モデルに基づいた研究事例と理論が紹介されている．

Eysenck, M. W., & Keane, M. T. 2000 *Cognitive psychology: A student's handbook. 4th ed.* East Sussex: Psychology Press.
  実験的知見とモデルとのバランスがとれた認知心理学の教科書であり，比較的新しい研究動向を知ることができる．

相場 覚・西川泰夫（編） 2000 認知科学 放送大学教育振興会
  理論的な背景について詳しく論じられており，イメージ，発達，言語，視覚，感情，脳科学，人と動物の対比（比較認知科学）などを取り上げている．

H. ガートナー（佐伯 胖・海保博之監訳） 1987 認知革命 知の科学の誕生と展開 産業図書
  認知科学が成立した歴史的な背景や初期の研究動向が，膨大な文献を駆使して多面的にわかりやすく記述された好著である．

P. サガード（松原 仁監訳） 1999 マインド――認知科学入門―― 共立出版
  認知科学を構成する諸領域の研究内容を，6 つの基本概念（論理，ルール，概念，類推，イメージ，コネクション）に再統合した説明がなされている．

岩波講座 認知科学（全 9 巻） 1995-1996 岩波書店

序　章

認知科学の基礎，脳と心のモデル，視覚と聴覚，運動，記憶と学習，情動，言語，思考，注意と意識といった9巻から構成された教科書．心理学的理解と神経科学的理解を経て，情報科学的なモデル化と考察に至る流れが基調となっている．

認知科学の新展開（全4巻）　2001-2002　岩波書店

認知発達と進化，コミュニケーションと思考，運動と言語，イメージと認知といった4巻から構成され，脳研究，状況依存的認知，比較認知科学など，最新の研究が紹介されている．

安西祐一郎・石崎　俊・大津由紀雄・波多野誼余夫・溝口文雄（編）　1992　認知科学ハンドブック　共立出版

相互作用，思考，意識，感情，記憶，知識，言語，読み書き，談話，視覚，遂行，学習の12章から構成され，多様な専門領域の内外の研究者による論文集となっている．

Wilson, R. A., & Keil, F. C. (Eds.)　1999　*The MIT encyclopedia of the cognitive sciences.* Cambridge, MA: MIT Press.

各項目ごとに，第一線の研究者によるコンパクトな展望論文を読むことができる有用な事典である．

────【特別コラム1】 コネクショニスト・モデル────

1 コネクショニスト・モデルとは

　コネクショニスト・モデルとは，脳の神経細胞（neuron）から抽象化された処理ユニットのネットワークを用いて，人間の認知のメカニズムを理解しようとするアプローチである．認知心理学における並列分散処理モデル（parallel distributed processing ［PDP］ model）や，理工系におけるニューラルネットワーク・モデル（neural network model）もコネクショニスト・モデルとほぼ同じ意味で用いられる．

　コネクショニスト・モデルは1980年代後半以降，認知研究における大きな潮流を構成してきており，最近では，認知発達（Elman, Bates, Johnson, Karmiloff-Smith, Parisi, & Plunkett, 1996）や，社会的相互作用（Read & Miller, 1998；都築・木村，2001），脳の障害（Plaut & Shallice, 1993；浅川，2001）などに関しても積極的に導入されてきている．また，ニューラルネットワーク・モデルの工学的応用も盛んであり，大量のデータから知識を発見しようとするデータマイニング（data mining）などへの適用も行われている（豊田，2001）．

　コネクショニスト・モデルは人間の脳神経系にヒントを得ており，多数の処理ユニットの局所的な相互作用を通して，大域的に複雑な情報処理過程が創発すると仮定している．しかしながら，神経細胞の活動を正確に模倣するのではなく，シミュレーションの際には様々な抽象化がなされている点に留意すべきである．図S1-1は，実際の神経細胞とモデルのユニットを対比して示したものである．ともに入力信号の和が閾値を超えると，他の細胞またはユニットに信号を送る働きをする．

　実際の人間の脳神経系は，約140億個の神経細胞から構成され，個々の神経細胞は約1万個の神経細胞と結びついている．神経細胞内の情報伝達は電気的・離散的であるが，神経細胞間の情報伝達は，神経伝達物質を介して化学的・量的である．また，神経細胞レベルの処理速度は，コンピュータ素子

【特別コラム1】

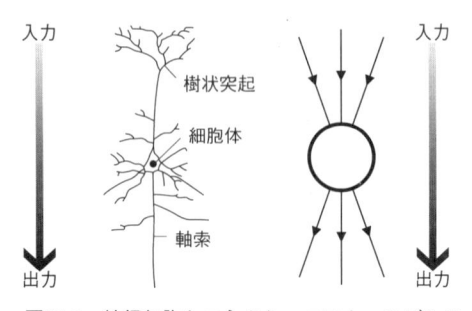

図S1-1 神経細胞とコネクショニスト・モデルのユニット対比
(McLeod et al., 1998 を一部改変)

よりもはるかに低速である．そういった意味で，コネクショニスト・モデルは，実際の神経細胞の振る舞いに対する非常に大まかな近似にすぎず，モデルのユニットは個々の神経細胞ではなく，神経細胞グループの表現と見なした方が良いとの指摘もある（甘利, 1978）．

2　コネクショニスト・モデルの分類と基本概念

　コネクショニスト・モデルは，ネットワーク構造の形式と，知識の表現形式とによって分類することができる．まず，ネットワーク構造に関しては，(a)入力ユニットから出力ユニットまですべて順方向のみに結合されている階層型ネットワーク（図S1-2参照）と，(b)ユニット間にフィードバック結合を有する相互結合型ネットワーク（図S1-3参照）に大別できる．(c)最近では，階層型ネットワークにフィードバック結合を加えたネットワークもしばしば用いられており，代表的なものに，単純再帰ネットワーク（simple recurrent network, SRN: Elman, 1990）がある（図S1-4, 第4章7.3(2)を参照）．
　また，知識の表現形式に関しては，1つのユニットの活性化が文字，単語，文などに対応する局所表現（local representation）と，たとえばアルファベット1文字を多数の特徴ユニットの活性化パターンで表すような分散表現（distributed representation）に分類できる．
　モデルを構成するネットワークの各ユニットは活性値（activation value）をもち，シナプス結合に相当するユニット間の結合（connection）を通して活性化を伝播し，並列的に相互作用する．分散表現を用いたコネクショニス

【特別コラム1】

ト・モデルにおいて，知識は結合強度（connection weight）の集合として表現され，新たな知識の獲得は，学習規則に基づいた個々の結合強度の調節によって実現される．(ただし，局所表現を用いたコネクショニスト・モデルにおいては，ネットワークの構造自体によっても知識の一部が表現される)．

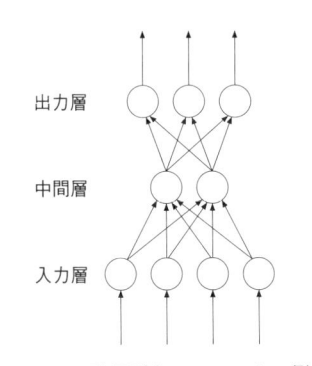

図S1-2 階層型ネットワークの例
(都築, 1999)

3 研究の略史

3.1 1980年代以前

現代的な意味でのコネクショニズムは，主に1980年代以降，用いられるようになった術語であるが，研究の歴史を簡単に振り返る．ソーンダイク（Thorndike, 1932）は，動物の試行錯誤学習の実験から，イギリス経験論などにみられる観念の連合に代わって，行動の結果により，刺激-反応（stimulus-response）結合が強められるとする学習理論を提起した（彼の学習理論は，コネクショニズム［結合主義］と呼ばれる）．同じS-R説の流れの中で，ハル（Hull, 1943）は刺激と反応の連合を習慣強度として理論化しているが，そこで用いられた式は，後のコネクショニスト・モデルにおけるデルタ則（実際の出力信号と教師信号の誤差を

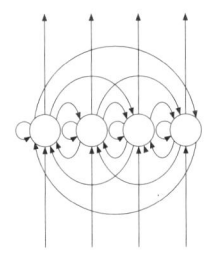

図S1-3 相互結合型ネットワークの例
(都築, 1999)

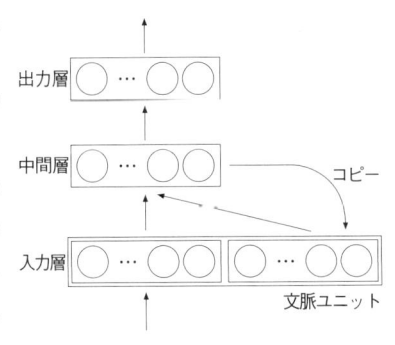

図S1-4 単純再帰ネットワークの例
(都築, 1999)

【特別コラム1】

最小化する学習則）の先駆けと見なすことができる．

　ヘッブ（Hebb, 1949）は，相互に結合した閉回路を形づくる神経細胞群が1つの機能単位をなすと考え，それを細胞集成体（cell assembly）と名づけた．さらに，シナプスをはさむ2つの神経細胞の活動が同期したとき，シナプス結合は強められるという学習則（ヘッブ則）を主張した．

　情報科学の分野では，1940年代にマカロックとピッツ（McCulloch & Pitts, 1943）が形式ニューロンの数理モデルを提案している．その後，ローゼンブラット（Rosenblatt, 1958）は順方向のみに情報が伝達される3層の階層型ネットワークを用いて，パターン識別を学習するシステム（perceptron）を作製し，ニューラルネットワーク研究が興隆した．しかしながら，ミンスキーとパパート（Minsky & Papert, 1969）によって，パーセプトロンの理論的限界が指摘され，研究は一時停滞する．その一方で，コンピュータの発展にともない，記号処理に基づく人工知能研究が進展して行った．

　このいわゆる「冬の時代」においても，マー（Marr, 1969）による小脳のパーセプトロン・モデルや，相互結合型ネットワークに基づいた連想記憶モデル（たとえば，Anderson, Silverstein, Ritz, & Jones, 1977; Kohonen, 1977; Nakano, 1972）などが提案された．

3.2　1980年代以降

　1980年代になると，ホップフィールド（Hopfield, 1982）は，相互結合型ネットワークにエネルギー関数を導入し，記憶パターンの検索はエネルギーの最小化に対応することを示した．ホップフィールドとタンク（Hopfield & Tank, 1985）はこのモデルが巡回セールスマン問題といった，組み合わせ最適化の課題に有効であることを示した．さらに，ヒントンら（Hinton, Sejnowski, & Ackley, 1984）は，相互結合型ネットワークに温度という概念を導入し，ネットワークが確率的に推移することによって最適解が得られる可能性を向上させた，ボルツマンマシン（Boltzmann machine）と呼ばれるモデルを提案した．

　一方，ラメルハートら（Rumelhart, Hinton, & Williams, 1986）によって提案された，階層型ネットワークにおける誤差逆伝播（back propagation）則は，

【特別コラム1】

パーセプトロンの限界を打破する可能性を有するものであった（ただし，彼ら以前にも，複数の研究者によって同様のアルゴリズムが独立に提案されていたことが知られている）．これは，入力層，隠れ層（中間層），出力層からなる階層型ネットワークにおいて，出力パターンの誤差が最小になるように，入力情報の流れとは逆方向に結合強度を段階的に修正して行くアルゴリズムであり，一般化デルタ則とも呼ばれる．誤差逆伝播則はそれまで困難であった諸問題に対してかなり有効であったため，学際的に非常に大きな影響を及ぼした．この年には，ラメルハートやマクレランド（McClelland）らを中心としたグループの研究をまとめた，エポックメイキングな2巻組の著作（McClelland, Rumelhart, & the PDP research group, 1986; Rumelhart, McClelland, & the PDP research group, 1986）が発表されている．

　コネクショニスト・モデルの研究では，先に述べたように，エネルギーや温度といった物理学の概念が積極的に導入され，数理的に理論が洗練されていった．また，コンピュータの計算速度の飛躍的な向上を背景として，特に，階層型ネットワークにおける誤差逆伝播則が，実用的な諸問題（たとえば，音声認識，画像認識，プロセス制御，金融指標の時系列的予測など）に対してかなり有効であったことも，学際的に多数の研究者を獲得していった重要な要因であろう．

　一方，人間の心理と脳との間には，(a)記号にもとづく構造的知識表現（プロダクション・システムなどの記号処理モデル），(b)局所主義的コネクショニスト・モデル（局所表現によるネットワークと，活性化拡散を仮定するタイプのモデル，第4章7.2を参照），(c)並列分散処理モデル，(d)神経モデルの4レベルを設定することができ，認知研究はこうした様々な側面から多層的に進めることが必要であると考えられる．

4　コネクショニスト・モデルの計算例

　最後に，コネクショニスト・モデルの概略を説明するため，簡単な例を示す．この例では，ユニットがすべて相互に結合されている相互結合型ネットワーク（図S1-2参照）を用いて，2つのパターンを学習し，不完全なパター

【特別コラム1】

ンを手がかりとした再生を行う．

8ユニットからなる相互結合型ネットワークにおいて，各ユニットは左から順に1，2，3，4，…，8と番号がついていると考える．第1の学習パターン［＋，－，＋，－，＋，＋，－，－］を仮に「イヌ」と名づけ，第2パターン［＋，＋，－，－，－，＋，－，＋］を仮に「ハト」と名づける．ここで＋は＋1.0，－は－1.0の活性値を表す．2パターンのベクトルの積は，0.0となるように設定してある．

この例では，2つの活性値の関係に従って，ユニット間の結びつきの程度（結合強度）を変化させる，ヘッブ則を用いる．具体的には，1回の学習において，結合する2つのユニットの活性値と学習パラメータという3者の積を求め，その値の分だけ結合強度を増減させる．結合強度の初期値はすべて0.0とし，学習パラメータを，1／ユニット数＝0.125に設定する．通常，あるユニットの活性値は，先回の活性値が減衰した値と，他のユニットからの寄与の総和とを足し合わせた上で，その合計の絶対値が1.0以下になるような非線形の活性化関数を用いるが，この例では，特別な関数は設定しない．2つのパターンを1回ずつ学習した結果，結合強度行列は以下のようになる．

$$\begin{bmatrix} .25 & .00 & .00 & -.25 & .00 & .25 & -.25 & .00 \\ .00 & .25 & -.25 & .00 & -.25 & .00 & .00 & .25 \\ .00 & -.25 & .25 & .00 & .25 & .00 & .00 & -.25 \\ -.25 & .00 & .00 & .25 & .00 & -.25 & .25 & .00 \\ .00 & -.25 & .25 & .00 & .25 & .00 & .00 & -.25 \\ .25 & .00 & .00 & -.25 & .00 & .25 & -.25 & .00 \\ -.25 & .00 & .00 & .25 & .00 & -.25 & .25 & .00 \\ .00 & .25 & -.25 & .00 & -.25 & .00 & .00 & .25 \end{bmatrix}$$

学習後のネットワークに，一部が欠落した情報を与えて再生を行ってみよう．イヌのパターンの第1〜6要素はもとのままで，第7, 8要素を0.0とおくと，

　　　［1.0, －1.0, 1.0, －1.0, 1.0, 1.0, 0.0, 0.0］

となり，このベクトルと上記の結合強度行列との積は，

[0.75, −0.75, 0.75, −0.75, 0.75, 0.75, −0.75, −0.75]

となる．再生されたパターンの符号は，学習したイヌのパターンと一致しており，不完全な情報から学習パターン全体が再生されたと言うことができる．ハトの例でも，同様の結果が得られる．

コネクショニスト・モデルは，例で示したようにあいまいな情報が与えられた時，学習された知識構造に基づいて不完全な部分を補うことが可能であり，また，類似性に基づく一般化を自動的に行うといった特徴を有している．なお，コネクショニスト・モデルに関しては，守・都築・楠見（2001）や，都築・河原・楠見（2002）を参照して欲しい．

（注：この特別コラムの内容は，都築，1999, 2001に基づいている．）

【引用文献】

甘利俊一 1978 神経回路網の数理 産業図書

Anderson, J. A., Silverstein, J. W., Ritz, S. A., & Jones, R. S. 1977 Distinctive features, categorical perception, and probability learning: Some applications of a neural model. *Psychological Review*, 84, 413-451.

浅川伸一 2001 脳損傷とニューラルネットワークモデル――神経心理学への適用例―― 守 一雄・都築誉史・楠見 孝（編著） コネクショニストモデルと心理学 北大路書房 Pp. 51-67.

Elman, J. L. 1990 Finding structure in time. *Cognitive Science*, 14, 179-211.

Elman, J. L., Bates, E. A., Johnson, M. H., Karmiloff-Smith, A., Parsi, D., & Plunkett, K. 1996 *Rethinking innateness: A connectionist perspective on development.* Cambridge, MA: MIT Press. 乾敏郎・今井むつみ・山下博志（訳） 1998 認知発達と生得性――心はどこから来るのか―― 共立出版

Hebb, D. O. 1949 *The organization of behavior.* New York: John Wiley. 白井 常（訳） 1957 行動の機構 岩波書店

Hinton, G. E., Sejnowski, T. J., & Ackley, D. H. 1984 Boltzmann Machines: Constraint satisfaction networks that learn. *Technical Report, CMU-CS-84-119.* Carnegie-Mellon University.

Hopfield, J. J. 1982 Neural networks and physical systems with emergent collective

【特別コラム1】

computational abilities. *Proceedings of the National Academy of Sciences, USA,* 79, 2554-2558.

Hopfield, J. J., & Tank, D. W. 1985 "Neural" computation of decisions in optimization problems. *Bioligical Cybernetics,* 52, 141-152.

Hull, C. L. 1943 *Principles of behavior.* New York: Appleton-Century-Crofts. 能見義博・岡本栄一（訳）1960 行動の原理 誠信書房

Kohonen, T. 1977 *Associative memory.* Berlin: Springer-Verlag. 中谷和夫（訳）1980 システム論的連想記憶 サイエンス社

Marr, D. 1969 A theory of cerebellar cortex. *Journal of Physiology (London),* 202, 437-470.

McClelland, J. L., Rumelhart, D. E., & the PDP Research Group（Eds.）1986 *Parallel distributed processing: Explorations in the microstructure of cognition.* Vol.2. Cambridge, MA: MIT Press.

McCulloch, W. S., & Pitts, W. 1943 A logical calculus of the ideas immanent in nervous activity. *Bulletin of Mathematical Biophysics,* 5, 115-133.

McLeod, P., Plunkett, K., & Rolls, E. T. 1998 *Introduction to connectionist modeling of cognitive processes.* Oxford: Oxford University Press.

Minsky, M., & Papert, S. 1969 *Perceptrons: An introduction to computational geometry.* Cambridge, MA: MIT Press.

守 一雄・都築誉史・楠見 孝（編）2001 コネクショニストモデルと心理学——脳のシミュレーションによる心の理解—— 北大路書房

Nakano, K. 1972 Associatron: A model of associative memory. *IEEE Transactions,* SMC-2, 380-388.

Plaut, D. C., & Shallice, T. 1993 Deep dyslexia: A case study of connectionist neuropsychology. *Cognitive Neuropsychology,* 10, 377-500.

Read, S. J., & Miller, L. C.（Eds.）1998 *Connectionist models of social reasoning and social behavior.* Mahwah, NJ: LEA.

Rosenblatt, F. 1958 The perceptron: A probabilistic model for information storage and organization in the brain. *Psychological Review,* 65, 386-408.

Rumelhart, D. E., Hinton, G. E., & Williams, R. J. 1986 Learning representations by back-propagating errors. *Nature,* 323, 533-536.

Rumelhart, D. E., McClelland, J. L., & the PDP Research Group（Eds.）1986 *Parallel distributed processing: Explorations in the microstructure of cognition.* Vol. 1. Cambridge, MA: MIT Press. 甘利俊一（監訳）1989 PDPモデル——認知科学とニューロン回路網の探索—— 産業図書

Thorndike, E. L. 1932 *The fundamentals of learning.* New York: Teachers College,

引用文献

Columbia University.

都築誉史・木村泰之 2001 集団意思決定におけるコミュニケーション・モードとリスキーシフトに関する並列制約充足モデル 守 一雄・都築誉史・楠見 孝（編） コネクショニストモデルと心理学 北大路書房 Pp. 119-133.

都築誉史 1999 ニューラルネットワーク（PDP）法 海保博之・加藤隆（編） 認知研究の技法 福村出版 Pp. 101-106.

都築誉史 2001 コネクショニズム（特集 20世紀の認知科学を振り返る――新世紀の発展に向けて――） 認知科学, 8, 225-237.

都築誉史・河原哲雄・楠見 孝 2002 高次認知過程に関するコネクショニストモデルの動向 心理学研究, 72, 541-555.

豊田秀樹 2001 金鉱を掘り当てる統計学――データマイニング入門―― 講談社

第1章　知覚と注意

　知覚と注意の分野の研究は，感覚器官に与えられた刺激，たとえば目の網膜に投影された光のパターン（光の強弱や波長の違い，時間に伴うそれらの変化）を，人間がいかにして視覚対象として認識するのかを扱う．心理学の分野では，古くから人間の知覚がどのような法則に従っているかについて，現象学的な研究が広範に行われてきた．しかし，最近の認知科学，あるいは視覚の計算論と呼ばれる分野の研究の進展に伴い，また，脳神経科学の影響を受け，この古くて新しい知覚の問題の解明も進んできている．この章では，対象の認知が成立する過程，および，特定の対象を選択する注意の過程を中心に解説する．

1　知覚と注意の基本的枠組み——初期視覚と高次視覚

1.1　初期視覚

　線画で描かれた立方体を見ると，私たちは立方体を「知覚」する．視覚情報処理系の初期段階（初期視覚，early visionと呼ばれる）の目的は，このような外界の刺激に対応して，もっともふさわしい「対象に関する記述(description)」を脳内に作り出すことである．脳内での情報処理の結果として，私たちは立方体を知覚しているのである．これには，さまざまな知覚処理が関与している．まず，光の強弱パターンから輪郭となる部分を線分として抽出し，各線分の方向を決定する．次に，線分に囲まれた領域を面として処理し，その面同士の関係を決定する．ここまでの処理は，線分や線分の接点・交点の関係を解析することで可能なことが，1970年代のコンピュータによる画像認識の研究で，すでに示されている．

　しかし，ここから先の処理は人間固有の方法で行われており，その処理過

程を明らかにすることが初期視覚研究の1つの目的でもある．もともと外界の3次元情報が網膜に投影されて2次元情報になった時点で，情報量が減少している．さらに線画などで書かれた場合には，実物の3次元物体が持っているはずの多くの情報が失われることになる．いわば計算に必要な連立方程式のいくつかが失われているような状態である．これを不良設定問題という．

マー (Marr, 1982) は視覚の計算論と呼ばれる独自の理論によって説明をした．視覚の計算論では，初期視覚の処理は，外界の刺激情報だけでは解けない不良設定問題をさまざまな制約条件を仮定することで解いていく過程であると考えた．最近の初期視覚に関する研究は，人間が外界を認知する際にどのような制約条件を用いているかを明らかにしてきている．

1.2　高次視覚

初期視覚過程によって脳内には視覚対象に関しての記述ができあがる．次に，脳内ではそれらのうちで重要と思われる情報の選択が行われ（選択的注意），また，その対象に対する意味付けが行われ（対象認知），さらに，それらに対して適切な行動が行われる（反応選択）．これらは高次視覚（high-level vision）と呼ばれる（Ullman, 1995）．高次視覚は，一般に視覚対象の記述がどのような初期視覚の処理によってできあがったかに関しては問題にしない．つまり，外界からの刺激入力の特性によらない一般的な処理過程が提案されている．

従来の視知覚と呼ばれる研究分野は，主として初期視覚の過程を扱ってきた．本章では，初期視覚の処理結果に対して，高次視覚が関与することによって行われる処理を，視覚認知と呼ぶことにする．ここでは，視覚認知研究の中心的なトピックスである対象認識と選択的注意について解説する．

1.3　トップダウン処理とボトムアップ処理

初期視覚と高次視覚は完全に独立ではない．ほとんどの視覚認知は，外界の刺激提示によって成立するので，初期視覚が高次視覚の処理に影響するといえる．これを，ボトムアップ（bottom-up）の効果と呼ぶ．また，ある状況では高次視覚の処理が初期視覚に影響を与える場合もある．この場合をト

ップダウン (top-down) の効果と呼ぶ.
より一般的には，相対的に低次の処理結
果が高次の処理結果に影響する場合をボ
トムアップ，高次の処理結果が低次の処
理結果に影響する場合をトップダウンと
呼ぶ (Neisser, 1976). 視覚認知の研究で

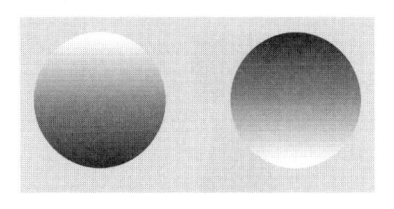

図1-1　陰影からの形の知覚

特に重要なのは，処理の目的が決まることによって高次視覚の処理が変化し，
その結果，初期視覚の処理に影響を及ぼすような場合，また，ボトムアップ
の情報によって活性化された知識が，トップダウン情報として初期視覚過程
に伝達されることによって初期視覚の結果が変容するような場合である．ま
た，ボトムアップの情報に対してトップダウンの情報が効果を示さない場合
もある．

2　対象の認識

2.1　陰影からの形知覚

　まず，初期視覚過程が制約条件を用いて，外界の刺激についての脳内の記
述を作り上げている具体例を紹介する．ラマチャンドラン (Ramachandran, 1988) はわれわれが外界を認識する際に無意識に自然界の規則を用いている
ことを図1-1のような刺激を用いて明らかにした．この図をよく見てほしい．
左側の円形は凸レンズのように手前に膨らんで見え，右側の円形は凹面鏡の
ように奥に引っ込んで見えるのではないだろうか．

　では，今度は本を上下逆さまにして見てほしい．今度は左側の円形が凸に，
右側の円形が凹に見えるのではないだろうか．実際には円形に白黒のグラ
デーションがつけられているだけであるが，上半分が白いときには手前に飛
び出し，下半分が白いときには奥に引っ込んで見えるのである．このデモン
ストレーションは，視覚系が，「光源は絶えず上のほうにある」という仮定
をもとに，この図を知覚していることを示している．光源が上にある場合に，
凸面は上のほうが明るくなり，凹面は下のほうが明るくなる．このような光
源に関する仮定が当てはまらないような場合には，知覚は不安定なものとな

第1章 知覚と注意

る．今度は本を横向きにして同じ図を眺めてみよう．全く立体感が感じられないか，あるいは，あるときには一方が手前に感じられるが，また，しばらくするとそれが奥に感じられる，といった不安定な知覚が生じる．

初期視覚過程は，対象認知に必要な輪郭の抽出や表面の表象の抽出などを行う際に，安定した視覚表現を作り上げるためにさまざまな制約条件（仮定）を用いている．そうしてできあがった外界の刺激に関する記述をもとに，高次視覚の処理が行われることになる．

図1-2 図地反転図形の例
（Peterson et al., 1991 を改変）

2.2 図地反転と知識の効果

次に，高次視覚処理の結果が，トップダウン情報として初期視覚に効果を示す例を見てみよう．ピーターソンら（Peterson, Harvey, & Weidenbacher, 1991）は，図1-2のような図形を用いた．このような図形を提示された場合，われわれは通常，中央に黒い花瓶のような絵が描かれていると知覚する傾向がある．初期視覚過程は画面の中央にあるもの，左右対称のもの，輪郭として閉じているものを図として処理し，それ以外の部分を地（背景）として処理する傾向があることが知られている．今度は，絵全体を上下逆さまにして見てほしい．

両側の白い部分がそれぞれ，直立した女性のシルエットに見えるのではないだろうか．このとき，中央の黒い部分は2人の女性の背景として知覚される．このような図形は図地反転図形と呼ばれる．白い部分，黒い部分ともに無意味な図形で構成されている場合には，白い領域を図と見て黒い領域を地と見るべきか，あるいは，白い領域を地と見て黒い領域を図と見るべきかを，初期視覚過程で確実に決定することはできない．しかし，高次視覚によってどちらかの領域が既知の対象として認知されると，その領域が図として処理される傾向が強くなる．すなわち，初期視覚過程での対象の記述の成立過程に高次視覚の結果が影響している．このように，初期視覚過程と高次視覚過

程は完全に独立ではなく，対象の記述の形成には，トップダウン情報も影響することがわかる．

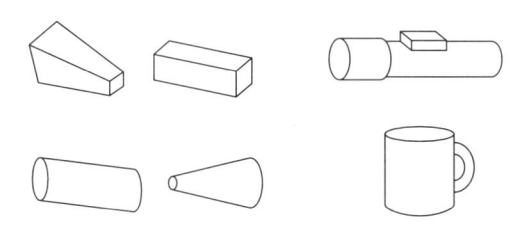

2.3 対象認知の理論

初期視覚過程によって外界の対象に対する記述が脳内に出来上がると，高次視覚過程は，次にそれが何であるかを認識しようとする．対象認知と呼ばれる過程である．

図1-3 ジオンの例（a）とジオンによって記述された対象の例（b）

対象認知の解決すべき問題として，以下のようなものが挙げられる．たとえば，実際にはわれわれは1つの対象を，時と場合によってさまざまな異なった視点から観察する．同じカップであっても，時々によって見る角度が異なるにもかかわらず，同じカップとして認識される（対象認知の視点不変性）．また，全く形の異なる椅子を見ても，それらが椅子であるという共通の性質を抽出できる（クラスレベルの理解）し，あるいは，全く初めて見た形のものであっても，それが椅子であると認識される（インスタンスレベルの理解）．

マー（Marr, 1982）は，対象は何らかの一般的，抽象的な形式で脳内に表現されていると考えた．つまり，多少異なる形をしていても，その共通の特性が抽出されて脳内では記述されていなくてはならない．また，見る視点が異なっていても，脳内では同じような対象として記述されなくてはならない．ビーダーマン（Biederman, 1987）は，「構成要素による認識（RBC, recognition-by-components）」によって対象認識が行われるというモデルを提案した．このモデルによると，あらゆる視覚対象は24個の基本的な要素（ジオン，geon）の組み合わせによって記述できる．たとえば，図1-3のように，懐中電灯のような形は，2つの円筒形と1つの長方形という3つのジオンの組み合わせであらわすことができる．

ハメルとビーダーマン（Hummel & Biederman, 1992）は，与えられた線画からジオンの種類，大きさ，向きなどを特定し，さらにそれらのジオンの位

置関係を決定することによって，対象の視点不変な記述を作り出すためのネットワークモデル（JIM）を提案している．対象をどのような向きから見た画像であっても，その画像から正しいジオンが抽出され，しかもジオン間の相対的な位置関係が正しく特定できれば，同一の対象の記述を作ることができる．すなわち，視点に依存しない対象の記述ができる．図1-3の例では，3つのジオンとその位置関係が特定できるような角度から見た線画が入力される限り，JIM は懐中電灯のような形の一般的な記述を作り出すことができる．

最近，このような RBC モデルに対しては多くの反論も提出されている．その多くは，人間の視覚系が必ずしも視点不変的な対象認識を行っているわけではないことを示す心理実験データに基づく．たとえば，ターら（Tarr, Williams, Hayward, & Gauthier, 1998）は，被験者に継次的に提示された2つのジオンの画像が同じジオンか否かを判断させた．そして，先に提示された画像と同一の画像を提示された場合と，同じジオンを別の視点から見た画像が提示された場合の反応時間を比較した．もしも先に提示されたジオンに対して視点不変的な記述ができているとすると，視点の変化に伴う効果は認められないことが予想されたが，結果は，同一視点のほうが反応時間は短かった．この結果は，特定の視点からの画像に基づいて視点不変的な記述が作られているわけではないことを示している．このようなデータに基づいて，ターらは，画像に基づく認識モデル(image-based model) を提案している（Tarr & Bulthoff, 1998）．このモデルでは，個別の視点からの画像ごとの記述ができることを仮定しているが，一般的な対象認識の特性を理解するには至っていない．

2.4　視覚失認

脳血管障害などによって脳に損傷を受けた患者が示す視覚認知に関する障害を，詳細な観察や実験によって明らかにした研究では，対象知覚がきわめて複雑な過程からなっていることが示されてきている．

ハンフリーズとリドック（Humphreys & Riddoch, 1987）は，脳梗塞によって，視覚的な処理に関与する後頭葉と側頭葉のいずれも一部分を左右半球ともに損傷した男性患者で，視覚的な認識のみが困難となった症例を報告して

いる．この患者（イニシャルでHJAと呼ばれている）は，脳梗塞発症後も知的な機能に関しては全く問題を示さず，また，視野の下半分では十分な視力が保たれていた．また，自分が見ている画像を詳細に表現でき（たとえば，足が4本あって，鼻が長く，大きな耳を持っている，など），また，それを書き写すこともできた．これらの結果は，HJAの初期視覚過程や知能に関連した過程には全く問題がなかったことを示している．ところが，彼は，よく知っているはずの人の顔（たとえば，自分の妻）を見てもそれが誰かわからなかった．また，動物の絵を見ても，それが「ゾウ」であることはわからなかった．ただ，細部から類推して答えることはできた（カールした小さい尻尾があるから豚，など）．さらに，HJAは，視覚的に提示されたものが何であるかは全くわからなかったが，触るとそれが何であるかは直ちにわかった．

　HJAは，対象に関する表象を作り上げる初期視覚過程には全く損傷を受けていない．また，知識にすでに蓄えられていた情報にアクセスすることにも全く障害はなかった．おそらく，部分的な知覚的表象を統合して全体的な対象の表現を作り上げる段階が障害されたと思われた．ハンフリーズらは，このような症状を「統合型失認（integrative agnosia）」と呼んだ．他にも，実際の対象と，実際の一部分を組み合わせて作った非対象の区別は問題なくできるが，それらの名前や意味が全くわからない「連合型失認（associative agnosia）」などが報告されてきている．連合型失認は，対象について蓄えられている視覚的な記憶にはアクセスできるが，その意味的な記憶にはアクセスできないことを示している．このように，神経心理学的なデータは，人間の対象認知が，どのような過程からなっているかに関する興味深い知見を多く提供している．

3 選択的注意

3.1 選択的注意とは

　視覚認知のもう1つの研究のトピックスは視覚的注意である．われわれの感覚系は非常に膨大な情報を受け取っている．しかしながら，その中から実際に処理され，認識に至る情報はごくわずかである．にもかかわらず，ほと

んどの場合において，非常に適切に情報が処理でき，日常生活に支障を来すことは少ない．このような情報選択にかかわる機能が，注意と呼ばれるものである．

3.2 視覚的ポップアウト

選択的注意にかかわる初期視覚の1つの働きは，他と異なるものを抽出することである．図1-4を見てほしい．(a)や(b)では，他とは異なる要素が1つだけ含まれていることが容易にわかる．それに対して(c)の例では，(a), (b)に比べて1つだけ異なるものを見つけるのは難しい．視覚探索と呼ばれる実験では，図1-4のような刺激をコンピュータ画面に提示し，被験者が1つだけ異なる目標要素が画面上にあるか否かを判断するのに要する時間を計測する．(a)や(b)の例では，目標要素以外の要素（妨害要素）の数が増えても，目標要素の探索に要する時間はほとんど変化しないことが知られている．つまり，どんなに多くの妨害要素があっても，目標要素を直ちに見つけることができる．このように，目標刺激が妨害要素数とは独立に，高速で探索される現象を視覚的ポップアウト（visual pop-out）と呼ぶ．

視覚的ポップアウトは，刺激要素間の特徴コントラストと呼ばれる処理によって生じると考えられている．脳の視覚系には，対象の特徴に対して専門的に働く細胞が存在することが知られている．たとえば，大脳の視覚野には，対象の色のみに反応する細胞，傾きのみに反応する細胞，運動方向のみに反応する細胞などが見つかっている．視覚的ポップアウトは，特定の特徴のみに反応する細胞群で要素間の比較が行われることによって説明できる．たとえば，色のみを処理する細胞群の間で，近接する要素同士の比較が行われる．他の要素と同じ色をもっている要素に対しては弱い反応を示し，異なる要素と隣接する要素に対しては強い反応を示すような処理が行われる．その結果，周りすべてが異なる要素で囲まれているような要素（つまり，他とは1つだけ異なっている要素）を処理する神経細胞の活性化がもっとも高くなる．

このような視覚的ポップアウトは，図1-4に示した色や方向の違い以外にも，大きさ，明るさ，奥行き，ある種の形など，初期視覚で処理されると思われる視覚的特徴で他の要素と異なる目標要素の時に生じる．視覚的ポップ

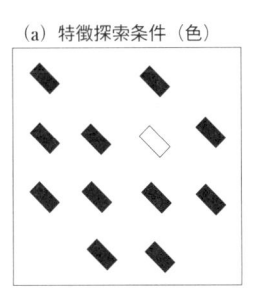

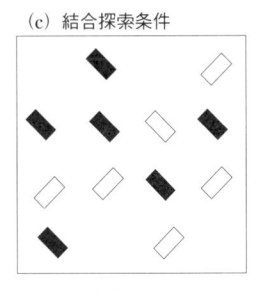

(a) 特徴探索条件（色）　　(b) 特徴探索条件（方向）　　(c) 結合探索条件

図1-4　視覚探索実験で用いられる刺激例．いずれも，白く左に傾いた長方形が目標要素．

アウトの役割は，注意を向ける対象についての候補を抽出することである．

3.3　空間を媒介とした注意

　人間は視野全体の情報の中から，一部分を選択的に処理できる．これらは空間的注意と呼ばれる．空間的注意の機能をもっとも適切に表しているのが「スポットライト」のたとえである．空間的注意は暗転した舞台で独りの主役を照らし出すスポットライトのように，視野内のごく限られた範囲を照らし出すことによって，その範囲内の情報の処理を促進する．通常は，スポットライトと視線方向は一致しているため，その存在は認識されにくい．ただし，日常生活においても相手に視線を向けずにその気配を探るような場合には，視線と注意のスポットライトは分離する．

　ポズナー（Posner, 1980）は，図1-5に示したような実験によってその特性を明らかにした．被験者の課題は，正方形の中に光点が提示されたらできるだけ早くキーを押す，というものであった．光点が提示されてから，被験者がキーを押すまでの時間が反応時間として計測された．光点が提示される100から200ミリ秒前に，左右の正方形のうちの１つが明るくなった（これを手がかり刺激と呼ぶ）．手がかり刺激と光点が同じ位置に提示された場合には，手がかり刺激と光点が異なる位置に提示された場合よりも，光点に対する反応時間が短くなることが明らかとなった．このとき，被験者は，眼球の運動を行ってはいない．被験者は，眼球を動かすのではなく，手がかり刺激に従って注意のスポットライトを移動することによって，その位置に提示された

光点を素早く検出できたと解釈されている．

その後の研究から，注意のスポットライトは，手がかり刺激が明るくなる，といった突然の変化に誘発されて反射的に移動する場合と，被験者の意図によって移動する場合とがあることが明らかとなった．反射的な注意の移動は，手がかり刺激の提示後100ミリ秒程度の非常に短時間で生じるのに対し，意図的

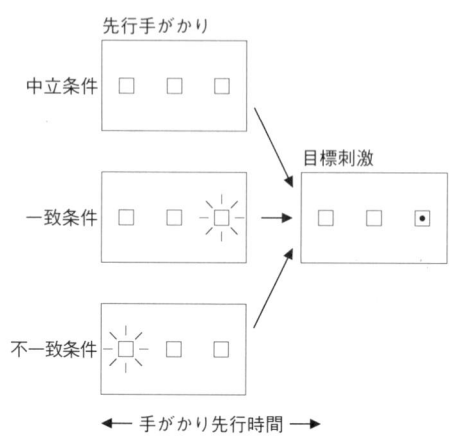

図1-5 先行手がかり法の刺激画面の概略図

な移動は300ミリ秒程度を要することが明らかとなっている．その他，複数の領域にスポットライトを分割することができないなど，注意のスポットライトの特性については広範に調べられている（熊田・横澤，1994）．

3.4 結合探索

視覚探索を用いた研究では，視覚的ポップアウトとは異なり，妨害要素数が増えるに従って，目標要素の検出に必要な時間が増加するような結果が得られる場合がある．代表的な刺激パターンの例は，目標刺激が妨害刺激に対して2つ以上の特徴の結合によって定義されているような場合である（図1-4(c)）．このような探索は，結合探索と呼ばれ，妨害刺激数が1つ増加するに従って反応時間が数10ミリ秒長くなることが知られている．結合探索では，刺激要素1つずつに対して，逐次的に注意のスポットライトを向け，それが目標かどうかの判断が行われていると考えられている．

3.5 注意のモデル
(1) 特徴統合理論

トリーズマンとゲラード（Treisman & Gelade, 1980）らは，視覚探索実験の結果を説明するために，特徴統合理論（feature integration theory）を提案

した（図1-6）．特徴統合理論では，まず，第1段階として初期視覚に対応する特徴マップ群と呼ばれる，色や方向，大きさといった視覚的特徴を専門的に処理する過程がある．第2段階では，位置マップ上で，特徴マップ群の処理結果が統合され，個々の対象の表象が出来上がる．位置マップ上では，注意のスポットライトが空間位置を順次照らし，そのスポットライトに照らされた位置にある対象の特徴同士が結合され，1つの統合された対象として，オブジェクトファイルに送られる．オブジェクトファイルの表象と記憶表象との照合が行われ，その結果，対象の認識が行われる．

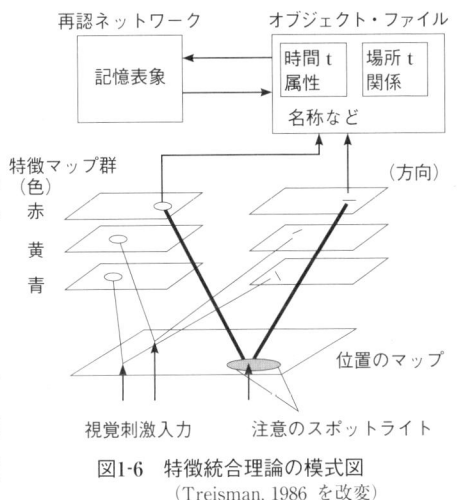

図1-6 特徴統合理論の模式図
(Treisman, 1986 を改変)

　特徴統合理論では，視覚的ポップアウトは，特徴マップ上で最も顕著な対象が選択されるような並列処理が行われるため，妨害要素数とは独立に一定の目標検出時間が得られると説明される．一方，目標刺激が2つ以上の特徴の結合で定義されている結合探索の場合には，個々の特徴マップの並列処理結果のみでは目標刺激の位置は明らかではない．注意のスポットライトによって，刺激要素ごとに，逐次的に特徴マップ間の出力の結合が行われ，目標であるか否かの判断がなされる．したがって，妨害刺激要素が多いほど目標の検出には時間を要する．

　特徴統合理論は，以下のような点で，認知科学的に非常に意義深い．まず，従来，色，傾き，形，奥行きなどの知覚属性は，それぞれが別々の領域の問題として独立に研究がなされてきた．特徴統合理論は，これらの知覚属性が，それぞれ特徴マップ上で，近隣の対象間での特徴コントラストとして表現されることによって，同レベルに扱えることを示した．この知見は，脳の視覚領域には，それぞれの特徴に特異的に反応する神経細胞が多く見つかってい

るという研究とも一致している．脳の異なる部位で行われる単一対象に対する別々の反応が，いかにして単一の対象の表象として知覚されるのかという問題がある．これは「結合問題（binding problem）」と呼ばれる．特徴統合理論は，特徴同士を結びつける上で空間的な注意が重要な役割を担っているという，結合問題に対する1つの仮説を提案した．

(2) **誘導探索モデル**

ウォルフ（Wolfe, 1994）は，視覚探索の過程を実験的に詳細に検討し，その結果をもとに特徴統合理論を修正し，新たに「誘導探索モデル」を提案した．これは，特徴マップ上での特徴コントラストによって計算されるボトムアップ情報と，被験者がどのような目標を探そうとしているかというトップダウン情報の相互作用によって，視覚探索が行われているというモデルである．このモデルでは，視覚的ポップアウトは刺激の要素間の特徴マップ上での差分計算に基づく．たとえば，他の要素とは異なる色を持つ1つの要素は，色マップ上で周囲の要素との比較によって，その部分が他のものとは異なっていることが明らかとなる．このようなボトムアップ情報に基づいて，注意のスポットライトが直ちにその要素に向く．したがって目標探索時間は刺激要素数に依存しない．

一方，結合探索の場合には，ボトムアップ情報の中には目標に対する顕著な特徴差分は存在しない．そのため，トップダウン情報（目標イメージ）にしたがって，逐次的に妨害刺激をチェックする必要がある．ボトムアップ情報中に，目標刺激と妨害刺激を区別するための特徴次元での差分が全くない場合には，全くランダムな順序で目標の探索が行われることになる．しかし，この誘導探索モデルでは，特徴マップで計算されたボトムアップ情報に，探索すべき目標についてのトップダウン情報を加算し，活性化マップが作られる．注意のスポットライトはこの活性化マップ上でもっとも活性化が高い位置から順にチェックを行っていく．したがって，トップダウン情報が有効に働く場合には，全くランダムな探索よりも早く目標が見つかる場合もある．

ウォルフは誘導探索モデルをもとにシミュレーションを行ったところ，視覚探索の基本的な現象である，ポップアウトや結合探索の結果が再現できたことを報告している．そのほか，視覚探索に関するその他の結果もかなりの

部分が説明できることを示している．また，新しく報告される現象に対して，それらが説明できるようにモデルの修正も行われている．しかし，誘導探索モデルとは全く異なる設計によって構築されたモデルでも，視覚探索の基本的な現象がシミュレートできることが報告されており（横澤・熊田，1996），必ずしも誘導探索モデルが視覚探索の過程をシミュレートする唯一のモデルとは言えない．

3.6 結合問題

　特徴統合理論や誘導探索モデルでは，外界からの刺激は，まず，それを構成する特徴ごとに分解されて処理される．このような説明は脳内の神経生理学的研究の結果とも一致している．次に，別々の特徴ごとに処理された情報が統合されて1つの対象として認識される．このような特徴間の統合がどのように行われているかは，結合問題と呼ばれ，近年の視覚の認知科学の重要な問題の1つである．特徴統合理論では，個々の特徴マップで処理された特徴が結合されて1つの対象の表象が出来上がる過程で，空間的注意が関与していることを仮定している．その根拠の1つは，注意のスポットライトの逐次的な割り当てによって結合探索が行われるという結果である．

　もう1つの根拠は，「結合錯誤」と呼ばれるものである．これは図1-7に示したような刺激を短時間提示し，被験者にどのような色のどのような文字が見えたかを報告してもらうというものである．被験者には同時に文字の両側にある数字を答えるという課題が課せられた．しかも，まず数字を正しく報告することが強調された．このような実験の結果，被験者は，どのような文字あるいは色が提示されていたかについては非常に正確に報告できたが，その組み合わせ（緑色のSなど）については，かならずしも正確ではなく，多くの被験者が確信を持って誤った組み合わせを報告した（緑色のXなど）．この現象が結合錯誤とよばれるものである．特徴統合理論によれば，結合錯誤は，注意のスポットライトが，文字の両側に提示されていた数字に向けられ，文字には十分に注意が集中されなかったため，文字と色という特徴同士の結合が完成しなかったことによると解釈されている．注意のスポットライトが各文字に向けられることによって正しい特徴統合が行われるのである．

結合問題について，神経生理学の分野では，同期共振仮説が提案されている．視覚情報は大脳の視覚野では，その特徴ごとに別々の領域で処理がなされる．たとえば，赤い垂直線分と緑の水平線分が並んで提示さ

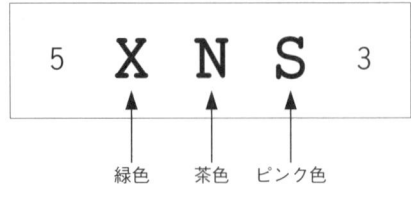

図1-7　結合錯誤実験で使用された刺激例

れた場合，色を処理する領域の神経細胞は「赤」と「緑」という属性に応答し，また，別の領域の神経細胞は線分の方向のみに応答する．色領域の細胞は，その対象がどのような方向を持っているかに関しては，一切符号化しない．このように脳の別々の位置にある細胞同士の組み合わせは，どのようにして符号化されているのであろうか．同期共振仮説では，同じ対象に由来する神経細胞の活動同士は同期して，同時に応答していると考えられている．実際にネコの視覚野などでは，神経細胞は数10ヘルツの周波数でリズミカルに応答していることが知られており（Engel, Koenig, Kreiter, & Singer, 1991），同じ対象に由来する神経細胞は，同じリズムで応答しているのではないかという仮説である．

3.7　注意のキャプチャ（attentional capture）

　視覚的ポップアウトは，視野の情報のうち，ある特徴について他の要素とは著しく異なっている要素を抽出するような初期視覚の働きによって生じることはすでに述べた．では，視覚的ポップアウトが起こった場合に，観察者の空間的注意はどの程度自動的にその対象に引きつけられるのであろうか．もっとも極端な立場は，観察者がどのようなトップダウンの情報を持っていても，視覚的ポップアウトによって反射的，自動的に注意スポットライトの移動が引き起こされるというものである．このような現象を注意のキャプチャと呼ぶ．テーベス（Theeuwes, 1991）による研究では，注意のスポットライトは視野内のもっとも目立つ対象にまずキャプチャされることが示された．しかし，最近の研究では（Bacon & Egeth, 1994），観察者が視覚的ポップアウトを期待している場合にのみ，注意のキャプチャが生じることが明らかになってきた．つまり，視覚的ポップアウトに注意が向くのは，すべてそのよう

な対象に注意を向けようというトップダウンの働きによるものであり,そのようなトップダウンによる構えがない場合には,いかに目立つ対象であっても注意はキャプチャされない.ただし,視野内に新規に対象が出現した場合には,被験者のトップダウンの構えには関係なくその対象に注意がキャプチャされるという報告もある (Yantis & Hillstrom, 1994).視野内に突然新規な対象が出現するような事態が,生体の生存などにきわめて重要な情報である可能性が高いという生態学的な理由からも,このようなメカニズムが備わっている可能性は高い.

4　まとめ——視覚認知の目的は何か

　最後に,視覚認知過程が生体にとっていかに重要かを考えてみよう.われわれは図1-1のような図形を見た場合に球面を知覚する.あるいは,図1-3を懐中電灯と認知する.このような視覚認知は,通常,非常に安定しており,また,誰もが共通の知覚印象を持つが,実際には,本章で解説したとおり,複雑な処理の結果生じている.私たちが互いに同様の知覚印象を持つことによって,他人との視覚的なコミュニケーションが可能となる.ある図形が他人には全く別のものとして知覚されるのなら,視覚情報を介した相互のコミュニケーションは非常に困難なものとなるであろう.視覚認知過程は高速かつ円滑な視覚的コミュニケーションのための重要な基盤となっていることがわかる.

　選択的注意もまた,生体が環境に適応するためには非常に重要な役割を担っている.われわれの生活している環境は膨大な情報にあふれており,感覚器官からは絶えず情報が取り込まれている.一方,生体の行動出力系は限られた処理能力しか持っていない.たとえば,ある時点では,空間内の1点にしか視線を向けることができない.また,複数の対象を同時に把握することはできないし,同時には1種類の音声しか発することはできない.このように環境中には多種多様な情報源があったとしても,生体がある時点で反応し,行動できる対象は限られている.そのため,次にどこに視線を向けるか,また,次に何を右手で操作するかなどを決定するために,絶えず膨大な環境中

の情報を処理し,的確な対象を選択しなくてはならないのである.

【引用文献】

Bacon, W. F., & Egeth, H. E. 1994 Overriding stimulus-driven attentional capture. *Perception and Psychophysics*, 55, 485-496.

Biederman, I. 1987 Recognition-by-components: A theory of human image understanding. *Psychological Review*, 94, 115-147.

Engel, A. K., Koenig, P., Kreiter, A. K., & Singer, W. 1991 Interhemishpric synchronization of oscillatory neuronal responses in cat visual cortex. *Science*, 252, 1177-1179.

Halligan, P. W., & Marshall, J. C. 1994 Toward a principled explanation of unilateral neglect. *Cognitive Psychology*, 11, 167-206.

Humphreys, G. W., & Riddoch, M. J. 1987 *To see but not to see:A case study of visual agnosia*. LEA. 河内十郎・能智正博(訳) 1992 見えているのに見えない?――ある視覚失認症者の世界―― 新曜社

Hummel, J. E., & Biederman, I. 1992 Dynamic binding in a neural network for shape recognition. *Psychological Review*, 99, 480-517.

熊田孝恒・横澤一彦 1994 特徴統合と視覚的注意 心理学評論, 37, 19-43.

Marr, D. 1982 *Vision*. San Francisco, CA: W. H. Freeman. 乾 敏郎・安藤広志(訳) 1987 ビジョン 産業図書

Neisser, U. 1976 *Cognition and reality*. San Francisco, CA: W. H. Freeman. 古崎 敬・村瀬 晃(訳) 1978 認知の構図 サイエンス社

Peterson, M. A., Harvey, E. M., & Weidenbacher, H. J. 1991 Shape recognition contributions ro figure-ground reversal: which route counts? *Journal of Experimental Psychology: Human Perception and Performance*, 17, 1075-1089.

Posner, M. I. 1980 Orienting of attention. *Quarterly Journal of Experimental Psychology*, 32, 3 25.

Ramachandran, V. S. 1988 Perception of shape from shading. *Nature*, 331, 163-166.

Tarr, M. J., & Bulthoff, H. H. 1998 Image-based object recognition in man, monkey, and machine. *Cognition*, 67, 1-20.

Tarr, M. J., Williams, P., Hayward, W. G., & Gauthier, I. 1998 Three-dimensional object recognition is viewpoint-dependent. *Nature Neuroscince*, 1, 275-277.

Theeuwes, J. 1991 Cross-dimensional perceptual selectivity. *Perception and Psychophysics*, 50, 184-193.

Treisman, A. 1986 Features and objects in visual processing. *Scientific American*, 254,

106-115. 高野陽太郎（訳）1987 特徴と対象の視覚情報処理 日経サイエンス, 17, 86-98.
Treisman, A., & Gelade, G. 1980 A feature integration theory of attention. *Cognitive Psychology*, 12, 97-136.
Ullamn, S. 1995 *High-level vision*. Cambridge, MA: MIT press.
Wolfe J. M. 1994 Guided search 2.0: A revised model of visual search. *Psychonomic Bulletin & Review*, 1, 202-238.
Yantis, S., & Hillstrom, A. P. 1994 Stimulus-driven attentional capture: Evidence from equiluminant visual objects. *Journal of Experimental Psychology: Human Perception and Performance*, 20, 95-107.
横澤一彦・熊田孝恒 1996 視覚探索――現象とプロセス―― 認知科学, 3, 119-138.

【読書案内】

G. W. ハンフリーズ & M. J. リドック（河内十郎・能智正博訳）1992 見えているのに見えない？――ある視覚失認症者の世界―― 新曜社
　本章で取り上げた統合型視覚失認症者の視覚世界を認知心理学の手法を駆使して明らかにした．認知科学と神経心理学がどのように知覚や注意の研究に貢献しているかを知るためにも，ぜひ読んでほしい．

横澤一彦・熊田孝恒 1996 視覚探索――現象とプロセス―― 認知科学, 3, 119-138.
　視覚探索に関する基本的な現象の紹介と，それらをシミュレートするために提案された3つのモデルについての解説がなされている．

乾　敏郎（編）1995 知覚と運動（認知心理学1）東京大学出版会
　本章では詳しく解説できなかった初期視覚における制約条件の役割について，本書第1章「立体視」で，両眼の異なる画像から3次元情報の対象の記述が出来上がる際の制約条件についてわかりやすく解説されている．

《コラム1》 注意が失われた世界

　この章では，われわれの視覚認知過程がいかにわれわれが自覚しないうちに膨大な情報処理を行っているかを示した．たとえば，いまこのコラムを読んでいる読者の方々は，環境中から受け取っている膨大な情報を，ほとんど無意識のうちに無視している．足の裏に靴底があたっている感覚，舌先に歯の裏側が接触している感覚，指先や手のひらに本の表紙が触れている感覚，かすかに聞こえる遠くの工事の音などは，注意を向ければ確かに知覚ができる．皮膚の触覚器官や鼓膜などの聴覚器官は，注意を向けた瞬間に働き出すわけではない．絶えず，脳に情報を送りつづけているにもかかわらず，これらに気づくことなく読書に集中できる．このように，注意とは，環境中の膨大な情報のうち，現在の行動に必要な情報のみを的確に選択するのに欠かせない機能なのである．
　では，この注意機能が失われるとどのようなことが起こるのであろうか？このような事例を考察することは，普段われわれがごく自然に行っている認知行動の複雑な一面を知る上でも極めて重要である．脳梗塞や脳内出血などによって，脳の一部分を損傷するとさまざまな形の後遺症を引き起こす．中でも，大脳の頭頂葉を損傷すると，半側空間無視(unilateral spatial neglect)と呼ばれる一種の空間的注意障害の症状を示すことが知られている．このような患者は，外界の左半分（あるいは右半分）にあるものを認識できない．たとえば，食卓の左半分のものを食べ残す，鏡に映った自分の顔を半分しか認識できないため，顔の右半分しか髭を剃らないなどの行動を示す．しかしながら，初期視覚過程が損傷されていなくてもこのような症状が見られる．食事の場面などでは，頭や目を自由に動かすことができるわけであるから，左半分しか「見えない」ことはなかなか理解ができない．
　図1-8は，半側空間無視症者が左側の絵をコピーした例である．右半分は模写できているが，左半分は模写できていない．半側空間無視が視覚情報の入力段階での損傷ではないことは，同様の無視が記憶再生でも生じることからもいえる．たとえば，半側空間無視症者では，非常によく知っている物体（たとえば時計）の絵を，何も見ずに書くように指示すると，やはり，その右半分のみを描く．さらに興味深いのは，1つの物体の各部分について，その右半分しか模写できない患者もいる．たとえば，植木鉢から1本の茎が伸び，すぐに2本に枝分かれしてその先に花が1つずつ咲いているような絵を見せられた患者は，

《コラム1》

植木鉢の右半分，それぞれの枝の花について右半分の模写をした．

これらの例は，半側空間無視では視覚表象の形成にかかわる初期視覚の機能もほぼ保たれていることを示している．実際に，半側空間無視のメカニズムに関しては十分に明らかにされてはいないが，そのうちの大部分の症状は注意のスポットライトを，無視側の視野に向けることができないことによ

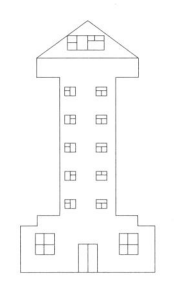

(a) 元の図　　(b) 半側空間無視患者の模写図

図1-8　半側空間無視患者の模写図
(Halligan & Marshall, 1994 を改変)

ると考えられている．しかも，最近の研究は，注意のスポットライトを無視側視野に向けることができないのは，実は健常側視野に向いたスポットライトをその視野側から解放できないという可能性を示唆している．このような発見は，空間的注意の過程を考察する上でも極めて重要である．空間的注意の移動には，注意を新たな場所に向けるという過程と，現在注意が向いている場所から解放するという過程があり，それらが脳の異なる部位で司られている．半側空間無視症者では後者の過程のみが損傷されていると考えられる．

それにしても，食卓の左半分を食べ残すという行動は，常識的には極めて奇妙である．通常，食卓に皿があって「見えている」半分を食べ終わったとしても，皿というものは通常丸い形をしているという知識や，自分が視野の左側のものを見落とす傾向があること，また，これまでも何度も半分を食べ残した経験をしていることなどから，「見えていない」部分の食物にも手を伸ばしてもよさそうな気がする．しかし，そのようなことはなぜかできないのである．このような，症状は，広い意味での「病態失認」と考えられている．どうしてそのようなことが生じるのかは明らかになっていないが，高次視覚に対してメタ高次視覚のようなより高次の過程を想定し，その損傷によって説明できるのかもしれない．

第2章 記　憶

　認知心理学における記憶研究では，今なおエキサイティングな現象が数多く報告され，近年は社会の要請に応える形の研究も活発になっている．しかし，メカニズム解明を目指す純粋に理論的な記憶研究は日本ではまだまだ少ない．本章では記憶の現象的なトピックにはあえて言及せず，理論的な研究の紹介を行う．

　筆者を含め，日本における記憶研究者の多くは，行動データに基づき「ことば」を使って記憶現象をまとめることを比較的得意とするが，シミュレーション可能な具体的なモデルを構築することは苦手のように思える．逆に，情報科学の研究者は，既知の関数や機構を利用して，ある現象をシミュレートするモデルを作ることは得意とするが，人間の行動パターンの意味を深く検討することには慣れていないように思う．認知心理学者は「ことば」中心の記憶理論を，シミュレーション可能な表現に置き換える努力をしなければならず，情報科学の研究者は，人間の行動パターンを手がかりにして心の原理を論理的に推測していくことの意味を理解する必要がある．

1　心理学的記憶理論の概観

1.1　現象志向から理論志向の記憶研究へ

　20世紀後半認知心理学が盛んになり，様々な状況における人間の行動が詳細に記述され，記憶研究においても数多くの現象が報告されてきた．ところが最近，記憶研究の領域にはとりたてて目新しい現象の報告が見られず，ある意味飽和状態が近づいている感がある（あくまで筆者の主観であるが）．過去に報告されている現象が名前を変えて再び研究されているように思えるものや，また，認知心理学の研究フィールドが急速に広がっているのも，それ

に対応しているように思える．

　飽和状態というのは研究者の立場からすると大変困難な時期になる．しかしこの状況は本来，現象の記述を1つの目的としている心理学からすれば喜ぶべき状況である．もちろん新たな発見は今後も続くであろう．しかし，いずれ近い将来，若い研究者を奮い立たせるような心理学的現象は記述し尽くされてもおかしくはない．また，新たな現象を発見するために，非常に手の込んだ実験をせざるを得ない状況が生れているように感じることもある．

　現象の記述が終わった次に行うべきことは，「心のメカニズム」解明へ向けた理論構築とその検証である．しかし，認知心理学的な記憶研究においては，様々な記憶現象を説明する理論は多い反面，メカニズムの中身に関して作業仮説的な提案をする理論は少ない．特に，記憶表象を明確に仮定し理論構築を行っているものは少ない．

1.2　3タイプの記憶理論

　ここでは認知心理学的な記憶理論をルール志向，モジュール志向，システム志向の3タイプに分類し，その代表的な理論を列挙する．紙面の都合で詳しい説明ができないため，日本語の文献を参照できるように引用する．

　(1)　ルール志向の理論

　第1のタイプは，現象の記述・把握を目的とする理論や法則である．ここではまとめてルール志向の理論と呼ぶことにする．このタイプに含められる代表的な理論や法則としては以下のようなものがあげられる．

(a) 符号化特定性原理（Tulving, 1983; 多鹿，2000）

(b) 処理水準説（寺澤，1997b）

(c) 複数記憶システム論（Schacter & Tulving, 1994; Squire & Knowlton, 1995; 太田，1994, 1995）

(d) 顕在記憶と潜在記憶の区分（藤田，1999; 太田，1995; 岡田，1999）

(e) 処理説（岡田，1999）

(f) HERAモデル，HYPERモデル（2.3参照）

　これらの理論は，特定の条件で学習と記憶テストが要求された場合，どの指標にどのような変化が生じるのかという法則を中心に論じ，その場合分け

1 心理学的記憶理論の概観

を目指している理論といえる．記憶のメカニズムを解明するためには行動パターンの法則性の記述は不可欠であり，活発な議論が展開されている．心理学的な記憶研究で最も多い理論である．

なお，複数記憶システム論のような記憶区分の理論は，異なるシステムの存在を仮定しているが，各システムの中身について厳密な検討を進めてはいない．現時点におけるシステムの区分は，実質的には学習内容やテスト条件およびそこで観察される成績の関係の記述とほぼ同等である．HERAモデル，HYPERモデルは近年脳研究において提案されている記憶理論である（2.3参照）．

(2) モジュール志向の理論

現象の分類ではなく処理機構の中身に踏み込んだ仮定を提出し，それに焦点を当てた理論である．様々な記憶現象を複数の処理のアルゴリズムで説明しようとしている理論であり，各処理を担当するモジュールの集合によって記憶現象の生起を説明しようとしている．たとえば以下のような理論があげられる．

(a) 複数貯蔵モデル（Atkinson & Shiffrin, 1971; 森ら, 1995）
(b) エクフォリー理論（Tulving, 1983）
(c) ロゴジェン・モデル（Morton, 1969; 森ら, 1995）
(d) 作業記憶の理論（Baddeley et al., 1999; 三宅, 1995; 齋藤, 2000）

このタイプは処理過程の中身に焦点を当て，どのような特徴を持つ処理モジュールが存在するのか，その間で情報がどのような制約のもとにやり取りされるのかを仮定している．モジュール志向の記憶理論は現象の分類ではなく，内的な処理過程の中身に関する仮定が重視される点でルール志向の理論と異なる．たとえば，複数貯蔵モデルでは，異なる貯蔵システムがあるというだけでなく，各システムの特徴やシステム間の情報のやりとりに関する仮定（たとえば，リハーサルがなされた情報のみが短期記憶から長期記憶へと転送される）が提出されている点でルール志向の理論と区別できる．

(3) システム志向の理論

記憶表象に関する仮定を明確にし，その上で処理プロセスを仮定している理論である．言い換えれば，処理を受ける情報の表現方法を厳密に仮定して

第 2 章　記　憶

```
       心理学的                                         情報科学的
      アプローチ          認知心理学的記憶理論            アプローチ
   ←━━━━━━━                                        ━━━━━━━→

   ┌──────────────┐ ┌──────────────┐ ┌──────────────┐
   │  ルール志向   │ │ モジュール志向 │ │ システム志向  │
   │ ・符号化特定性原理│ │・複数貯蔵モデル │ │ ・ACTs       │
   │ ・処理水準説   │ │・エクフォリー理論│ │ ・PDP モデル  │
   │ ・複数記憶システム論│ │・ロゴジェンモデル│ │ ・MINERVA2   │
   │ ・潜在記憶-顕在記憶│ │・作業記憶に関する理論│ │ ・SAM        │
   │ ・処理説      │ │              │ │ ・TODAMs     │
   │              │ │              │ │ ・CHARM      │
   │ ・HERAモデル   │ │              │ │ ・MATRIX     │
   │ ・HYPER モデル │ │              │ │              │
   └──────────────┘ └──────────────┘ └──────────────┘

   ┌─────────┐                               ┌─────────┐
   │ 現象志向 │       ←━━━━━━━━━→         │メカニズム志向│
   └─────────┘                               └─────────┘
    シミュレーション                              シミュレーション
    可能性　小                                    可能性　大
```

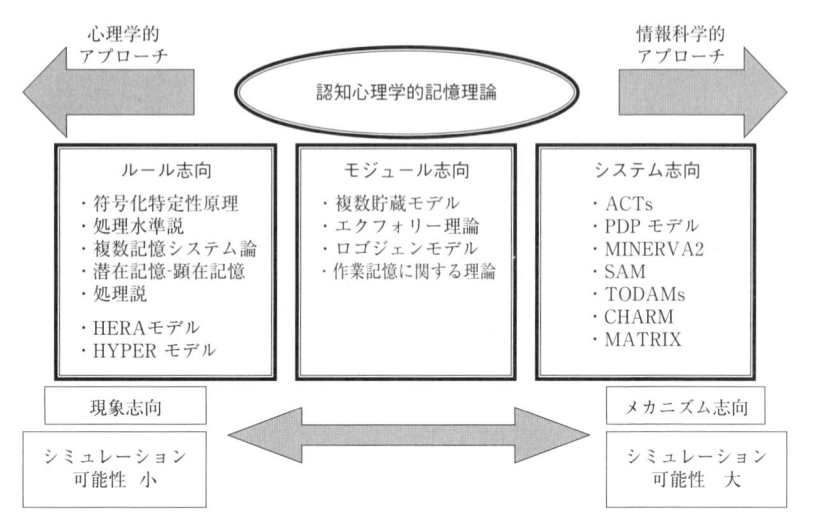

図2-1　認知心理学的記憶理論の分類

おり，その点で上記2つのタイプの理論と大きく異なる．このタイプの理論は以下の2つに大きくまとめられる(3で詳述)．

(a) ネットワーク理論（ACTs 理論，コネクショニスト・モデル）
(b) グローバルマッチング理論（MINERVA2, SAM; TODAMs, CHARM; MATRIX）

このタイプの理論は，内的な処理メカニズムに関する仮定をおく点でモジュール志向の理論と類似しているが，モジュール志向の理論が情報の表現形態から自由であるのに対して，システム志向の理論は，理論化にあたって記憶表象に関する仮定から強い制約を受ける（3参照）．

1.3　認知科学における心理学的記憶理論

図2-1は，上で述べた理論を認知心理学的←→情報科学的という軸を想定し代表的なものを列挙したものである．この軸は図に示したように，シミュレーションを念頭に置いている程度，現象とメカニズムのどちらに関心が向いているのか，記憶表象の考え方から制約を受ける程度を表している．

本章ではこの後，システム志向の理論に焦点を合わせて記憶理論の紹介を

行う．ルール志向とモジュール志向の理論は，比較的多くの概説書に紹介されているが，システム志向の理論の紹介はネットワーク理論（ACTs理論，コネクショニスト・モデル）に限られている．これはとりもなおさず認知心理学の領域で記憶表象に関する議論が少ないことを意味している．全ての心理現象の説明には記憶表象の仮定は不可欠であり，また，記憶表象に関する前提が変わってしまえば，「記憶」という概念を用いる心理学のモデルは全て再考を促される危険性を持っている．システム志向の理論は，今後，現象の記述以上にメカニズムの解明が重要になる認知心理学において，確実に重要度を増すと考えられるからである．

なお，本章ではシステム志向の理論とは別に，脳研究における記憶研究も記憶区分の理論と結び付けて紹介する．近年，生体内部のイメージング技術の進歩は目を見はるものがあり，それに伴い，記憶区分の研究に関わりの強い記憶研究者が急速に脳研究に進出している．この領域では心理学者が実験計画を策定し結果の解釈を行うなど主要な役割を期待されているからである．

以下，2で脳研究に関連する記憶研究，3でシステム志向の理論を紹介する．

2 脳研究における記憶理論

近年，主要な記憶研究者が脳研究の領域に進出している．それは脳の機能局在の考え方と記憶区分に関する研究の理論的枠組みが一致したことによる面が大きい．今のところ，記憶区分の知見全てが脳研究に反映されているとは言い難いが，記憶区分を記憶研究の切り口ととらえる立場（Tulving, 1986）からすると，それらが今後有益な情報を提供する可能性は高い．そこで，以下ではまず代表的な記憶区分の考え方を簡単に紹介し，続いて脳研究における記憶理論を紹介する．

2.1 記憶区分の主張

ある大学院生に，「記憶研究は記憶区分の関係が複雑でよく分からない」といわれたことがある．確かに，いろいろな区分が提案され，それらが密接に絡み合っているようなイメージがある．しかし，実際はいたって単純であ

る．提案されている記憶区分は，様々な記憶課題をいかにまとめるべきかという切り口を，研究者が独自の立場と研究の流れにもとづき「それぞれ主張」しているものである．一般の社会と同様，異なる背景をもつ主張が完璧にかみ合うことはめったにない．主張が異なれば，そこで用いられている記憶の名称の意味合いは多少なりとも異なってくると割り切って考えるべきである．つまり，異なる主張で使われる様々な記憶を全て体系立てて把握することは現時点では難しいと考えた方がよい．ここでは代表的な記憶区分として4つの考え方をあげておく．

(1) 短期記憶と長期記憶の区分

これについては取り立てて説明は必要ないであろう．アトキンソンとシフリン（Atkinson & Shiffrin, 1971）の複数貯蔵モデルに代表されるこの区分はほぼ一致して受け入れられており，それぞれの記憶はかなり独立した研究領域を形成している．後述する区分のほとんどは長期記憶に分類される．短期記憶は作業記憶（working memory）と呼ばれるようになってきており，近年は，貯蔵庫というよりも処理のプロセスやメカニズムとみなされ，そのサブシステムについて検討が加えられている（三宅，1995; 齋藤，2000）．

ただし，短期記憶と長期記憶の特徴については十分検討されているとはいえず，あくまでひとつの仮説ととらえるべきである．例えば，長期記憶に入った情報はほぼ永久に保持されるという仮定や，短期記憶から長期記憶への情報の転送にリハーサルが必要であるという仮定などである．

(2) 顕在記憶と潜在記憶

顕在記憶（explicit memory）は検索時に想起意識を伴う記憶で，潜在記憶（implicit memory）はそれを伴わない記憶と定義されるが，実際のところ2つの記憶は操作的に区別されている．すなわち，学習後のテスト時の教示で，そのテストが学習時のエピソードを直接問題にしていると被験者が認識すれば顕在記憶課題，無関係な課題と認識すれば潜在記憶課題とされる．なお，潜在記憶課題は直接プライミング効果（太田，1991）が検出される課題ともいえる．両記憶課題の違いはテスト時の教示のみであるが，成績に現れる両記憶の特徴は対照的である．両記憶の差異は現在の記憶研究において主要なトピックになっているため，代表的な違いを以下にまとめておく．

(a) 顕在記憶に大きく影響する，学習時の意図的学習と偶発学習の違い，学習の繰り返し，処理水準の操作などが潜在記憶には大きな影響を与えない (Roediger & McDermott, 1993)．

(b) 顕在記憶に比べて潜在記憶は学習－テスト間のインターバルに対して頑健である（太田, 1988; 寺澤, 1997b, 2000 参照）．

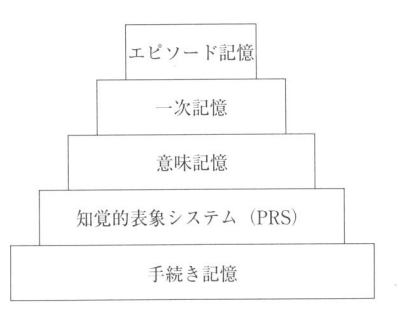

図2-2 複数記憶システム論の概要
（太田, 1994；Schacter & Tulving, 1994）

(c) 潜在記憶は学習項目の知覚的特徴に非常に敏感である（Roediger & Blaxton, 1987; 寺澤, 1994b, 寺澤ら, 1997）．

(d) 健忘症患者の顕在記憶課題の成績は非常に低いが，潜在記憶課題の成績は健常者と同等である（小松, 2000 参照）．

(e) 潜在記憶は加齢の影響を受けにくい（石原, 2000 参照）．

(f) 顕在記憶と潜在記憶には発達差がある（多鹿, 1999 参照）．

(3) 複数記憶システム論

タルヴィング（Tulving, 1972）によってエピソード記憶と意味記憶の区分が提案されて以来発展している記憶区分の考え方である．現在のところ，図2-2に示した5つの記憶システムが仮定されている（太田, 1994）．図中, PRS (perceptual representation system) は直接プライミング効果に関わる記憶システムである．シャクターとタルヴィング（Schacter & Tulving, 1994）はエピソード記憶と1次記憶（短期記憶に対応）を顕在記憶に，その他を潜在記憶に対応づけている．

(4) スクワイアの記憶区分

1980年代後半になると，記憶区分の議論は神経心理学的研究の中でとりあげられるようになった．複数記憶システム論もその1つであるが，もう1つよく引き合いに出されるものとして，スクワイア（Squire）を中心に提案されている区分がある．彼は単なる記憶区分から一歩踏み込み，図2-3に示すような脳の部位とそれぞれの記憶区分の対応も仮説的に提示している (Squire & Knowlton, 1995)．

第2章 記憶

```
                        記憶
            ┌────────────┴────────────┐
          宣言的                    非宣言的
          (顕在)                    (潜在)
        ┌───┴───┐        ┌──────┬────┴────┬────────┐
       事実    事象    技能・習慣 プライミング 古典的条件付け 非連合学習
                                        ┌────┴────┐
                                      情動反応   骨格筋系
      側頭葉内側,          線条体    新皮質   扁桃体    小脳    反射経路
        間脳
```

図2-3　スクワイアの記憶区分と仮説的な脳部の対応

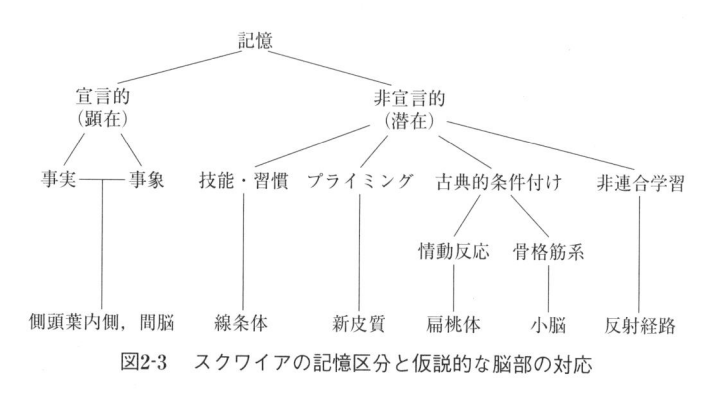

2.2　脳画像研究

　脳の活動をとらえる代表的な装置には，PET (positron emission tomography)，MEG (magnetoencephalogram)，fMRI (functional magnetic resonance imaging) がある．PETは血流内に入れられた半減期のごく短い放射性物質から出るポジトロン（陽電子）を検出することにより，血液が多く集まっている部位を特定する．時空間的な解像度が低く被爆の問題があるなど，最近はfMRIに代わられつつある．MEGはひとまとまりのニューロンにインパルスが流れる場合に生じる磁場を検出し，その分布などから活動部位を推定する．時間解像度が高いが部位の推定法に難点がある．fMRIはMRI装置を用いた生体機能計測法の総称であり，装置の時間・空間的な解像度の高まりを受け近年最も利用されるようになっている．

　PETとfMRIは概ね脳内の血流量に対応する信号を検出すると考えられるが，特にfMRIは信号強度に影響する他の要因も数多く明らかにされており，データの意味を単純にとらえる態度は現時点では慎む必要がある．fMRIにより脳の活動を容易に観察できるようになってはいるが，fMRI自体測定法として研究途上の側面もある．現時点では，実験デザインはもちろん得られるデータの解釈は計測原理を踏まえ慎重に行う必要がある（fMRIの典型的な原理，および実験デザインを立てる上での注意点などは，中井ら，1998を参照のこと）．

　fMRIの実験手続きは，PETと同様，被験者に同一条件の判断を繰り返し

てもらうブロック法（blocked design）が一般的である．近年は，fMRIの時間解像度が高まっているため，被験者の一つ一つの反応に対する脳内活動を分析時に切り出して解析するイベント法（event-related design）を用いる研究も増えてきている．イベント法はランダマイズといった従来の記憶実験の手続きをそのまま脳画像研究に持ち込むことができ，より詳細な分析が可能になるといわれるが，fMRIの原理と照らし合わせてデザインを組み立てなければ，実際の脳活動と異なるものを信号として拾ってきてしまう危険性が高い．なお，イベント法による具体的な実験手続きや分析方法が記載されている記憶研究の論文としては，マクダーモットら（McDermott et al., 1999）が参考になる．

2.3 脳画像研究における記憶理論

　PETやfMRIを用いた脳研究は既に膨大な数に上るが，その中からわずかであるが研究のまとまりや一定の傾向が現れている．記憶に関わる脳研究は，大きく作業記憶と長期記憶に関わる研究に分けられる．脳部位に対応させるなら，大まかではあるが前者は頭頂葉（および前頭葉），後者は前頭葉と側頭葉に対応できる．

　作業記憶に関する研究は，バッデリーのモデル（Baddely et al., 1999）に沿って，想定される各モジュールに脳の活動を対応させて解釈されることが多い．解釈の基盤がある分結果を把握しやすいが，ひとたび理論の再構築に取りかかればその後の展開は予想し難い（苧阪ら，2000に包括的な紹介がある）．

　一方，長期記憶に関しては，先に説明した記憶区分の理論を適用することは難しい状況にある．脳画像研究に限れば，ここ数年の研究はエピソード記憶の符号化と検索プロセスと脳の部位との関係に焦点が当てられている．その中で，以下ではHERAモデルとHYPERモデルを紹介する．前者は主に前頭葉，後者は側頭葉内側（medial temporal lobe: MTL）に関する理論である．

　HERA（hemispheric encoding/retrieval asymmetry）モデルは，図2-4に示した通り，左前頭葉皮質はエピソード記憶の符号化処理に主に関わり，右前頭葉皮質は主に検索に関わるという主張である（Tulving et al., 1994，レビ

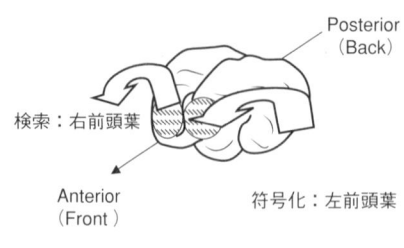

図2-4 HERAモデルの概念図
エピソード記憶の符号化処理は主に左前頭葉，検索処理は主に右前頭葉の活動を引き起こす．

(図中ラベル: Posterior (Back), Anterior (Front), 検索：右前頭葉, 符号化：左前頭葉)

ューとしては，Nyberg et al., 1996）．これは，様々な記憶課題に対する脳の活動データを，エピソード記憶の符号化と検索の違いという観点でまとめたところ浮かび上がってきた法則性である．主に PET データに基づき導き出された傾向であるが，fMRI による研究でも同様の傾向が報告されている（たとえば，McDermott et al., 1999）．

HYPER（hippocampal encoding/retrieval）モデルは，PET によって観察される海馬領域に関する脳の活動パターンをまとめたものである（Lepage et al., 1998）．それによればエピソード記憶の符号化に関わる活動は，主に海馬領域の前方（anterior）に見られ，検索に関わる活動は主に海馬領域の後方（posterior）に見られるとされる．ただし，fMRI による研究のレビュー（Schacter & Wagner, 1999）によれば，エピソード記憶の符号化時には，PET の場合とは逆に，MTL 後方に活動が認められるとされており，HERA モデルに比べるとこのモデルはまだ不確定な要素が多い．

HERA および HYPER モデルは，特定の処理と部位の関係を単純にまとめたものであるが，最近は特に fMRI により，特定の部位における脳の活動量の変化も詳細に検討できるようになってきている．その中では，たとえば語幹完成課題を反復処理させた場合，その反復に応じて脳の活動が低下するという興味深い事実も明らかにされている（Buckner et al., 2000）．

このように脳のイメージング技術の進歩により，行動指標以外に脳の部位，脳の活動量といった新しい指標が，認知メカニズムを解明するための強力な手がかりとして活用できるようになってきている．しかし，その将来は必ずしも楽観視はできない．様々な課題，部位，刺激に対して詳細なデータが出てくるほど，それらをまとめて考察することが難しくなるからである．先の HERA モデルにしても，前頭葉の活動はさらに小さな部位に分けられるという主張や（Buckner, 1996），HYPER モデルに関しても言語刺激と図刺激で符号化の部位に偏りが存在する可能性が指摘されている（Lepage et al.,

1998).

3 システム志向の理論

　記憶表象を仮定するシステム志向の理論は，大きくネットワーク理論（ACTs 理論，コネクショニスト・モデル）とグローバルマッチング理論に分けられる．前者は，意味記憶を利用した様々な認知処理をコンピュータで実現することに最適化された理論といえ，後者は再生や再認といったエピソード記憶に関わる現象を厳密に説明することを主要な目的とした理論といえる．

3.1　ネットワーク理論とその問題

　一連の ACT 理論（たとえば，Anderson, 1983：ここではまとめて ACTs 理論と呼ぶ）は，心理学に古くからある連合主義的な発想をうまく採り入れた理論であり，意味ネットワーク表象理論と，処理に関する活性化拡散理論を基本的なアイデアとして包含している（寺澤，1998）．この理論は広く援用され，認知心理学では最も知名度の高い理論の 1 つである（具体的には，守，1995; 三輪，1995 などを参照）．この理論の有効性が特に示されるのは，言語処理といった記号論的な計算処理であるが，再認や再生といったエピソード記憶に関わる処理も同様の原理で説明されており，非常に汎用性の高い理論である．ただし，説明力の高さは理論の正しさを保証するものではない．意味ネットワーク表象の考え方には本質的な問題も指摘されており，その援用は今なお慎重になされるべきである（Hintzman, 1982; 寺澤，1997a）．

　コネクショニスト・モデルは，入出力に関する計算ルールが規定されたユニットを様々な形態で結合させ，ユニットの状態と結合強度を変化させることにより学習を成立させ，入力に対する出力を得る（守，1996; 辻井・安西，1988）．パターン認識や言語処理など様々な処理に適用されている（たとえば，Ans et al., 1998; Rumelhart et al., 1986）．しかし，エピソード記憶に関わる処理に関しては破滅的忘却（catastrophic forgetting）といわれる重大な問題が

指摘されている (McClosky & Cohen, 1989; Raaijmakers & Shiffrin, 1992; Ratcliff, 1990). すなわち，コネクショニスト・モデルではネットワーク全体で1つの状態が表現されるため，1回の学習によりユニットの状態と結合強度が変化してしまうと，その学習以前になされた学習の影響を再現することが難しくなり，結果的に過去の特定の学習内容の再生が困難になる問題である．これはコネクショニスト・モデルがエピソード記憶的処理を実現する場合に突き当たる本質的な問題であるが，類似した問題は，意味ネットワーク表象理論に対しても提起されている（寺澤，1994a; 寺澤ら，1997）．

3.2 グローバルマッチング理論

この理論は主にエピソード記憶に関わる処理を数学的に記述しようとしている理論である．この理論におけるエピソード情報は，複数の属性スロット（次元）に対応する値の集合で表現されている（たとえば，記銘項目が大文字か小文字か，冊子が白か茶色かといった属性値の集合）．このエピソード情報がどのように記憶表象として蓄えられ，プローブ情報（手がかり）との間でどのような処理がなされるのかを数学的に記述している．グローバルマッチングという表現は，想定される処理が記憶表象全体を対象にして行われ，記憶表象の一部だけが処理の対象にならないことを意味している (Humphreys, et al., 1989b). この点で，時系列的な概念ノードの検索を仮定する活性化拡散理論などとは異なる．また処理が明確なアルゴリズムで表現される点でコネクショニスト・モデルとも異なる．グローバルマッチング理論は，エピソード情報の蓄積法によって大きく3つにグルーピングできる．

(a) MINERVA2 (Hintzman, 1984, 1986, 1988) と SAM (Gillund & Shiffrin, 1984)

ヒンツマン (Hintzman) は以前から，学習時のエピソード情報は個々独立した痕跡として蓄えられるとする多痕跡理論 (multiple-trace theory) を提唱している．つまり同一項目を複数回学習すると，同じ情報を含む痕跡が同じ数形成されると仮定している．この仮定は，ネットワーク理論をはじめ多くの記憶表象理論と対照的な仮定である．情報を重複して蓄えるという仮定は一見無駄に思えるが，シフリン (Shiffrin) も徐々に同様の考え方に傾倒し，

3 システム志向の理論

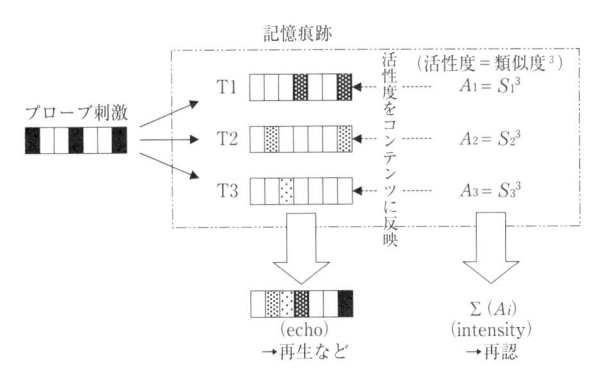

```
                        記憶痕跡
                ┌─────────────────────┐ 活 （活性度＝類似度³）
                │      T1  ▭▭▭▭▭  │性    A₁ = S₁³
                │        ↗         │度
  プローブ刺激   │      T2  ▭▭▭▭▭  │を  A₂ = S₂³
     ▭▭▭▭▭ →│→                 │コン
                │        ↘         │テン  A₃ = S₃³
                │      T3  ▭▭▭▭▭  │ツに
                │                   │反映
                └─────────────────────┘
                         ⇓              ⇓
                      ▭▭▭▭▭        Σ(Aᵢ)
                      (echo)         (intensity)
                      →再生など       →再認
```

図2-5　MINERVA2 の概要

3つの記憶痕跡（T1,T2,T3）が存在するところへ，プローブ刺激が入力すると，各痕跡とプローブ刺激の類似度（内積）S_1～S_3が計算され，その3乗を活性度A_1～A_3とする．活性度が各痕跡の内容に反映された痕跡パターンが全て加算されたものがエコーとして出力され，活性度の総和が強度（intensity）として再認判断などに利用される．

また，寺澤（1997a）も前述した破滅的忘却に類する問題の根本的な解決法としてこの記憶表象の考え方を発展させている．事例モデル（exemplar model）としてカテゴリー判断などの領域でも，最近注目されており（たとえば，Johnson & Hasher, 1987; Goldinger, 1998 ほか），今後注目すべき記憶表象理論の1つといえよう．

MINERVA2 の基本的な計算の概要を図2-5に示した．各々のイベントは特徴素性のリストとして表わされ（図では白黒で表した），記銘時にはそれが記憶にコピーされる．再認判断時には，記憶に蓄えられている各々の痕跡がプローブ刺激との類似度（S_i：内積）に従って並列的に活性化される．その類似度の3乗を活性度（$A_i=S_i^3$），全痕跡の活性度の総量を強度（intensity＝ΣA_i）と呼び，強度が再認判断の根拠にされる．また，各痕跡の内容に活性度を掛け合わせた上で，全ての痕跡の内容を加算して合成されるものをエコー（echo）と呼び，再生やカテゴリー判断などに利用する．

SAM（search of associative memory）モデルも MINERVA2 同様，イメージと呼ばれる独立した情報の集合を記憶表象として仮定しているが，最終的に出力される情報が，MINERVA2 では複数の記憶痕跡から新たに生成される情報であるのに対して，SAM では蓄えられている個々のエピソード情報が出

力される点で異なる（Raaijmakers & Shiffrin, 1992）．

なお MINERVA2 は，作り出されたエコーを基に特定のエピソード情報を出力すること（再生）が難しいことが問題として指摘されている．これに対して，MINERVA2 に相互抑制的な処理を加えた UME モデル（コラム 2 参照）は，この問題を解決できる可能性を持っている．

(b) TODAM と CHARM

TODAM（a theory of distributed associative memory: Murdock, 1982, 1993）と CHARM（composite holographic associative recall model: Eich, 1982, 1985）は，畳み込み（convolution）とコリレーション（correlation：統計でいう相関とは異なる）といわれる数学的な操作を基本にしてエピソード記憶現象を説明しようとしている．再認判断のプロセスなど詳細な仮定は TODAM と CHARM は異なるが，基本的な考え方は同様である．記憶表象としては，たとえば複数の写真を重ね合わせて合成したような（Metcalfe, 1991），単一の合成記憶（composite memory）を仮定している．単一の記憶表象を仮定する点で，MINERVA2 や SAM と異なる．項目の学習は，畳み込みにより構成されたベクトルを合成記憶に加算することに対応し，検索手がかりと合成記憶とのコリレーションの操作で検索が定義される．畳み込みとコリレーションの操作自体は，具体例（Eich, 1982, 1985）を参照すればそれほど難しくない．ただ，畳み込みとコリレーションという操作の必然性についてはかなり疑問が残る．

(c) MATRIX（Humphreys et al., 1989a, 1989b）

MINERVA2 や SAM モデルではエピソード情報が複数集合したものとして記憶表象が仮定されているのに対して，MATRIX はさらに痕跡情報間のつながりを考慮したような 3 次元行列として記憶表象を仮定した，かなり数学的なモデルである．痕跡間の関係を想定することがメリットをもたらす可能性はあるが，その必然性は検討されておらず，今のところ適用例も少ない（Hintzman, 1990）．

3.3 認知科学に必要な記憶表象に関する議論

認知心理学の発展にとって，記憶表象の仮定は重要な役割を果たしてきた．

特に意味ネットワーク表象理論に代表される言語的なシンボルを単位とした記憶表象の考え方は，人間の認知処理を理解する上で分かりやすく利用価値は高かった．

しかし，現在の記憶表象の議論は全て，まずシンボルありきという観点から始まっている．本章で紹介したシステム志向の理論における，概念ノード，ユニット，属性スロットなどはどれも記号に対応するものであり，その存在を前提としたところから全ての議論は進んでいる．しかし，生れたばかりの赤ん坊に入力される情報は全て，受容器から入力されるパターン情報でしかない．まず存在するのは記号ではなく無意味なパターンである．記号に対応する特徴検出器が生得的に備わっている可能性もあるが，もう少し別の可能性を議論する必要があろう．

記号操作に基づく認知モデルの限界は既に指摘されていることであり（辻井・安西，1988），おそらくパターンと記号のリンクなくして認知科学の新たな発展は望めないであろう．

本章のコラムでは無意味なパターン情報から記号的な情報を単一のアルゴリズムで生成できる可能性を示した．このアルゴリズム（UME）は純粋に心理学的な記憶理論から論理的に導かれたものである．このように全く異なる学問領域のアイデアを学問の枠を越えて導入する試みは，大きなブレークスルーを引き起こす可能性がある．

蓄えられている情報に関する仮定は，全ての認知モデルに確実に影響を及ぼす．それにも関わらずこれまでの認知科学には「情報」そのものに関する議論が非常に少なかった．「人は何をどのように蓄えているのか」という問題は，記憶研究者に限らず全ての認知科学者が考えなければならない重要なテーマである．

【引用文献】

Anderson, J. R. 1983 *The architecture of cognition.* Cambridge, MA: Harvard University Press.

Ans, B., Carbonnel, S., & Valdois, S. 1998 A connectionist multiple-trace memory model for polysylabic word reading. *Psychological Review*, 105, 678-723.

Atkinson, R. C., & Shiffrin, R. M. 1971 The control of short-term memory. *Scientific American*, 225, 82-90.

Baddeley, A. D., & Logie, R. H. 1999 Working memory: the multiple-component model. In A. Miyake & P. Shah (Eds.), *Models of working memory: Mechanisms of active maintenance and executive control.* New York: Cambridge University Press. Pp. 28-61.

Buckner, R. L., Koutstaal, W., Schacter, D. L., & Rosen, B. R. 2000 Functional fMRI evidence for a role of frontal and inferior temporal cortex in amodal components of priming. *Brain*, 123, 620-640.

Buckner, R. L. 1996 Beyond HERA: contributions of specific prefrontal brain areas to long-term memory retrieval. *Psychonomic Bulletin & Review*, 3, 149-158.

Eich, J. M. 1982 A composit holographic associative recall model. *Psychological Review*, 89, 627-661.

Eich, J. M. 1985 Levels of processing, encoding specificity, elaboration, and CHARM. *Psychological Review*, 92, 1-38.

藤田哲也 1999 潜在記憶の測定法 心理学評論, 42, 107-125.

Gillund, G., & Shiffrin, R. M. 1984 A retrieval model for both recognition and recall. *Psychological Review*, 91, 1-67.

Goldinger, S. D. 1998 Echoes of echoes? An episodic theory of lexical access. *Psychological Review*, 105, 251-279.

Hintzman, D. L. 1982 Are presentation frequency and spatial numerosity distinct attributes of memory? *Bulletin of the Psychonomic Society*, 20, 196-198.

Hintzman, D. L. 1984 MINERVA 2: A simulation model of human memory. *Behavior Research Methods, Instruments, & Computers,* 16, 96-101.

Hintzman, D. L. 1986 "Schema Abstraction" in a multiple-trace memory model. *Psychological Review*, 93, 411-428.

Hintzman, D. L. 1988 Judgments of frequency and recognition memory in a multiple-trace memory model. *Psychological Review*, 95, 528-551.

Hintzman, D. L. 1990 Human learning and memory: Connections and dissociations. *Annual Review of Psychology*, 41, 109-139.

Humphreys, M. S., Bain, J. D., & Pike, R. 1989a Different ways to cue and coherent memory system: A theory for episodic, semantic, and procedural tasks. *Psychological Review*, 96, 208-233.

Humphreys, M., Pike, R., Bain, J. D., & Tehan, G. 1989b Global matching: a comparison of the SAM, Minerva II, Matrix, and TODAM models. *Journal of Mathematical Psychology*,

33, 36-67.

石原　治　2000　高齢者の記憶　太田信夫・多鹿秀継（編著）　記憶研究の最前線　北大路書房　Pp. 267-283.

Johnson, M. K., & Hasher, L. 1987 Human learning and memory. *Annual Review of Psychology*, 38, 631-668.

小松伸一　2000　意識と無意識の記憶　太田信夫・多鹿秀継（編著）　記憶研究の最前線　北大路書房　Pp. 125-148.

Lepage, M., Habib, R., & Tulving, E. 1998 Hippocampal PET activations of memory encoding and retrieval: The HIPER model. *Hippocampus*, 8, 313-322.

McCloskey, M., & Cohen, N. J. 1989 Catastrophic interference in connectionist networks: the sequential learning problem. *Psychology of Learning and Motivation*, 24, 109-165.

McDermott, K. B., Ojemann, J. G., Petersen, S. E., Ollinger, J. M., Snyder, A. Z., Akbudak, E., Conturo, T. E., & Raichle, M. 1999 Direct comparison of episodic encoding and retrieval of words: An event-related fMRI study. *Memory*, 7, 661-678.

Metcalfe, J. 1991 Composite memories. In W. E. Hockley & Lewandowsky, S.(Eds.), *Relating theory and data: Essays on human memory in honor of Bennet B. Murdock*. Hillsdale, NJ: Lawrence Erlbaum Associates. Pp. 399-423.

三輪和久　1995　記憶のコンピュータシミュレーション　高野陽太郎（編）　記憶（認知心理学２）　東京大学出版会　Pp. 253-278.

三宅　晶　1995　短期記憶と作動記憶　高野陽太郎（編）　記憶（認知心理学２）　東京大学出版会　Pp. 71-99.

守　一雄　1995　認知心理学（現代心理学入門１）　岩波書店

守　一雄　1996　やさしいPDPモデルの話――文系読者のためのニューラルネットワーク理論入門――　新曜社

森　敏昭・井上　毅・松井孝雄　1995　グラフィック認知心理学　サイエンス社

Morton, J. 1969 Interaction of information in word recognition. *Psychological Review*, 76, 165-178.

Murdock, B. B., Jr. 1982 A theory for the storage and retrieval of item and associative information. *Psychological Review*, 89, 609-626.

Murdock, B. B., Jr. 1993 TODAM 2: A model for the storage and retrieval of item, associative, and serial-order information. *Psychological Review*, 100, 183-203.

中井敏晴・松尾香弥子・加藤知佳子・守谷哲郎・岡田智久　1998　核磁気共鳴法を用いた脳機能測定法（fMRI）の方法論入門　認知科学, 5, 100-118.

Nyberg, L., Cabeza, R., &Tulving, E. 1996 PET studies of encoding and retrieval: The

HERA model. *Psychonomic Bulletin & Review*, 3, 135-148.

太田信夫 1988 長期記憶におけるプライミング——驚くべき潜在記憶（implicit memory）—— 心理学評論, 31, 305-322.

太田信夫 1991 直接プライミング 心理学研究, 62, 119-135.

太田信夫 1994 潜在記憶にみる意識 科学, 64, 248-254.

太田信夫 1995 潜在記憶 高野陽太郎（編） 記憶（認知心理学2） 東京大学出版会 Pp. 209-224.

岡田圭二 1999 潜在記憶理論の展望 心理学評論, 42, 132-151.

苧阪直行（編） 2000 脳とワーキングメモリ 京都大学学術出版会

Raaijmakers, J. G. W., & Shiffrin, R. M. 1992 Models for recall and recognition. *Annual Review of Psychology*, 43, 205-234.

Ratcliff, R. 1990 Connectionist models of recognition memory: Constraints imposed by learning and forgetting functions. *Psychological Review*, 97, 285-308.

Roediger, H. L., & Blaxton, T. A. 1987 Effects of varying modality, surface features, and retention interval on word fragment completion. *Memory & Cognition*, 15, 379-388.

Roediger, H. L., & McDermott, B. 1993 Implicit memory in normal human subjects, In F. Boller & J. Grafman (Eds.), *Handbook of neuropsychology*, Vol.8. Amsterdam: Elsevier Science Publishers. Pp. 63-131.

Rumelhart, D. E., McClelland, J. L., & the PDP Research Group (Eds.) 1986 *Parallel distributed processing*. Cambridge, MA: MIT Press.

齋藤 智 2000 作動記憶 太田信夫・多鹿秀継（編） 記憶研究の最前線 北大路書房 Pp. 15-40.

Schacter, D. L., & Tulving, E. 1994 What are the memory systems of 1994? In D. L. Schacter & E. Tulving (Eds), *Memory systems*. Cambridge, MA: MIT Press. Pp. 1-38.

Schacter, D. L., & Wagner, A. D 1999 Medial temporal lobe activations in fMRI and PET studies of episodic encoding and retrieval. *Hippocampus*, 9, 7-24.

Squire, L. R., & Knowlton, B. J. 1995 Memory, hippocampus, and brain systems. In M. S. Gazzaniga et al. (Eds.), *The cognitive neurosciences*. Cambridge, MA: MIT Press. Pp. 825-837.

多鹿秀継 1999 子どもの潜在記憶の発達 心理学評論, 42, 172-184.

多鹿秀継 2000 エピソード記憶 太田信夫・多鹿秀継（編著） 記憶研究の最前線 北大路書房 Pp. 45-66.

寺澤孝文 1994a ネットワーク表象理論における「単一ノードの問題」——エピソード記憶のモデル化に伴う問題—— 日本認知科学会第11回大会論文集, Pp. 164-165.

寺澤孝文 1994b 先行経験の長期持続的効果に対する知覚的情報の重要性——テスト項

目の表記形態の効果—— 日本心理学会第58回大会発表論文集，Pp. 815.

寺澤孝文　1997a　再認メカニズムと記憶の永続性　風間書房

寺澤孝文　1997b　記憶と問題解決　濱口佳和・宮下一博（編）　子どもの発達と学習　北樹出版　Pp. 122-135.

寺澤孝文　1998　活性化拡散理論に基づく文処理研究——間接プライミング実験パラダイムの応用——　心理学評論，41, 245-256.

寺澤孝文　2000　一度見た情報は決して忘れない——超長期的記憶現象——　行場次朗・箱田裕司（編）　知性と感性の心理　福村出版　Pp. 122-123.

寺澤孝文　2001　記憶と意識　森　敏昭（編）　おもしろ記憶のラボラトリー（認知心理学を語る①）　北大路書房　Pp. 101-124.

寺澤孝文・辻村誠一・松田　憲　1997　人は無意味なパターン情報を2カ月間保持できるか　日本心理学会第61回大会発表論文集，Pp. 17-19.

辻井潤一・安西祐一郎　1988　機械の知・人間の知（認知科学選書20）　東京大学出版会

塚原朋哉・寺澤孝文　1997　MINERVA2の特徴とそのコンピュータへの実装　日本認知科学会第14回大会論文集，Pp. 64-65.

Tulving, E.　1972　Episodic and semantic memory. In E. Tulving & W. Donaldson (Eds.), *Organization of memory.* New York: Academic Press. Pp. 381-403.

Tulving, E., Kapur, S., Craik, F. I. M., Moscovitch, M., & Houle, S.　1994　Hemispheric encoding/retrieval asymmetry in episodic memory: positron emission tomography findings. *Proceedings of the National Academy of Science,* 91, 2016-2020.

Tulving, E.　1986　What kind of a hypothesis is the distinction between episodic and semantic memory? *Journal of Experimental Psychology: Learning, Memory, and Cognition,* 12, 307-311.

Tulving, E.　1983　*Elements of episodic memory.* Oxford University Press.　太田信夫（訳）　1985　タルヴィングの記憶理論　教育出版

【読書案内】

森敏昭（編）　2001　おもしろ記憶のラボラトリー（認知心理学を語る①）　北大路書房
　　記憶研究のトピックスが読みやすい口調で書かれている．最近の記憶研究を知るための一般的な入門書として薦められる．

ステッドマン医学大事典（CD-ROM）　1997　メディカルビュー
　　脳の部位に関する英語の専門用語は普通の辞書になくわかりにくい．これはCD-ROMとして使い勝手もよく，部位の位置に関する説明もあってよい．

辻井潤一・安西祐一郎　1988　機械の知人間の知（認知科学選書20）　東京大学出版会

第 2 章　記　憶

　人間の認知処理に記号主義とコネクショニスト・モデルの両側面から検討を加えている．記憶のモデルを考えるためには必読の書である．出版から経過しているが主張は今なお十分意味を持っている．

太田信夫・多鹿秀継（編）　2000　記憶研究の最前線　北大路書房

　最近の心理学的な記憶研究を把握するためには最適な本である．広い領域をカバーしている．

寺澤孝文　1997　再認メカニズムと記憶の永続性　風間書房

　多痕跡理論や MINERVA2 など，一般に紹介の少ない記憶理論や，ネットワーク理論の問題点が詳述されている．本章コラムで紹介した UME モデルの背景にある理論も導かれている．

《コラム2》
無意味なパターンからシンボルを生成するアルゴリズム
──UMEモデル

　最近，文字認識や音声認識のソフトをよく見かけるが，その処理は一般にパターン認識といわれる．たとえば，図2-6のⒶのような模様を私たちが「数字の2だな」と認識する時に行っている処理である．この処理をコンピュータで実現する代表的な方法は，「if～then-」的なルールで入力情報を分析し，その結果と記憶に蓄えられているシンボル（記号）とを照合し，最も類似したシンボルを出力する方法である（鋳型照合モデル，特徴分析モデルなど）．この考え方は直感的にはわかりやすいが，人間の記憶の中に，ルールや活字のようなシンボル（理論の中では，鋳型，特徴，検出器，文字を代表するユニット等といわれるもの）が存在していなければこれらの理論は成り立たない．

　人間が活字のようなシンボリックな情報をもっているかどうかは別として，誕生から今に至るまで，私たちの脳に入ってくる情報には，受容器細胞が出す0-1的なパターン以上の情報はない，とすれば，まずシンボルありきと考えるよりも，意味のないパターン情報からシンボリックな情報を生成する可能性を検討する必要がある．

　最近の記憶研究では，何気なく見た意味のないパターン情報を人間が数カ月単位で保持しているという事実が明らかにされている（寺澤，2001を参照）．つまり，意味のないパターンに限れば人間は膨大なパターンを蓄えているのである．問題は，無意味なパターン情報からシンボリックな情報を創造できるか否かである．

　コネクショニスト・モデルの研究では，自己組織化のシミュレーションでその実現可能性が示されているが，ここでは，認知心理学的なアプローチから理論的に導き出されたアルゴリズム（UMEモデル）でそれが実現できる可能性を示す．

　UMEモデルは，シンボルや細かなプロダクション・ルールを必要としないパターン認識モデルである（エピソード記憶モデルにもなる予定）．シミュレーションでは，人間が手書きの数字しか見たことがない状況を設定するため，図2-6のⒷのようにマウスを使って適当に入力した0～9の数字（というよりも模様）をそれぞれ複数入力しておく（Ⓑの最初の模様が「数字のゼロ」であるというような情報や活字など一切入力しない）．この状態で，コンピ

ュータがUMEのアルゴリズムを使うと，（不思議なことに）入力された手書きの模様ⒶとⒷから，活字の2のようなパターンⒸを創造してくれる．

　以下で，UMEのアルゴリズムの要点を説明するが，そのポイントは「活性化-相互抑制処理」の一言で表されるほど単純である．実際にシミュレーションできる方のために，具体的な数式の例を後に示したので参照していただきたい．

　まず，入力されたパターンⒶと蓄えられている個々のパターン（Ⓑの手書きの数字の1つひとつ：痕跡と呼ぶ）との類似度を計算する（活性化処理）．類似度がそれぞれ計算されたら，今度は類似度が大きいほど相手の痕跡の類似度を低下させるような処理を全ての痕跡対について行う（相互抑制処理）．そうすると，各痕跡の類似度はそれぞれ小さくなる．次に，小さくなった類似度を各痕跡のオリジナルな画像に掛け合わせる．つまり，類似度が大きいほど元の画像が濃くなるように類似度を反映させる．最後に，痕跡に類似度が反映された画像を全てひとまとめにして足し合わせると，図2-6のⒸのようなパターンが作り出される．実際にシミュレーションしてもらえれば，非常に不思議な感覚にとらわれるはずである．

　UMEは寺澤（1997a）の再認記憶の活性化相互抑制理論をパターン認識に適用し，コンピュータに実装したものである．本文で紹介したヒンツマンのMINERVA2と類似している点もあるが，いくつかの点で本質的に異なっている．このUMEは，人間の行動データを厳密に検討し，論理的な思考を重ねた結果ようやくたどり着いたアルゴリズムであり，その背後には膨大な心理データの蓄積と論理的思考があることをご理解いただきたい．またこのモデルは，パターン認識を工学的に実現するよう最適化されているわけでないことも申し添えておきたい．

　認知心理学者は，行動指標に表れる心理現象を記述することに精力を傾けてきたが，認知科学において真に期待されているのは，単なる現象の記述から一歩踏み込み，情報科学の研究者のモデル構築の指針となるような理論を提案することであると筆者は考えている．コネクショニスト・モデルは神経細胞の生理学的な知見を参考にして大きく発展したことは周知のことであるが，人間の認知機構を解明する上で有効な手がかりはもう1つある．それは人間の行動に表れる法則性である．その法則性からメカニズムを推定し，情報科学の研究者が検証し，発展させられるレベルにまで理論を高めることが，何よりも認知心理学者に課されている使命に思えてならない．

《コラム2》

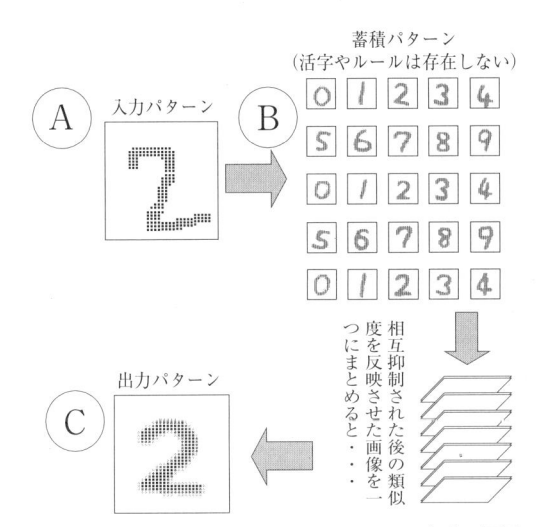

図2-6　UMEモデルによるパターン生成の概要

個々の蓄積パターン情報（痕跡）はどれも同等に，入力パターンによって活性化され，全ての蓄積パターン間で相互抑制された後加算され出力パターンとなる．出力パターンには複数の痕跡の影響が反映されており，出力パターンと全く同じパターンは蓄えられていない．

＜UMEのアルゴリズム＞

UMEのアルゴリズムを以下の(1)〜(4)に説明する．このうち(1)(2)(4)は，基本的にヒンツマンのMINERVA2と同様の処理である（MINERVA2の実装例は塚原・寺澤，1997を参照）．

(1) 0，1値をとる画素の集合である入力パターンにガウスフィルタをかけ，画素値を正規化したものをプローブ $P(j)$ とする（jは画素の位置を示す）．学習時にはこのプローブがそのまま痕跡パターン（単に痕跡と呼ぶ）として蓄えられる．

(2) プローブと，蓄えられている個々の痕跡の間で類似度（Si），活性度（Ai）をそれぞれ式1と式2で計算する．ここで $T(i)$ は i 番目の痕跡，N は各パターンの特徴値の個数を，Ni はプローブ及び各痕跡中の特徴の活性値がある値以上の特徴値の総数を表す．

(式1) $\quad S(i) = \sum_{i=1}^{N} P(j) \cdot T(i,j) / Ni$

(式2)　$A(i) = S(i)^3$

(3) 全ての痕跡の組み合わせについて，活性度が大きい痕跡ほど相手の痕跡の活性度を抑えるような処理を行う（式3：W は負）．なお，安定するまで相互抑制を行う必要はない．

(式3)　$dA(i)/dt = W\{\psi(A(1)) + \psi(A(2)) + \cdots + \psi(A(i-1)) + \psi(A(i+1)) + \cdots \psi(A(M))\}$
　　　　$\psi(x) = \{x\ (x > 0),\ 0\ (x \leq 0)\}$

(4) 抑制後の活性度を各痕跡のコンテンツに掛け合わせ，その後全ての痕跡をまとめて一つのパターン $C(j)$ を合成する（式4：活性度が一定の値を超えたM個の痕跡に限定して計算している）．あとは入力パターンとのAND, ORなどをとったパターンを（2）に戻し同様の処理を繰り返す．この $C(j)$ が出力パターンになる．

(式4)　$C(j) = \sum_{j=1}^{M} \psi(A(i)) P(j) \cdot T(i, j)$

※　UMEのコンピュータへの実装にあたっては塚原朋哉氏（日立東北ソフトウェア㈱）の協力を得た。

第3章 知　識

　代表的な認知心理学辞典である *Blackwell dictionary of cognitive psychology* (Eysenck, 1990) で「認知科学」の項をひくと，「知識の獲得とその利用に関する学際的な学問」とある．認知科学では認知現象を，なんらかの情報処理過程として，すなわち情報を変換するメカニズム（プログラム）と，変換の対象（データ）の組へと分割して捉える．「知識」を広い意味で解釈すれば，こうしたデータ（内部，外部を問わず）すべてを含むことになり，あらゆる認知科学研究は知識の問題から逃れられない．

　認知心理学において知識は，主に概念の獲得や使用過程の研究として様々な実験や観察，調査の方法で研究されてきた．他方，人工知能研究においては，目標とする認知機能を実現するに足る知識表現の設計という観点で研究が進められてきた．本章では，知識の表現と処理をめぐる膨大なモデルや理論の中から，代表的なものを紹介する．

1　工学的な知識表現モデル

　私たちが日常的に「知識」という語を用いる多くの場合，長期記憶に蓄えられた意味記憶の内容を指している．意味記憶の情報の多くは概念的知識，すなわち言語化することが比較的簡単で，時間・空間や個人の経験に依存しない，世界の一般的な事実（「ペルーの首都はリマである」，「三角形の内角の和は二直角である」など）に関するものである．このようなタイプの知識は，手続きや技能の知識である手続き的知識と対比して，宣言的知識と呼ばれる（第2章参照）．

　このような概念的知識は，脳内に何らかの形で構造化されて貯蔵されているものと考えられる．なぜなら，人間が持つ概念的知識の量は膨大であり，

これらの知識がバラバラに貯蔵されているとしたら，適切な検索や推論（知識同士の関連づけが必要）がほとんど不可能になってしまうはずだからである．

1.1 弁別ネット

最も初期の知識表現モデルとしては，弁別ネット（discrimination net）がある．弁別ネットはツリー（木）状のネットワーク構造をなし，ツリーの分岐点には，ある事物や概念（の集合）とそれ以外を区別する基準が記載されている．終端は特定の事物または概念にあたる．事物の経験につれて弁別ツリーが成長していく学習のモデルとして，EPAM (Feigenbaum, 1963) がある．EPAM は，系列学習や対連合学習の多くの実験データを再現することができた（Simon & Feigenbaum, 1964）．しかし，弁別ネットを人間の長期記憶のような大規模な知識構造のモデルとするには，知識量が増大するにつれてツリーが巨大化して処理効率が低下してしまうことや，弁別以外の概念的推論に用いるのが困難であるといった問題がある．

1.2 意味ネットワーク

キリアン（Quillian, 1968）は，知識表現の方法として，意味ネットワーク（semantic network）モデルを提唱した（図3-1）．意味ネットワークは，ノード（節点）が概念を，リンク（有向枝）が概念間の関係を表す階層的なネットワークである．たとえば，カナリアとダチョウは鳥カテゴリーの成員であり，また鳥は魚と共に動物に含まれるというような分類学的知識に対応する．ノードにはそれぞれの概念が持つ特徴のリストが付随するが，記載のない特徴については，より上位の概念が持つ特徴のリストを順に参照する（性質の継承）．このことで，認知的経済性を実現する（たとえば，「羽毛がある」のようにすべての鳥に共通する性質は，それ以下の階層のノードには記載する必要がない）．コリンズとキリアン（Collins & Quillian, 1969）は，「カナリアは飛びますか」といった疑問文に対する真偽判断時間を測定する実験を行って，意味ネットワーク・モデルが心理学的実在性を持つものであることを主張した．意味ネットワークにおける情報検索は，概念間のリンクをたどることで行わ

1 工学的な知識表現モデル

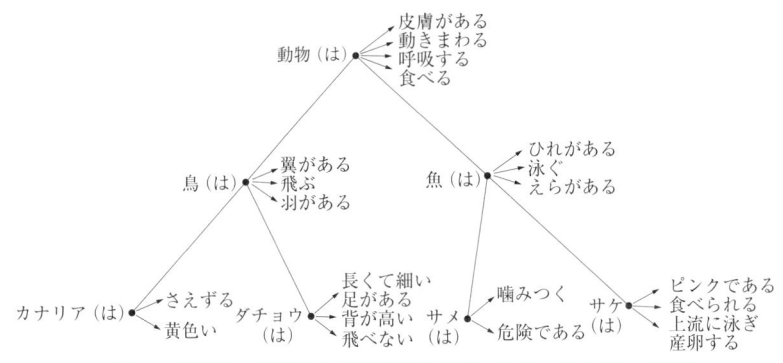

図3-1 階層的に組織された記憶構造の例 (Collins & Quillian, 1969)

れるため，より多くのノードを経由しなくては答えられない疑問文ほど，反応に時間がかかると予測される．実験結果は，コリンズらの予測をおおむね裏付けるものであった．

しかしその後の研究では，意味ネットワーク・モデルの予測と一致しないようなデータも得られている（Smith et al., 1974）．キリアンの意味ネットワーク・モデルは，単なる分類だけではなく複数の関係を表現できるという点で弁別ネットよりも優れており，また性質の継承のような人間の知識の重要な側面をよく捉えている．しかし，人間の知識には階層性以外にも多くの構造的要因が影響しており，また経験や必要に応じて柔軟な働きを示すものなのである．

キリアンの意味ネットワーク・モデルは，その後の知識表現研究に大きな影響を与えた．人間の知識を意味ネットワークで表現しようとする試みは，数多く行われた（Norman et al., 1975）．図3-1のような単純な分類学的カテゴリーではなく，言語で表される知識一般を表現しようとすると，より複雑な形式化が必要になる．言語的な情報は，まず命題（proposition）表現へと変換して用いるのが普通である．命題とは，真偽を問うことができる知識の最小単位であり，1つの述語（predicate）と1つまたは複数の項（argument）から構成される．命題の表記法は様々であるが，一般的な述語論理式では，最初に述語（文の動詞や形容詞などにあたる）を書き，次に括弧の中に述語に関係する項を並べる（項が果たす役割は括弧内の位置によって決まる）．

第3章　知　識

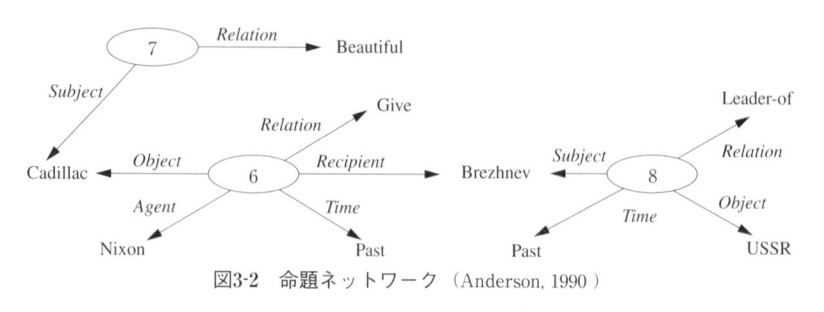

図3-2　命題ネットワーク（Anderson, 1990）

　たとえば，「一郎は静香に白い花を贈った」という文と，「静香は一郎に白い花をもらった」という文は，いずれも「贈る（一郎，静香，花），白い（花）」という2つの命題で表すことができる．こうすることで，能動・受動態のような文法形式の違いや，たまたま使われた語彙の違いにとらわれずに，両方の文に共通する意味内容を取り出すことができる．ただし，この表現では，命題「贈る（一郎，静香，花）」に現れた花と，命題「白い（花）」に現れた花が同じ花であるという情報は失われてしまっている．この問題は，共通の事物を1つのノードで表し，関連する命題の述語や項との関係をリンクで表した命題ネットワークを描くことで克服することができる．たとえば図3-2は，アンダーソン（Anderson, 1990）のACTモデルの表記法を用いて，「ニクソンはソ連の書記長であるブレジネフに豪華なキャデラックを贈った」という文を表したものである．

　命題ネットワーク・モデルでは，個々のノードが活性化の値を持ち，相互のリンクを通してこの活性値を伝達（活性化／抑制）しあうという，活性化拡散のメカニズムを考えることで，様々な連想や記憶の検索プロセス，プライミングやファン効果といった認知心理学の実験データを説明することが可能である（Collins & Loftus, 1975）．

　命題表現，および命題ネットワーク表現は，言語的知識の構造を考える上で重要な一歩であるが，モデルによってその表現方法は多種多様で統一を欠いている．その理由の最大のものは，文を命題に変換する際に意味の置き換えをどの程度許容するか，別の言い方をすれば最終的な表現語彙の集合をどのようなものとすべきかについて意見が一致しないことである．たとえばシ

ャンク（Schank, 1975）の概念依存（CD）理論では，すべての動詞を11の基本的行為の組み合わせで表現するものとした．このような方法論は，限られた語彙と対象世界についてとりあえず実働するシステムを構築するためには有効であるかもしれないが，人間の言語知識に含まれる多くの微妙な差異やニュアンスを切り捨ててしまうものであることは間違いない．

1.3 スキーマ，フレーム，スクリプト

　意味ネットワークの考え方を拡張するもう1つの方向として，より複雑な情報の構造を，ネットワークに組み込むことが考えられる．1970年代の後半から，包括的な知識構造の表現に関する枠組みがいくつか提唱された．ラメルハートとオートニー（Rumelhart & Ortony, 1976）はスキーマ（schema），ミンスキー（Minsky, 1975）はフレーム（frame），またシャンクとアベルソン（Schank & Abelson, 1977）はスクリプト（script）を提案した．これらの理論には相違点もあるが，人間を取り巻く環境や社会で繰り返し見られる事象の構造を表現しようという動機付けを共有しているため，共通する部分も大きい．

　ラメルハートとオートニー（Rumelhart & Ortony, 1976）は，スキーマを記憶内に貯蔵された一般的概念を表現するためのデータ構造であると定義し，4つの特徴を挙げている．すなわち，(1)変数を持つ：スキーマは定数項の要素と変数項の要素からなる．変数が取り得る値の範囲には制限がある．変数が取るべき適切な値に関する情報が得られなかった場合には，最も典型的な値（デフォルト値）が割り当てられる．(2)埋め込み構造を持つ：スキーマは他の上位スキーマの中に埋め込み可能である．(3)あらゆる抽象度に及ぶ：スキーマが表現する知識の対象は，知覚運動レベルの具体的なものから，高度に抽象的な概念的知識にまで及ぶ．(4)定義ではなく知識を表現する：スキーマが表現する知識は，辞書の記載のような定義ではなく，むしろ百科事典の記載のように多様な関連事項を含む．

　スキーマのような構造的な表現を用いることで，帰納推論において人間が実際に行っているように，属性間関係やデフォルト値等を考慮に入れた，柔軟な判断が可能になる．また，単純なネットワークやリスト表現では扱いが

名　　前：レストラン	登場人物：客
道　　具：テーブル	ウエイター
メニュー	コック
料理	勘定係
勘定書	経営者
金	
チップ	
登場条件：客は空腹である	結　　果：客の所持金が減る
客は金をもっている	経営者はもうかる
	客は満腹になる

場面1：入場	場面3：食事
客はレストランに入る	コックは料理をウエイターに渡す
客はテーブルを探す	ウエイターは客に料理を運ぶ
客はどこに座るかを決める	客は料理を食べる
客はテーブルへ行く	場面4：退場
客は座る	ウエイターは勘定書を書く
場面2：注文	ウエイターは客のところへ行く
客はメニューを取り上げる	ウエイターは客に勘定書を渡す
客はメニューを見る	客はウエイターはチップを渡す
客は料理を決める	客は勘定係のところへ行く
客はウエイターに合図する	客は勘定係に金を払う
ウエイターがテーブルに来る	客はレスランを出る
客は料理を注文する	
ウエイターはコックのところへ行く	
ウエイターはコックに注文を伝える	
コックは料理を用意する	

図3-3　レストラン・スクリプト (Bower et al., 1979)

困難な，概念結合（たとえば，「大きい鳥」）の認知過程をモデル化することも可能になる (Smith, Osherson, Rips, & Keane, 1988)．

　フレームは，人間が普通まとまりとみなす状況をパッケージ化して表現しようとしたもので，人工知能研究者のミンスキーが画像理解の研究の中で提唱した．フレームが持つスロット・フィラー構造や，フィラーの値に関する制約，埋め込みによる性質の継承などの性質は，ほとんどスキーマと共通している．これまでにいくつかのフレーム型の知識表現言語が実現されている (FRL, KRLなど)．

　フレーム表現では，概念に関する事実的，宣言的知識の中に，その概念がどのようにして使われるかを記述した手続的知識を埋め込むことができる．あるフレームの中には他のフレームとの関係を記述することができるので，

知識は互いに関係づけられたフレームのネットワークで表現される．フレーム表現では，構造的な知識を自然に表現できるが，一方でデータ構造と処理手続きが分離されていないため，新たな知識の追加によってそれが知識全体にどのような影響を与えるのかは予測しにくい．

シャンクとアベルソン（1977）は，人間の知識には，ステレオタイプ的な状況に関する，ルーチン化された場面と行動の系列からなるまとまりが存在することを指摘し，こうした知識の構造をスクリプト（台本）と呼んだ．たとえば，レストランに行く，医者にかかる，電車に乗るといった状況で通常起こることが期待される一連の出来事である．

シャンクらのレストラン・スクリプトを図3-3に示す．シャンクらは，文章理解のためのコンピュータ・プログラム（script applier mechanism, SAM）を作成し，プログラムにスクリプトの知識をあらかじめ与えておくことで，文章に対する質問応答や，文章には明示されていない情報に関する推論が劇的に改善することを示した．このことは，スクリプトのような知識のまとまりが，文章理解のために必要であることを強く示唆するものである．しかし，人間の行動を理解する上では，スクリプトが記述しているよりももっと大きな文脈を考慮する必要がある場合もあると考えられる．そこでシャンクらはスクリプトよりも一段階上の文脈として，プランという水準の知識を持ったプログラム PAM（plan applier mechanism）を開発した．彼らはさらに，より上位の文脈が必要になる場合も考慮し，人間行動の階層的な目標の構造を，テーマ，ゴール，プラン，スクリプトの4段階で考えることを提唱した．

スクリプト理論のもう1つの問題点として，スクリプトの適用が全か無かであり，また類似したスクリプト相互でもまったく独立した処理がなされる点が挙げられる．バウアーら（Bower et al., 1979）は，特定の状況で人が一般に行うと思われる行動のリストを書き出させるという課題を，被験者に行わせた．その結果は，記述された行動の頻度は一致率が高く，人間が実際にスクリプトのような知識のまとまりを利用していることを示唆するものであった．しかし一方，スクリプト的状況に関する文章の記憶実験の結果は，人間は類似したスクリプト間で情報の混同を起こしやすい事実を示すものであった．こうしたことから，シャンク（1982）は，状況ごとに固定した事象系列

第3章 知識

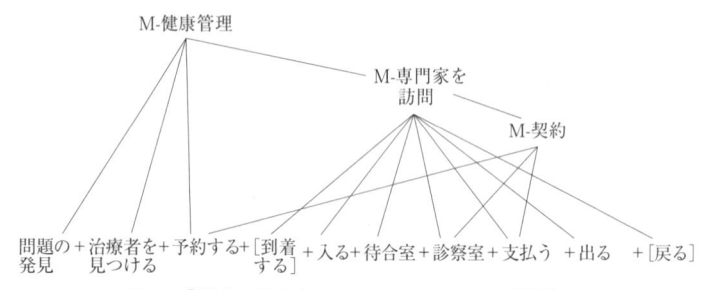

```
                    M-健康管理
                                    M-専門家を
                                      訪問
                                              M-契約

    問題の +治療者を +予約する +[到着 +入る +待合室 +診察室 +支払う +出る +[戻る]
    発見    見つける           する]
```

図3-4 「医者に行く」における3つのMOPの関係

というスクリプトの概念を修正し，より小規模の基本的な要素が必要に応じて構造化されるものであるとした．これらの要素はMOP（memory organization packet）と呼ばれるもので，具体的には「医者にかかる」スクリプトは，「健康管理」「専門家に相談」「契約」といったMOPから動的に構成されるものとなったのである（図3-4）．MOPモデルでは，プランやゴール，テーマといった上位レベルの目標構造の概念も取り入れられ，シーン，MOP，メタMOP，さらにはTOP（thematic organization point）といった知識の階層構造が構想されているが，これらについては必ずしもプログラムとして実装されたわけではない．

なお，シャンクのその後の研究は，スクリプトやMOPのような適切な知識構造が存在しない場合への対処を中心にした説明パターン（explanation pattern, XP）の理論へとシフトし，また知識獲得の理論として，事例ベースの推論（case-based reasoning, CBR）のモデルを提唱していくのであるが，これらの内容は知識の領域を越えて，学習や推論等の問題を多く含むものとなるため，ここでは解説を割愛する（Schank, 1986; Riesbeck & Schank, 1989）．

1.4 プロダクション・システム

これまで扱ってきた弁別ネット，意味ネットワーク，スキーマ，フレーム，スクリプトなどの知識表現は，主に宣言的知識の表現に適したものであった．しかし人間は，自転車の乗り方のように，言語化するのが難しく，その習得に繰り返しの経験が必要であるような，手続きや技能に関する知識も数多く持っている．手続き的知識を表現する方法として代表的なものに，プロダク

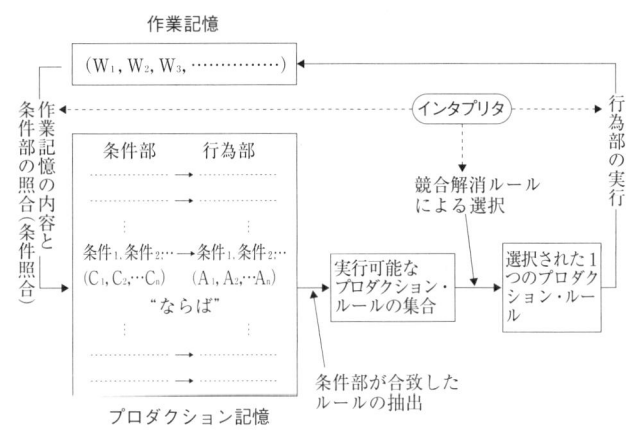

図3-5 プロダクション・システムの基本構造（安西ら，1982; 都築，1999）

ション・システム（production system）がある．

　プロダクション・システムは，プロダクション・ルールの集合であるプロダクション記憶と，作業記憶，およびプロダクション・ルールの適用を制御するインタープリタからなる．プロダクション・ルールは，「もし○○ならば，××せよ（if ○○ then ××）」という形式の規則であり，前半の条件部（condition）が満たされると，後半の行為部（action）の内容が実行（プロダクションの発火）される．プロダクション・ルールにおいて条件が満たされるとは，作業記憶内に一致する要素が存在するということであり，行為もまた，作業記憶に要素を追加したり削除したりすることである．このように個々のプロダクションの動作は単純であるが，複数のプロダクションが連続して発火することで，状況の変化に対応しながら，複雑な課題を遂行することができる．プロダクション・システムの概略を図3-5に示した．発火可能なプロダクション・ルールが複数存在していた場合に，どのようにして発火すべきルールを選択するか（競合解消のルール），また複数のルールの同時発火を認めるかなどで多彩なバリエーションが可能である．また，動作の過程でプロダクション・ルールそのものを書き換えたり，新たなルールを生成したりすることを可能にした適応プロダクション・システムでは，知識の記述のみならず，学習の過程をもシミュレートすることが可能である．

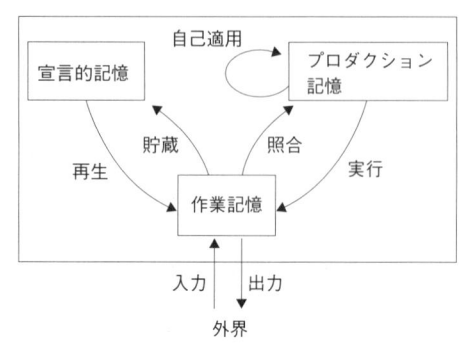

図3-6 ACT*モデルの概略 (Anderson, 1983)

プロダクション・システムは，ニューエルとサイモン (Newell & Simon, 1972) によって，人間の問題解決過程を記述するのに用いられて，その有用性が示された．知識表現としては，プロダクション・システムは，個々のプロダクション・ルールの記述が独立しており（モジュール性が高い），ルールの数が増えても知識ベース全体のメンテナンスが容易であるのが特長である．そのため，専門家の知識や知識や推論を模倣するエキスパート・システムなどへの応用が進み，OPS 5のような汎用の知識表現言語も作られ，実用に供されている．

人間の認知過程のシミュレーションを目指す試みにおいても，プロダクション・システムは重要である．ニューエル (1990) によれば，記号処理アプローチによる認知の統一理論は現在までのところ，アンダーソン (1983) のACT* モデル，ホランドら (Holland et al., 1986) のインダクション理論，ニューエル (1990) のSoarモデルの3つしか存在していないというが，そのいずれにおいてもプロダクション・システムは中心的な役割を果たしている．

ACT* モデル（およびその発展形であるACT-R）は，大きく分けて作業記憶部門，宣言的記憶部門，プロダクション記憶（手続き的記憶）部門の3つの部分からなっている（図3-6）．宣言的記憶部門は命題ネットワークからなる．ネットワーク内での活性伝播の結果，閾値以上の活性水準に達した要素が，作業記憶に転送される．一方，プロダクション記憶部門はプロダクション・ルールからなる．264 + 716 のような単純な加算問題を解くモデルの，プロダクション記憶に蓄えられるルールの集合を表3-1に，その問題解決過程を表3-1に示した．

人間の宣言的知識と手続き的知識は，互いに無関係ではない．たとえばネクタイの結び方を習得する場合を考えると，最初は教本や人から教わった手

1 工学的な知識表現モデル

表3-1 加算モデルのプロダクション・ルール

NEXT-COLUMN
IF　　　　ゴールが「加算を解くこと」
　　　　　C1が答えが埋められていない一番右側の行
THEN　　「C1に答えを書き込む」というゴールをプッシュする

PROCESS-COLUMN
IF　　　　ゴールが「C1に答えを書き込む」
　　　　　Num1とNum2が行C1の数字である
　　　　　Num3がNum1とNum2の合計である
THEN　　「C1にNum3を書き込む」というゴールをプッシュする

WRITE-ANSDWER-CARRY
IF　　　　ゴールが「C1にNum1を書き込む」
　　　　　C1に未処理の桁上がりがある
　　　　　Num2はNum1のつぎの数である
THEN　　ゴールを「C1にNum2に書き込む」に変更する
　　　　　桁上がりが処理されたことを記銘する

WRITE-ANSER-LESS-THAN-TEN
IF　　　　ゴールが「C1にNum1を書き込む」
　　　　　C1に未処理の桁上がりがない
　　　　　Num1が10より小さい
THEN　　C1にNum1を書き込む
　　　　　ゴールをポップする

WRITE-ANSWER-GREATER-THAN-NINE
IF　　　　ゴールが「C1にNum1を書き込む」
　　　　　C1に未処理の桁上がりがない
　　　　　Num1が9より大きい
THEN　　C1にNum1の1の位の数を書き込む
　　　　　つぎの行に桁上がりがあることを記銘する
　　　　　ゴールをポップする

順を，1つずつ解釈しては実行しなくてはならない（宣言的段階）．しかし，繰り返し練習するにつれて，一連の動作を中断なしに実行することが出来るようになり（手続き化，または知識のコンパイル），さらに熟達化が進むと動作がさらにスムーズになり，手順を意識することはまれになる（手続き的段階）．ACTモデルは，こうした熟達化の過程を，宣言的知識から手続き的知識への変遷として記述し，再現することが出来る．すなわち，手続き化は新たなプロダクション・ルールの生成であり，手続き的段階での効率化は複数のルールの合成（チャンキング）や一般化（定数項の変数化）・特殊化（変数項の定数化）として考える．ACTモデルは，プライミングなどの認知心理学実験データの再現をはじめ，幾何学の問題解決やプログラミング技術の獲得，

果ては言語獲得の領域まで,幅広く適用されている(Anderson, 1983, 1993).

ニューエル(1990)の Soar (state, operator, and result) は,『認知の統一理論 (*Unified theories of cognition*)』という本のタイトルにも見るとおり,人間の認知全体を統一的な枠組みで捉えようと試みるきわめて意欲的なモデルである.その特徴としては,以下の6つがある.(1)認知のすべてを問題解決という枠組みで考える.(2)手続き的知識のみならず宣言的知識をもプロダクション・システムで記述する.(3)すべてのことがらは,「ある事物がある属性価を持つ」という形式で表現される.(4)すべての選択は,優先度にもとづいてなされる.(5)すべての行為は,目標および目標構造にもとづいてなされる.(6)目標(下位目標)が達成されるごとにチャンキングがなされ,その後の動作にすぐ活用される.中でも注目すべきは,あらゆるタイプの知識をプロダクション・ルールとして記述するという第二の特徴である.ニューエル(1990)は Soar を用いて,練習のベキ法則など,人間の学習の様々な側面を説明できることを示しており,また Soar のあるバージョンはコンピュータ・アルゴリズムの設計のように難しい用途にまで応用されている.

また,ホランドら(1986)のインダクション理論は,モデルのアーキテクチャとしては,プロダクション・ルールが平行して発火することを許容する点などに特徴がある.すべての部分がプログラムとして実装されたわけではないが,彼らの枠組みでは,ラットの条件付けから社会的推論,科学的発見にいたる様々な「帰納(induction)」を統一的に説明できることが主張されている.これらはいずれも,人間の認知全般を考える上で,プロダクション・ルールによる知識表現がきわめて強力であることを物語っている.なお,認知の統一理論を目指すのではなく,様々な認知・発達現象をプロダクション・システムで記述する試みについては,クラーら(Klahr et al., 1986)を参照してほしい.

2 概念とカテゴリーの認知心理学

2.1 定義的特徴モデル

認知心理学において知識の問題は,主に概念(カテゴリー)の獲得や使用

過程の研究として，様々な実験や調査の方法で研究されてきた．特定の研究者が提唱したわけではないが，概念表象のモデルとして，初期の時代に前提とされていたのは，定義的特徴モデル（defining feature model: 古典的モデル）である．すなわち，単独では必要条件（すべての事例がその属性を持たなければならない）であり，合わせれば十分条件（それらの属性すべてを持つ対象は必ずその概念の事例である）ような属性の集合（定義的特徴）が，概念の表象であるとするモデルである．定義的特徴モデルは，数学的概念のような人工カテゴリーにはよく適合するが，多くの自然カテゴリー（たとえば，ウィトゲンシュタインが指摘した「ゲーム」の概念）では，必要十分条件となる定義的特徴を特定することがそもそも困難である．また，いわゆる典型性効果の存在は，定義的特徴を持つ事例すべてを平等に扱ってしまう定義的特徴モデルでは説明できない．

2.2 プロトタイプ・モデル

こうした問題点を克服するべくロッシュ（Rosch, 1973）によって提唱された概念表象のモデルが，プロトタイプ・モデル（prototype model）である．このモデルでは，概念は多くの所属事例に共通する特徴からなるプロトタイプ，または最も典型性の高い事例を中心に構成されていると主張する．ある事物があるカテゴリーの成員となる度合いは，その事物の表現とプロトタイプ表現の間の類似性で決まる．このモデルでは，必要十分条件からなる定義が不可能な概念や，典型性効果といった定義的特徴モデルでは説明が困難な現象を説明できる．問題点としては，このモデルでは概念の表象が中心傾向（平均や最頻値）からなると想定しているが，人間は中心傾向以外の多様な情報（属性相関や特定事例，説明原理など）にも敏感であることが知られている．また，中心傾向ではなく理想値（「ダイエット食品」概念における「カロリーゼロ」という理想値）が存在することも知られている．プロトタイプ理論では，後述する概念の凝集性（自然なまとまり）を説明できないという批判もある．

2.3 事例モデル

事例モデル（exemplar model）は，プロトタイプのような要約的記述を想

定せず，概念は所属する個々の事例によって表現されているとするモデルである．

ある項目がどのカテゴリーに所属するかは，その項目と比較して，最も類似度が高い事例が所属していた概念を採用して決める．比較プロセスや類似度の計算方法によりいくつかのバリエーションがあるが，メディンとシェファー（Medin & Schaffer, 1978）の文脈モデルが代表的である．プロトタイプ・モデルと比較して捨象する情報が少ないため，典型性効果以外にも特定事例や属性相関，文脈の効果といった，プロトタイプ・モデルでは説明の困難な現象も再現することが出来る．一方，問題点としては，事例モデルで般化が起きると想定している検索時だけでなく，学習の時点でも般化や抽象化が起きているという証拠があるほか，やはり概念の凝集性を説明していないという批判もなされている．

2.4 理論ベースモデル

これまで述べてきた概念表象のモデルの検証は，主として人工カテゴリーを用いた概念学習実験を行い，その結果得られた正答率や般化パタンなどのデータを，それぞれのモデルがどれだけ再現できるかを比較することで行われてきた．理論ベースモデル（theory-based model）は，これらの数理的な定式化だけでは，人間が実際に持っている知識の特質から，本質的な部分を欠落させてしまっているのでないかという反省から生まれてきたものである．たとえば，概念の凝集性である．カテゴリーは，論理的には任意の属性値の組み合わせや属性相関で構成することが出来ると考えられる．しかし，現実に自然カテゴリーで用いられている属性相関の多くは必ずしも恣意的なものではなく，全体として有意味なまとまりをなしている．プロトタイプ・モデルや事例モデルのように，属性の定量的な分布のみを問題にするモデルでは，こうした自然カテゴリーが，なぜ他のものよりも選好されているのかを説明することが出来ない．マーフィーとメディン（Murphy & Medin, 1985）は，概念の凝集性は属性相関を説明する理論の存在に由来すると主張した．鳥というカテゴリーが存在していることは，「翼」，「軽い」，「飛ぶ」といった属性の間に相関が存在しているだけではなく，「体重が軽いため，翼を羽ばた

いて飛ぶことが出来る」という説明の理論を人間が持っていることを意味しているのである．すなわち理論ベースモデルとは，概念は世界に関する（多くの場合は素朴な）理論に支えられており，それらの理論が概念の獲得や体制化を制約しているとするモデルである．概念の属性は，背後にある理論における知識の構造の中で，それぞれが果たしている役割によって相互に結びつけられている．問題点としては，「理論」にどのような制約が課せられるべきかが十分明らかにされておらず，具体的な表現形式や学習アルゴリズムの提案に乏しいこと，また認知過程一般において類似性が果たしている役割を軽視しがちなことなどが挙げられる．

3 コネクショニスト・モデル

3.1 コネクショニズムと知識表現

コネクショニスト・モデル，または並列分散処理 (parallel distributed processing, PDP) モデルとは，人間の脳神経系に「触発」され，多数の神経細胞（neuron）に似せた単純なユニットと，それらの間の結合（connection）の，重み付けによって情報処理を行うモデルである．これまで見てきた記号処理的な知識表現と比較すると，コネクショニスト・モデルでは，知識が多数の神経細胞間の結合パターンに分散して蓄えられている点に特徴がある．この知識の分散の度合いには，大きく分けて2通りの場合がある．局所表現 (local representation) では，個々のユニットに対して，特定の概念や命題が割り当てられている．分散表現 (distributed representation) では，個々のユニットは特定の意味を持たず，意味は多数のユニットの活性化パターン中にのみ存在する．

コネクショニスト・モデルの知識表現は，(1)事例の経験から学習が可能である，(2)学習の結果は，新事例への般化やプロトタイプの抽出など，対象としたカテゴリーの構造を自然に反映したものとなる，(3)入力や手がかりのノイズや，システムの一部への障害に対して頑健である，などの特質を備えている．

記号処理の陣営からは，コネクショニスト・モデルの知識表現能力には限

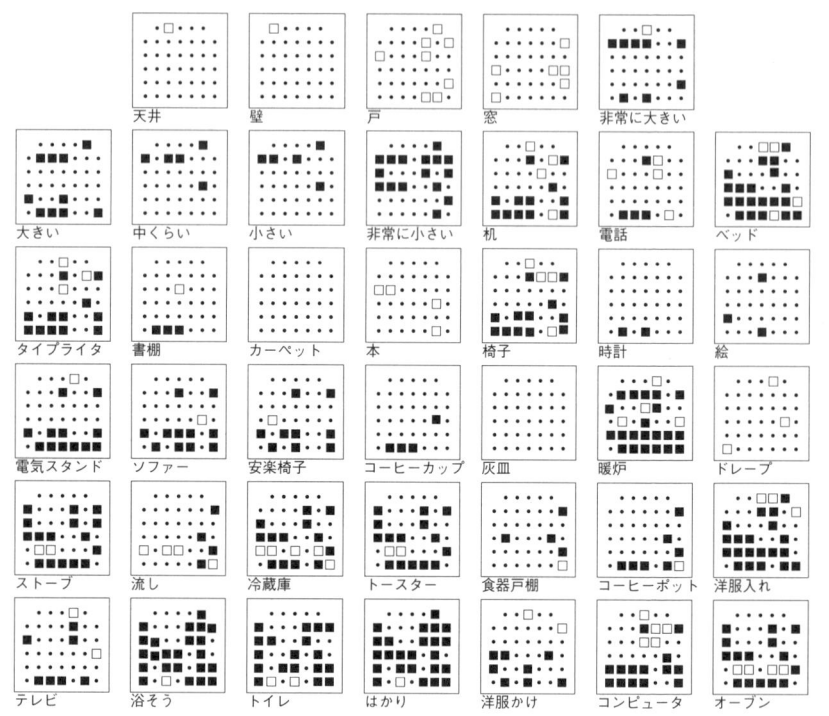

図3-7 各ユニットは四角で示される。四角の下の名前は，表現されている記述子を表わす．各ユニット内で，小さな黒と白の四角は，そのユニットからシステム内の他のユニットへの結合強度を表わす．各ユニット内の小さな四角の相対位置は，そのユニットが結合しているユニットを示す．

界があるという主張もされている．フォーダーとピリシン (Fodor & Pylyshyn, 1988) は，人間の高次認知を最も特徴づける特性として，生産性 (productivity)，組織性 (systematicity)／合成性 (compositionality)，推論の整合性の3つを挙げた．彼らは，これらの特性は，人間の心的表象が離散的な内部構造を持ち，構造依存の処理をされていることを意味しており，統計的規則性や表象の類似性に依存するコネクショニストの知識表現では，こうした人間の高次認知の抽象的性格を説明できないと主張した．これに対して，トゥレツキーとヒントン (Touretzky & Hinton, 1988) は，分散表現を用いてプロダクション・システムを構築することが出来ることを示した．また，構

3 コネクショニスト・モデル

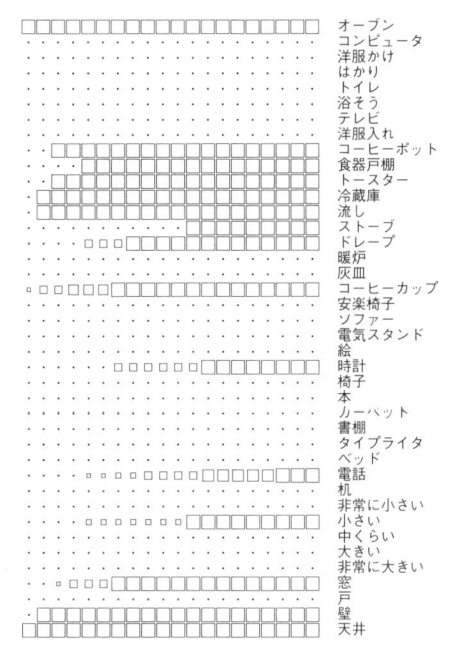

```
□□□□□□□□□□□□□□□□□□□□□□  オーブン
· · · · · · · · · · · · · · · · · · · · · ·  コンピュータ
· · · · · · · · · · · · · · · · · · · · · ·  洋服かけ
· · · · · · · · · · · · · · · · · · · · · ·  はかり
· · · · · · · · · · · · · · · · · · · · · ·  トイレ
· · · · · · · · · · · · · · · · · · · · · ·  浴そう
· · · · · · · · · · · · · · · · · · · · · ·  テレビ
· · · · · · · · · · · · · · · · · · · · · ·  洋服入れ
· □□□□□□□□□□□□□□□□□□□□·  コーヒーポット
· □□□□□□□□□□□□□□□□□□□□·  食器戸棚
· □□□□□□□□□□□□□□□□□□□□·  トースター
· □□□□□□□□□□□□□□□□□□□□·  冷蔵庫
· □□□□□□□□□□□□□□□□□□□□·  流し
· · · · · □□□□□□□□□□□□□□· · ·  ストーブ
· · · · · □□· · · · · · · · · · · · · ·  ドレープ
· · · · · · · · · · · · · · · · · · · · · ·  暖炉
· · · · · · · · · · · · · · · · · · · · · ·  灰皿
· □□· · · · · · · · · · · · · · · · · · ·  コーヒーカップ
· · · · · · · · · · · · · · · · · · · · · ·  安楽椅子
· · · · · · · · · · · · · · · · · · · · · ·  ソファー
· · · · · · · · · · · · · · · · · · · · · ·  電気スタンド
· · · · · · · · · · · · · · · · · · · · · ·  絵
· · · · · □□□□□□□· · · · · · · · ·  時計
· · · · · · · · · · · · · · · · · · · · · ·  椅子
· · · · · · · · · · · · · · · · · · · · · ·  本
· · · · · · · · · · · · · · · · · · · · · ·  ノーパット
· · · · · · · · · · · · · · · · · · · · · ·  書棚
· · · · · · · · · · · · · · · · · · · · · ·  タイプライタ
· · · · · · · · · · · · · · · · · · · · · ·  ベッド
· · □□□□□□□□□□□□□□· · · · · ·  電話
· · · · · · · · · · · · · · · · · · · · · ·  机
· · · · · · · · · · · · · · · · · · · · · ·  非常に小さい
· · □□□· · · · · · · · · · · · · · · · ·  小さい
· · · · · · · · · · · □□□□□□□· · · ·  中くらい
· · · · · · · · · · · · · · · · · · · · · ·  大きい
· · · · · · · · · · · · · · · · · · · · · ·  非常に大きい
· · · · · · · · · · · · · · · · · · · · · ·  窓
· □□□□□· · · · · · · · · · · · · · · ·  戸
· □□□□□□□□□□□□□□□□□□□□□  壁
· □□□□□□□□□□□□□□□□□□□□□  天井
```

図3-8 5個の異なった出発点から実行した例．いずれも，天井ユニットともう1つの他のユニットがオンに固定されている．天井を固定することは，部屋が話題の領域であることを表わす．他の固定されたユニットは，それぞれオーブン，机，浴槽，ソファ，ベッドである．いずれも，システムは固定ユニットに最も密接に関連した部屋の種類の典型例に収束した．

造的表現に不可欠な変数束縛についても，テンソル積表現 (Smolensky, 1990) やニューロン発火の同期を用いる方法 (Shastri & Ajjanagadde, 1993) が提案されるなど，コネクショニスト・モデルの構造的知識表現の能力は向上しつつある．

3.2 スキーマ検索のコネクショニスト・モデル

以下では，コネクショニスト・モデルによる「部屋」のスキーマ検索のモデルを紹介する (Rumelhart et al., 1988)．扱われたスキーマは，台所，浴室，居間，寝室，事務室の5つである．とはいえ，これらの部屋のタイプを表すユニットが存在するわけではなく，スキーマは部屋を記述するための40個の要素（ベッド，カーテン，電話などの調度品や，「非常に小さい」などの特徴）を

表すユニットの活性化パタンで表現される（図3-7）．図の正方形は個々の概念を表しており，正方形の中に描かれている小さな正方形は，個々の概念とそれ以外の概念との結合の強さを表している．たとえば，左下のテレビを表している正方形の中には，ふたたび40個の点が含まれており，その中で最下行左から2番目の点（浴槽の位置）が大きな黒い正方形になっているのは，テレビと浴槽の間に負の結合があることを示している．同様に見ると浴槽とトイレの間には正の結合があることが分かる．これらの結合強度は，学習によって獲得することも可能であろうが，ラメルハートらは被験者に対する質問紙調査（「どの部屋にどのような調度品・特徴がふさわしいか」）の結果から算出した．

このようなネットワークに対して，異なる初期値からスタートさせた場合に，最終的にどのような状態に収束するかを検討した（図3-8）．図では，オーブンをオンにしてスタートさせたところ，コーヒーポット，食器戸棚などが順に活性化され，最終的には台所のスキーマが検索されたと解釈できる．窓とドレープ，机とイスなどのような組み合わせは，同時に存在するか，あるいはどちらも存在しないことが多いという意味で，部屋スキーマに埋め込まれたサブスキーマを構成していると考えられる．このモデルでは，こうしたスキーマ・サブスキーマの埋め込み構造やデフォルト値（居間は一般的に「非常に大きい」）といったスキーマ表現の特質を，構造的表現をあらかじめ明示することなく，単純なユニット間の相互作用から動的に創発させることができるのである．

ラメルハートら（1988）のスキーマ検索モデルは，局所表現を用いた多重制約充足ネットワークの一種である．個々のユニットは仮説に相当し，ユニット間のリンクの重みは，仮説が互いに両立可能（正の値）で互いに活性化し合うか，両立不可（負の値）で互いに抑制し合うかを表している．適当な初期配置（一部のユニットをオンに固定することは，外界にその仮説を支持する証拠が存在することに相当する）から出発して活性値を伝播しあい，最終的に収束した状態は，リンクで表現された制約を全体として最も満足する認知状態である．同様の動作原理で，スクリプト的な文章理解を実現したモデルとして，ミックライネン（Miikkulainen, 1993）のDISCERNがある．

3.3 概念獲得のコネクショニスト・モデル

概念獲得のモデルとしてもコネクショニスト・モデルは強力である．クラスク（Kruschke, 1992）の ALCOVE は，事例モデルとコネクショニスト・モデルのそれぞれの利点を統合したモデルであり，適切な刺激次元への注目，特性間相関の影響，基準比率の無視といった実験データを正確に再現することが出来た．これら以外のコネクショニスト・モデルによる知識表現の試みについては，レバインとアパリシオ（Levine & Aparicio, 1994）を参照してほしい．

コネクショニスト・モデルは知識表現の領域に限らず，ルール的な記号処理や構造的表現を用いなければ説明できないように思われる現象の説明に挑戦し，成果を上げてきた．今後は，コネクショニスト・モデルを導入したことで初めて得られる仮説の生成や，神経生理学データとの統合，言語コーパスのような大規模データへの適用などで真価を問われることになるであろう．

【引用文献】

Anderson, J. R.　1983　*The architecture of cognition.* Harvard University Press.

Anderson, J. R.　1990　*Cognitive psychology and its implications. Third Edition.* Freeman.

Anderson, J. R.　1993　*Rules of the mind.* Hillsdale NJ: LEA.

Bower, G. H., Black, J. B., & Tuener, T. J.　1979　Scripts in memory for text. *Cognitive Psychology,* 11, 177-220.

Collins, A. M., & Loftus, E. F.　1975　A spreading activation theory of semanatic processing. *Psychological Review,* 82, 407-428.

Collins, M., & Quillian, M. R.　1969　Retrieval time from semantic memory. *Journal of Verbal Learning and Verbal Behavior,* 8, 240 - 247.

Eysenck, M.W. (Ed.)　1990　*The Blackwell dictionary of cognitive psychology.* Cambridge MA, Basil Blackwell Ltd. 野島久夫・重野純・半田智久（訳）　1998　認知心理学辞典　新曜社

Feigenbaum, E. A.　1963　The simulation of verbal learning behavior, In E. A. Feigenbaum & J. A. Feldman (Eds.), *Computers and thought* McGraw-Hill

Fordor, J. A., & Pylyshyn, Z.W.　1988　Connectionism and cognitive architecture: A critical analysis. *Cognition*, 28, 3-71.

Holland, J. H., Holyoak, K. J., Nisbett, R. E., & Thagard, P. R. 1986 *Induction: Processes of inference, learning and discovery*. Cambridge, MA: MIT Press. 市川伸一ほか（訳）1991 インダクション——推論学習発見の統合理論へ向けて—— 新曜社

Kintsch, W. 1974 *The representation of meaning in memory*. Hillsdale, NJ: LEA.

Kruschke, J. K. 1992 ALCOVE: An exemplar-based connectionist model of category learning. *Psychological Review*, 99, 22-44.

Klahr, D., Langley, P., & Neches, R. 1986 *Production system models for learning and development*. MIT Press.

Levine, D. S., & Aparicio, M 1994 *Neural networks for knowledge representation and inference*. Hillsdale, NJ: LEA.

Miikkulainen, R. 1993 *Subsymbolic natural language processing*. Cambridge, MA: MIT Press.

Medin, D. L., & Schaffer, M. M. 1978 Context theory of classification learning. *Psychological Review*, 85, 207-238.

Minsky, M. 1975 A framework for representing knowledge. In P. H. Winston (Ed.), *The psychology of computer vision*. McGraw-Hill. 白井良明・杉原厚吉（訳）1979 コンピュータビジョンの心理 産業図書

Murphy, G. L., & Medin, D. L. 1985 The role of theories in conceptual coherence. *Psychological Review*, 92, 289-316.

Newell, A. 1990 *Unified theory of cognition*. Cambridge, MA: Harvard University Press.

Newell, A., & Simon, H. A. 1972 *Human problem solving*. Englewood Cliffs, NJ: Prentice Hall.

Norman, D. A., Gentner, D. R., & Stevens, A. L. 1976 Comments on learning: Schemata and memory representations. In D. Klahr (Ed.), *Cognition and instruction*. Hillsdale, NJ: LEA.

Norman, D. A., Rumelhart, D. E., & the LNR Research Group 1975 *Explorations in cognition*. San Francisco, CA: Freeman.

Quillian, M. R. 1968 Semantic memory. In M.Minsky (Ed.) *Semantic information processing*. Cambridge MA: MIT Press.

Riesbeck, C. K., & Schank, R. C. 1989 *Inside case-based reasoning*. Hillsdale, NJ: LEA.

Rosch, E. B. 1973 On the internal structure of perceptual and semantic categories. In T. E. Moore (Ed.), *Cognitive development and the acquisition of language*. New York: Academic Press.

Rumelhart, D. E., & Ortony, A. 1976 The representation of information in memory. In

R. C. Anderson, R. J. Shapiro, & W. E. Montague (Eds.), *Schooling and the acquisition of knowledge*. Hillsdale, NJ: LEA.

Rumelhart, D. E., Smolensky, P., McClelland, J. L., & Hinton, G. E. 1988 Shemata and sequential thought process in PDP models, In J. L. McClelland, D. E. Rumelhart & the PDP Research Group (Eds.), *Parallel distributed processing*, Vol.2, Pp. 7-57. 甘利俊一（監訳） 1989 PDPモデル――認知科学とニューロン回路網の探索―― 産業図書

Schank, R. C., & Abelson, R. P. 1977 *Scripts, plans, goals, and understanding: An inquiry into human knowledge structure*. Hillsdale, NJ: LEA.

Schank, R. C. 1986 *Explanation Patterns*. Hillsdale, NJ: LEA.

Shastri, L., & Ajjanagadde, V. 1993 From simple associations to systematic reasoning: A connectionist representation of rules, variables, and dynamic bindings. *Behavioral and Brain Sciences*, 16, 417-494.

Simon, H. A., & Feigenbaum, E. A. 1964 An information-processing theory of some effects of similarity, familiarization, and meaningfulness in verbal learning. *Journal of Verbal Learning and Verbal Behavior*, 3, 385-395.

Smith, E. E., Osherson, D. N., Rips, L. J., & Keane, M. 1988 Combining prototypes: A selective modification model. *Cognitive Science*, 12, 485-527.

Smith, E. E., Shoben, E. J., & Rips, L. J. 1974 Structure and process in semantic memory: A featural model for semantic decisions. *Psychological Review*, 81, 214-241

Smolensky, P. 1990 Tensor product variable binding and the representation of symbolic structures in connectionist system. *Artificial Intelligence*, 46, 159-216.

Steele, Jr., G. L. 1984 *Common LISP : The language*. Bedford, MA: Digital Press.

Touretzky, D. S. & Hinton, G. E. 1988 A distributed connectionist production system. *Cognitive Science*, 12, 423-466.

都築誉史 1999 プロダクション・システム 海保博之・加藤隆（編） 認知研究の技法 福村出版 Pp. 121-126.

Winston, P. H. 1977 *Artificial intelligence*. Reading, MA: Addison-Wesley.

Winston, P. H., & Horn, B. K. P. 1981 *LISP*. Reading, MA: Addison-Wesley.

【読書案内】

D. G. ストーク（日暮雅通監訳） 1997 HAL伝説――2001年コンピュータの夢と現実―― 早川書房（Stork, D. G.（Ed.） 1997 *HAL's legacy: 2001's computer as dream and reality*. Cambridge, MA: MIT Press.）

映画「2001年宇宙の旅」に登場した人工知能コンピュータHAL9000の夢と，人工知

能研究の現実を巡るアンソロジー．映画製作に協力したミンスキーを始め，シャンクが言語理解について，(本章では取り上げなかったが) Cyc プロジェクトのレナートが常識的知識について書いている．「コンピュータに知識を与えること」の難しさに関する示唆に富んでいて，一般読者にも勧められる．

安西祐一郎　1986　知識と表象——人工知能と認知心理学への序説——　産業図書

1990年代の研究成果は含まれていないものの，認知科学における知識表現の問題を考える上での出発点となる論考として，未だに代替できるものがない．工学系の教科書にありがちな，各種の知識表現言語やモデルの解説にとどまらず，「問題解決における表象の生成」といった認知心理学的な問題意識や，哲学的な基礎付けの問題にも目配りが行き届いているのは著者ならでは．

安西祐一郎・佐伯　胖・無藤　隆　1981　学習（LISP で学ぶ認知心理学 1）　東京大学出版会

安西祐一郎・佐伯　胖・難波和明　1982　問題解決（LISP で学ぶ認知心理学 2）　東京大学出版会

田中穂積・元吉文男・山梨正明・小谷津孝明　1983　言語理解（LISP で学ぶ認知心理学 3）　東京大学出版会

認知科学におけるシミュレーションの意義から説き起こし，Lisp 言語の入門，弁別ネットの EPAM，スクリプト適用の microSAM，プロダクション・システム，SHRDLU 風の言語理解プログラムまで幅広く解説されている．惜しむらくは（コラムでも述べたが）使用されている Lisp の方言がバラバラで，実際に自分でコードを入力して動かそうとすると，相当の手直しを強いられること．Common Lisp 版の新バージョンは出版されないのだろうか．なお，認知科学と接続の良い Common Lisp の教科書としては下記がある．

J. R., アンダーソンほか（玉井　浩訳）　1989　これが LISP だ　サイエンス社

守　一雄　1995　認知心理学（現代心理学入門 1）　岩波書店

「認知過程のシミュレーション」を中心に据えた，モダンな認知心理学の教科書．シャンクらのスクリプト理論，アンダーソンの ACT モデル，ニューエルの Soar モデルなどのかなり詳しい解説がある．段階を踏んだ丁寧な解説がなされており，文科系の学生にも勧められる．

《コラム3》
Linux で学ぶ認知科学

　1980年代，日本の認知科学研究者の間で，LispやPrologのような人工知能言語を学んで，認知過程のシミュレーション研究を行おうという機運が盛り上がった時期があった．東大出版社から『Lispで学ぶ認知心理学』3巻本のシリーズが刊行されたことや，AIプログラミングの入門書であるCharniak et al. (1980) の *artificial intelligence programming* や，シャンクのスクリプト理論を用いた言語理解（microSAM / microELI）や，物語産出（Talespin）モデルのLispソースコードが掲載された，シャンクとリースベック（Schank & Riesbeck, 1981）の *Inside computer understanding* が出版されたことが刺激になっていたものと思う．かくいう筆者も，これらの書籍や，Lisp言語の教科書（当時の定番は，ウインストンとホーン［Winston & Horn, 1981］の *Lisp* およびウインストン［1977］の *Artificial intelligence* であった）で勉強を試みたのだが，なんとか入門書レベルはクリアしたものの，本格な認知のシミュレーション・モデルを組み上げるまでの水準には到達できなかった．もちろん当時でも，AIプログラミングをきちんとマスターした研究者も多数おられるので言い訳に過ぎないのだが，私を含めた多くを挫折させた主要な障害の1つは，Lisp言語の「方言」のひどさだったと思われる．上に挙げたいくつかの書籍に載っていたコードだけとっても，Apple Lisp, MAC LISP（MacintoshのLispにあらず），UCI Lisp, Franz Lispなどの方言が入り乱れていて，初心者はそのつど微妙に異なる基本関数の定義やプログラミング・スタイルの違いに悩まされていたのである．

　当時のもう1つの問題は，（特に文化系研究者や学生の）コンピュータ環境の貧弱さであった．本格的なLisp処理系が使えるのはUnixワークステーションやメインフレーム上のものであり，パーソナル・コンピュータ上のLispは独自仕様やサブセット仕様で，しかも非常に高価なものが多かったのである．

　しかし，これらの問題は現在ではほとんど解消してしまっている．Lisp言語の方言に関しては，Common Lisp (Steele, Jr., 1984) が登場して以来，ほとんどの処理系や教科書，公開ソースコードが，この規格に従ったものとなっている．また，個人のコンピュータ環境についても，この間のパーソナル・コン

第3章　知　識

ピュータの著しい性能向上もあって，Macintosh 上の MCL（Macintosh Common Lisp）や，Windows 上の Allegro Common Lisp（いずれも商用）などの処理能力は，かつての高性能ワークステーション上の Lisp 処理系を凌ぐほどである．

さらに決定的なのが，Linux や FreeBSD のようなフリーの Unix 互換 OS の登場である．これらの OS は，GNU Public License に従って配布されており，基本的には無料（雑誌付録の CD やインターネット上のアーカイブからのダウンロード）で手に入れることができる（商用アプリケーションやサポートが付属した市販パッケージでも数万円程度である）．また，Unix 上で開発されてきたプログラミング言語処理系や，シミュレーション・ツール等も，同様にして手に入れることが出来る．インストールについても，かつてはC言語で書かれたソースコードのコンパイルといった作業が必須であったが，近年はバイナリ形式での配布（Redhat系の rpm 形式など）が普及してきて，簡単なコマンドの発行だけで済んでしまうことが多くなった．

たとえば Linux で使える科学技術系フリーソフトの代表的なアーカイブである SAL（Scientific Applications on Linux; http://sal.linet.or.jp/）には：

・GNU Common Lisp（かつての Kyoto Common Lisp の GNU 版）
・CMU Common Lisp（Carnegie-Mellon University 版の Common Lisp）
・GNU Prolog（GNU 版の Prolog：述語論理形式の AI 言語）
・PDP++（McClelland & Rumelhart, 1988 のプログラムの拡大強化版）
・GENESIS（汎用のニューラルネットワーク構築ツール）
・Soar（Newell, 1990の認知の統一理論のプラットフォーム）

などが登録されている（AI 関連の項に100以上のプログラムがある）．

また，必ずしも PC-UNIX 用とは限らないが，CMU Artificial Intelligence Repository（http://www.cs.cmu.edu/Groups/AI/html/repository.html）では：

・OPS 5（プロダクション・システム型の知識表現言語）
・FRL（フレーム型の知識表現言語）
・KL-ONE（意味ネットワーク型の知識表現言語）

などが公開されている．ここで紹介したのは「知識」の問題に関わるものだけであって，どちらのサイトにもこれら以外に多くの認知科学関連のプログラムが登録されている．もちろん，あらゆる認知科学関連プログラムが，Unix プラットフォーム上で動作しているというわけではない．J. R. アンダーソンらの ACT-R は，http://act.psy.cmu.edu/ から入手できるが，配布されているの

《コラム3》

は Windows 版と Macintosh 版のみである．

　Linux や FreeBSD のような PC-UNIX 環境は，単独で使うには（少なくとも 2002年現在では）商用アプリケーションも少なく，使いこなすにはある程度の勉強が必要である．しかし，つい十数年ほど前には一部の大学や企業の研究室などでしか触れることの出来なかった学習・開発環境を，個人が容易に手に入れられるようになったことは，これからの時代に認知科学を学ぶ上で大きな意味を持つことになるのではないかと思われる．

【特別コラム2】 人工知能

1 作ってわかる人間の心

　人工知能とは，計算機科学の一領域であり，コンピュータに人間のような知的な機能を持たせることを研究する分野である．人工知能の研究目的は，大きく2つに大別することができる．1つは，「コンピュータを，より便利に，人間にとって役にたつ機械に進化させること」であり，もう1つは，「コンピュータを道具として，知能の本質や人間の心を研究すること」である．ここでは，認知科学に直接関連する後者の立場における人工知能ということについて考えてゆきたい．

　認知科学とは，直接観察することができないブラックボックスとしての人間の心のメカニズムを探求する科学であると言うことができる．認知科学の探求方法として，まず取り上げられるべきものが，「実験心理学的アプローチ」であり，もう1つの重要なアプローチとして，ここでの「人工知能アプローチ」，より広くは「計算機科学的アプローチ」を考えることができる．そこでは，コンピュータの上に人間の心のはたらきを生み出すことによって，つまり心の模型（モデル）を作ることによって，人間の心を探求する．このアプローチでは，「このプログラムは，人間と同じように問題を解いたり，法則を発見したりすることができる．だから，人間の心も，このプログラムの機能と同じようなはたらきを持っている」といったような前提に基づいて，研究が進められる．ここでいう人間と同じというのは，賢さにおいても，愚かさにおいても同質という意味である．人間がよく間違えを犯すような問題に対しては，プログラムも同じようなエラーを示さなければならない．

　また，人工知能アプローチにおけるモデル（プログラム）は，一種の「仮説演繹装置」の役割を持つと考えることもできる．つまり，人間の心の模型として，こういうことを仮定したら，こういう結果が帰結（演繹）できる．帰結された結果を吟味することによって，その帰結を導いた仮定が正しかっ

【特別コラム2】

たかどうかを吟味する．人工知能モデルは，そのような手続きを具体化するための，仮説演繹装置なのである．以上を総合すれば，人工知能アプローチは，「作ってわかる人間の心」アプローチとみ

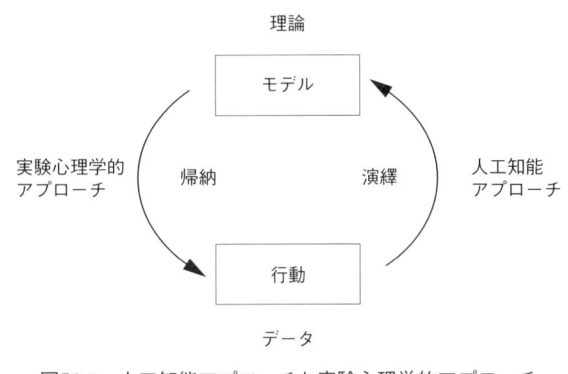

図S2-1 人工知能アプローチと実験心理学的アプローチ

なすことができる．

さらに，前述の実験心理学的アプローチと，人工知能アプローチは，双方が互いを補いあうような形になり，心のはたらきの研究における二本柱となっている（図S2-1参照）．「人工知能アプローチ」において，ある「モデル」が現象（典型的には人間の「行動」）を予測すると，それが「実験心理学的アプローチ」によって実際に確かめられる．一方で，「実験心理学的アプローチ」において，観察された被験者の「行動」から，ある心の「モデル」が示唆されると，そのメカニズムをプログラムとして実現し，それが本当にうまくはたらくのかがチェックされ（つまり「人工知能アプローチ」によって），そのモデルの妥当性が検討されることになる（Miwa, 1999）．

2　人工知能モデルの様々

人間の心の模型としての人工知能モデルにも，いくつかの基本的な枠組みがある．代表的なものをあげると，論理，プロダクション・システム，フレーム，意味ネットワーク，ニューラルネットワークなどである．

それぞれの枠組みにおいて，多様な人間の心のメカニズムのどこに焦点を当てているかに，大きな違いがある．たとえば，外界からの情報の入り口にあたる「知覚」のモデルを作るときには，ニューラルネットワークが好んで用いられるが，「問題解決」のような処理に関わるモデルに関しては，プロ

【特別コラム2】

ダクション・システムが有効である．また，「記憶」のモデルに関しても，手続き的記憶は，プロダクション・システムの形式でモデル化されるのに対して，宣言的知識は，フレームや意味ネットワークが向いているなど，それぞれに特色がある．

3　人工知能モデルの実際——プロダクション・システムの例

以下では，人工知能モデルの具体的な事例として，プロダクション・システムの例を取り上げたい（Klahr et al., 1987）．プロダクション・システムは，「ルール集合」と「作業記憶」から構成される．作業記憶とは，問題解決の過程の各段階を記銘しておく記憶領域である．たとえば，次のような問題について考えてみよう．

問題1　　87
　　　　－31

表S2-1(a)は，以下で述べるルールによって問題を解決した際の，作業記憶の状態遷移を示している．なお，「処理行」とは，その時点で処理が行われている行（右から，行1，行2…と数える）を意味する．

「ルール」は，「if～ならば then～せよ」という形で記述される．この問題を解くための知識は，表S2-2に示されたルール1～ルール3の形で表現される（本システムは作業記憶の状態に対して，複数のルールが同時に満たされる場合が生じる．実際には，そこで競合解消という処理が必要になるが，ここではそれは扱わない）．各ルールにおいて，$からはじまる記号は変数であり，状況に応じて具体的な値が代入される（変数が束縛されると言う）．ルール1は，「処理している行の上の数字から下の数字を引き，得られた数字を答の欄に書き込む」という手続きに対応する．ルール2は，「ある行の処理が終わった時に，処理行を左の行に移す」という手続きである．ルール3は，「問題が解けた時に，システムを停止する」ためのルールである．

「作業記憶」の状況と，各「ルール」のif部が照合され，if部が満たされると，THEN以下の処理が行われ，作業記憶の内容が書き変わる．たとえば，初期状態に対しては，ルール1が適用され，行1の答の欄が埋められて，作

【特別コラム2】

表S2-1 作業記憶の遷移過程

(a)問題1の解決過程

状態	行2上	行1上	行2下	行1下	行2答の欄	行1答の欄	処理行	発火ルール
初期	8	7	3	1	空	空	行1	rule1
1	8	7	3	1	空	6	行1	rule2
2	8	7	3	1	空	6	行2	rule1
3	8	7	3	1	5	6	行2	rule3
4	8	7	3	1	5	6	行2	-

(b)問題2の解決過程

状態	行3上	行2上	行1上	行3下	行2下	行1下	行3答の欄	行2答の欄	行1答の欄	処理行	焦点行	発火ルール
初期	3	2	1	1	4	7	空	空	空	行1	行1	-	rule4
1	3	2	1	1	4	7	空	空	空	行1	行2	-	rule5
2	3	1	1	1	4	7	空	空	空	行1	行1	Key	rule6
3	3	1	11	1	4	7	空	空	空	行1	行1	-	rule1
4	3	1	11	1	4	7	空	空	4	行1	行1	-	rule2
5	3	1	11	1	4	7	空	空	4	行2	行2	-	rule4
6	3	1	11	1	4	7	空	空	4	行2	行3	-	rule5
7	2	1	11	1	4	7	空	空	4	行2	行2	Key	rule6
8	2	11	11	1	4	7	空	空	4	行2	行2	-	rule1
9	2	11	11	1	4	7	空	7	4	行2	行2	-	rule2
10	2	11	11	1	4	7	空	7	4	行3	行3	-	rule1
11	2	11	11	1	4	7	1	7	4	行3	行3	-	rule3
12	2	11	11	1	4	7	1	7	4	行3	行3	-	-

業記憶の内容が，初期状態から状態1に書き変えられる．以下，問題解決の過程は，表S2-1(a)に示されたとおりである．

さらに，次のような問題を考えてみよう．

問題2
$$\begin{array}{r} 321 \\ -147 \\ \hline \end{array}$$

この問題は，ルール1～ルール3に現された知識のセットで解くことができない．ここでは，表S2-2のルール4～ルール6のような知識が必要になる．さらに，作業記憶の内容も，「処理行」に加えて，「焦点行」という要素

【特別コラム2】

表S2-2　ルール集合

ルール1
IF　　　　　処理行が行$Cであり
　　　　　　行$Cの下段の数字が$N，上の数字が$M，答の欄が$Lであり
　　　　　　$M　≧　$Nであり
　　　　　　$Lが空の時
THEN　　　行$Cの答の欄に，$M-$Nを書き込め

ルール2
IF　　　　　処理行が行$Cであり
　　　　　　行$Cの答の欄が$Lであり
　　　　　　$Lが空でない時
THEN　　　処理行，焦点行をともに行$Cの左の行に移せ

ルール3
IF　　　　　処理行が行$Cであり
　　　　　　行$Cが問題の一番左の行であり
　　　　　　行$Cの答の欄が$Lであり
　　　　　　$Lが空でない時
THEN　　　終了

ルール4
IF　　　　　行が行$Cであり
　　　　　　行$Cの下段の数字が$N，上の数字が$M，答の欄が$Lであり
　　　　　　$M　＜　$Nであり
　　　　　　$Lが空の時
THEN　　　焦点行を行$Cの左の行に移せ

ルール5
IF　　　　　処理行が行$Cであり
　　　　　　焦点行が行$Dであり
　　　　　　行$C　≠　行$Dであり
　　　　　　行$Dの上の数字が$Nの時
THEN　　　焦点行を$Cに戻し
　　　　　　$Dの上の数字を$N-1とし
　　　　　　KEYをメモリに加えよ

ルール6
IF　　　　　メモリにKEYが存在し
　　　　　　焦点行が$Cで
　　　　　　行$Cの上の数字が$Nの時
THEN　　　KEYをメモリから除き
　　　　　　$Cの上の数字を$N+10とせよ

が必要になる．焦点行とは，注意が向いている行，より具体的には，視線が向けられた行と考えることができる．問題1の処理の場合には，処理行と焦点行は常に一致していた（処理している行と注意が向いている行は同じであ

った)ので,焦点行という要素は特に必要なかった.しかし,問題2の場合には,ある行を処理していて,上の数字から下の数字が引けない状況が生じる.この場合,1つ左の行から数字を借りてくるという処理が必要になり,その場合に,処理行はそのまま,焦点行が処理行の1つ左に動くことになる.ルール4は,「上から下の数字が引けない時に,焦点行を1つ左の行に動かす」処理に対応し,ルール5は,「焦点行の上の数字から1を引いて,1を引いたことを一時的に記銘しておく」(そのために,KEYという要素をメモリに保存する)処理に対応し,ルール6は,「借りてきた数字を処理行の上の数字に加算する」処理に対応する.問題解決の過程は,表S2-1(b)に示されている.

4 プロダクション・システムの現在

プロダクション・システムは,人工知能モデルの有効な枠組みとして,1960年代後半からさかんに用いられ始め,今日に至るまで,数十年の歴史を持つまでになった.その間,人間の心のモデルの表現形式として洗練され,現在に至っている.

プロダクション・システムの現在を考える時に,2つの重要な研究の方向性が見てとれる.1つの方向性は,あるタスクや課題に依存した知識を表現するだけでなく,その土台にあるより一般的な(課題に依存しない)認知機構を表現する心のアーキテクチャに関する研究としての発展である.この方向の代表的研究としては,SOAR (Newell, 1990),ACT-R (Anderson, 1993)などがある.もう1つの方向性は,より複雑で,精緻な思考プロセス,たとえば科学的発見(Langley, 1987; Simon, 1997)や協調問題解決(三輪,2000)などを説明するようなモデルを目指す方向がある.

【引用文献】

Anderson, J. R.　1993　*Rules of the mind.* Lawrence Erlbaum Associates.
Klahr, D., Langley, P., & Neches, R.(Eds.)　1987　*Production system models of learning and*

【特別コラム 2 】

development. MIT Press.

Langley, P., Simon, H. A., Bradshaw, G., & Zytkow, J. 1987 *Scientific discovery*. MIT Press.

三輪和久　2000　共有認知空間の差異が協調的発見に与える影響　人工知能学会誌, 15, 854-861.

Miwa, K. 1999 Deductive and inductive ways of investigation on human problem solving. *Japanese Journal of Artificial Intelligence*, 14, 1165-1176

Newell, A. 1990 *Unified theories of cognition*. Cambridge University Press.

Simon, H. A., Valdes-Perez, R. E., & Sleeman, D. H. 1997 Scientific discovery and simplicity of method. *Artificial Intelligence*, 91, 177-181

第4章 言語理解

　私たちは朝起きると新聞を読み，テレビのニュースを見て，家族と会話を交わす．そして，学校や職場に出かける準備をする．私たちは言葉なしでは暮らして行くことができない．人間の知的活動の非常に大きな部分が言語に関わっていることは，普段の生活からも明らかである．

　人間がどのように言語を使用しているかは，心理学，言語学，計算機科学，神経科学といった領域で，多様な方法論を用いて積極的に研究が進められている．人間の言語使用は，言語理解（language comprehension）と言語産出（language production）に大別できる．また同時に，刺激のモダリティーによって，文字言語（書き言葉）の処理と，音声言語（話し言葉）の処理とに分けることができる．語彙レベルの研究や，音声言語の研究も活発に行われているが，本章では，人間による文字言語の処理のうち，文や文章の理解に関する認知心理学的モデルに焦点をあてて説明する．また，言語学的な解説は最小限にとどめ，神経科学と関連した研究は，最後のトピックで紹介する．

1 はじめに

1.1 強い方法と弱い方法

　文理解のモデルは，さまざまな観点から分類できるが，1つには，(a)知識を明確に仮定し，その知識による特定の推論を重視する「強い方法」と，(b)特定の推論を導くような仕組みをあえて明示的に設定しない「弱い方法」とに大別することができる（阿部ら，1994; Norvig, 1989）．強い方法を用いると，トップダウン的な方向性が強くなり，弱い方法を採用すれば，ボトムアップ的なアプローチが重視される．

弱い方法をとる立場は，工学的な観点における「過設計（overdesign）の回避」と関連している．過設計とは，外界の多様性を人為的な設計によって明示的に扱おうとして，システムが柔軟性と適応性を欠き，設計が複雑化して効率が低下することをさす（橋田，1995）．人間による言語理解は柔軟で適応的であり，過設計の回避は認知科学的なモデルの1つの指標であると考えられる．強い方法の例としては，シャンク（Schank）らによる一連の研究を，弱い方法の例としては，キンチュ（Kintsch）のモデルやコネクショニスト・モデルなどをあげることができる．3.1以降では，これらのモデルを順に説明していく．

1.2 文の表象

サックス（Sachs, 1967）は，被験者に文を聞かせた後，元の文を変化させた文を聴覚的に提示し，原文と同じであるか否かの再認テストを行った．テスト文としては，(a)原文と同一の文のほかに，(b)意味に変化のある文，(c)能動態か受動態かという態に変化のある文，(d)表現形式に変化のある文が用いられた．再認テスト用の文の例を以下に示す．

(a)原文と同一：He sent a letter about it to Galileo, the great Italian scientist.
(d)意味の変化：Galileo, the great Italian scientist, sent him a letter about it.
(c)態の変化　：A letter about it was sent to Galileo, the great Italian scientist.
(d)形式の変化：He sent Galileo, the great Italian scientist, a letter about it.

ここで，cとdは原文と意味が同一である．さらに，原文を聞いてからテスト文を提示するまでの時間間隔が3段階で操作された（0音節後：直後，80音節後：約27秒後，160音節後：約46秒後）．再認実験では，先に提示した刺激と同一のテスト項目に対して，「前にあった」と正しく答えることを正再認（hit）と呼び，先に提示されなかったテスト項目に対して，「前になかった」と正しく答えることを正棄却（correct rejection）と呼ぶ．

実験の結果，直後テストでは約85%の正再認率でaを採択し，b, c, dの文を棄却できた（正棄却率は約85%）．しかし，80音節後以降は，意味が変化したbの正棄却率は約80%であったのに対し，cとdの正棄却率は急激に低下した（約25%）．つまり，約27秒後以降は，態(c)や形式(d)が元の文と異なって

も，意味が同一であれば，被験者はそうした表面的な変化に気づかないことが実験的に検証された．

この結果は，文を聞いた後，文の態や形式に関する情報はごく短時間しか保持されないが，文の意味に関わる情報はかなり長く保持されることを示している．このように，心の中で処理される情報を，心理学や認知科学では表象（representation）と呼ぶ．したがって，言語理解のモデルは，文の表面的な統語表象ではなく，主に意味表象を問題にすべきだと考えることができるであろう．次節では，認知心理学的モデルを説明する前に，言語学の主要な2つの理論をごく簡単に解説しておく．その中でも格文法（case grammar）の枠組みは，言語理解のモデルを構成するための基礎を提供している．

2 言語学からのアプローチ

2.1 生成文法

言語学における主要なアプローチである生成文法（generative grammar）理論では，人間には生まれつき言語獲得装置（language acquisition device: LAD）が備わっていると主張される．LADは，人間の言語に普遍的に存在する特質を持つものであるから，これを普遍文法（universal grammar, UG）と呼ぶ．初期の生成文法理論（標準理論：Chomsky, 1965）では，意味に対応する深層構造（deep structure）から，変形（transformation）規則によって，音に対応する表層構造（surface structure）が派生すると仮定されていた．1980年代からは，変形による派生を用いずに，文法現象を静的な語彙レベルの表示と，それに対する制約（constraint）から説明しようとする理論（たとえば，Pollard & Sag, 1994によるhead-driven phrase structure grammar: HPSG［主辞駆動句構造文法］）が注目されている．

2.2 格文法

本来，Grammarは，音韻論，統語論，意味論を含む概念であるが，生成文法理論では主に統語論のみに研究が集中し，意味論にはほとんど関心がは

第4章　言語理解

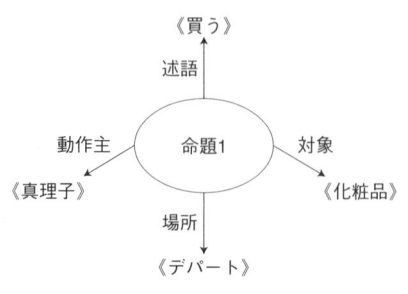

```
            《買う》
             ↑
            述語
動作主    ╱命題1╲    対象
《真理子》         《化粧品》
            場所
             ↓
          《デパート》
```

図4-1　格関係による文の意味表象の例

らわれなかった．これに対して，フィルモア（Fillmore, 1968）が提案した格文法は，どちらかと言うと意味の理論である．格文法では，格助詞で示されるような主格や目的格などは表層格（surface case）と呼ばれる．これに対して，動詞が名詞概念との間に有する意味関係を深層格（deep case）と呼び，深層格による名詞概念への意味的制約を選択制限（selectional restriction）と呼んでいる．代表的な深層格としては，動作主（agent，動作を引き起こす主体），対象（object），道具（instrument），経験者（experiencer，影響を受ける実体），場所（location），起点（source），目標（goal），時間（time）などがある．

下記の表現は，「買う」という動詞を定義する記述であり，格フレーム（case frame）と呼ばれる．第1列が表層格，第2列が深層格，第3列が選択制限を表す（松本，1998）．

　　　　　　　「買う」の格フレーム
　　　　　　が：[Agent]：human
　　　　　　を：[Object]：physical_object
　　　　　（で）：[Locative]：shop

格関係を用いると，たとえば，「命題1：真理子がデパートで化粧品を買う．」という文の意味表象は，図4-1のようにネットワークで表現することができる．格フレームの考え方は，動詞の表現として明快であるため，コンピュータによる自然言語処理（natural language processing）で広く用いられている．次節で説明するシャンクの概念依存理論も，格文法の流れの中でとらえると理解しやすい．

3 シャンクらの研究

3.1 概念依存理論

シャンク（1972, 1975）の概念依存理論（conceptual dependency theory）は，人工知能（自然言語処理）研究の立場から，コンピュータによる言語理解を目指したものであり，文の意味的な分析が押し進められている．このモデルでは，概念要素として名詞句，動詞句，修飾句，場所，時間が用いられ，これら要素間の関係を「依存」と呼ぶ．文は意味が曖昧でなく表現が標準化された，概念依存構造と呼ばれるネットワーク表象に変換される．概念依存構造の特徴は，次の3要素だけを組み合わせて，表現される点にある．
(a)物理的動作，精神的動作，状態の変化などを記述する11種類の基本動詞，
(b)動作の状態，
(c)基本動詞が要求する4つの格役割（目的，受益者，方向，道具）．

つまり，概念依存理論では，文の意味は基本動詞を中心とした意味素に分解して表現されるため，文の態や表現が異なっても，意味が同一であれば同じ概念依存構造で表現される．表4-1に11種類の基本動詞を，狭義の基本的行為6種類と，それらを達成するための手段として用いられる手段的行為5種に分けて示す．また，表現は異なるが意味的には同一の2つの文（John gives Mary a book, Mary gets a book from John）に対する概念依存構造の例を，図4-2に示した．

3.2 スクリプトとMOP

概念依存理論の限界の1つは，階層性の概念が含まれていないことにある．たとえば，「レストランでの食事」や「戦争」といった比較的込み入った事がらを概念依存構造で表すと，非常に複雑なネットワークになってしまう．この問題に対して，シャンクとエイベルソン（Schank & Abelson, 1977）は，スクリプト（script）理論を提案した．スクリプト理論のもとになる考え方は，日常的に繰り返される事象に関する知識は構造化されており，文章理解や問題解決の際に呼び出されて推論に利用されるというものである．

表4-1 概念依存理論における11種類の基本的行為
(Schank, 1975; 守, 1995を一部改変)

（狭義の）基本的行為 6 種	
PTRANS(Physical TRANSfer)	物理的な物の移動
ATRANS(Abstract TRANSfer)	抽象物の移動
MTRANS(Mental TRANSfer)	心理的な状態の移動
INGEST	体内に取り込む
PROPEL	～に力を加える
MBUILD(Mental BUILD)	心理的な状態の生成
手段的行為 5 種	
（上の基本的行為を達成するための手段として使われる）	
GRASP	対象を物理的につかむ
MOVE	身体の一部を動かす
SPEAK	しゃべる
ATTEND	注意を向ける
EXPEL	身体から外に出す

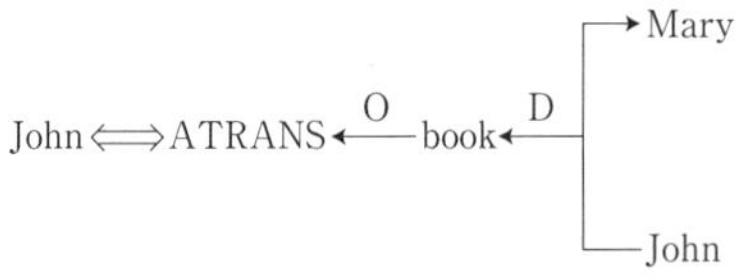

```
                         ┌─→Mary
                       O │  D
John⟺ATRANS←──book─┤
                         └──John

actor: Mary              actor: Mary
action: ATRANS           action: ATRANS
object: book             object: book
direction: TO Mary       direction: TO Mary
         FROM John                FROM John
"John gives Mary a book."  "Mary gets book from John."
```

図4-2 概念依存の図解と記述例
(Schank, 1975; 松本, 1998 を一部改変)

スクリプトは，入力情報を事象の全体構造に関連づけることにより，文脈レベルの意味理解に必要な背景的な知識を提供する．さらに，特定の状況において，部分的な情報に基づいた行為の予測と推論を可能にする．特定のスクリプトは，行為の対象，前提条件，複数のシーンと下位の行為系列，および，一連の行為の結果から構成されている（第 3 章・図3-3のレストラン・スクリプトを参照）．

シャンクらは，スクリプトよりも上位の文脈として，プラン，ゴール，テーマという 3 つの階層を仮定した．たとえば，「戦争に勝つ」というテーマに対して，「敵を油断させる」というゴール，「通常の活動に見せかけて戦争計画を進める」というプランを想定することができる (Schank, 1990)．

スクリプト理論の限界として，スクリプトの内容が固定的で進展がないことや，類似したスクリプト同士が相互に独立していることなどを指摘できる．こうした問題点に対して，シャンク (1982) は，MOP (memory organization packets) という動的な記憶の理論を提案した．この理論では，従来は固定的であったスクリプトが，複数の場面に関する知識から再構成される「知識のパッケージ」に修正された．たとえば，医者に行く MOP と弁護士を訪ね

るMOPでは,「待合室の場面」が共用されることになる(第3章の図3-4参照).

　ここまで,シャンクらによる研究を説明してきたが,彼らのアプローチのように,構造化された知識や人間世界の常識をトップダウン的にどんどん与えてゆけば,人間のように言語を理解するシステムを作ることができるのであろうか.ここで,はじめに述べた,過設計という言葉を思い出してほしい.外界の多様性に柔軟に対応するためには,どのようなアプローチが適切であろうか.

　人間の知識(意味記憶)に関するモデルにおいて提案され,言語理解のモデルでもしばしば用いられる概念に,「活性化の拡散(spreading activation)」がある.これは,知識に対するアクセスのしやすさを活性化と呼び,活性化を引き起こす情報の流れが,記憶や命題のネットワーク表象の中を広がって行くという考え方である.さらに,長期記憶に保持された知識に基づいて制御された推論を行うため,プロダクション・システム(production system)という仕組みが提案されている(第3章1.4参照).以下では,活性化拡散とプロダクション・システムを用いた3つのモデルを紹介する.

4　ACTモデル

　アンダーソンとバウアー(Anderson & Bower, 1973)による,文記憶に関する初期のシミュレーション・モデルは,HAM(human associative memory)と名づけられた.HAMモデルは構文解析の機能をもち,刺激文は構造化されたネットワーク表象に符号化される.つまり,刺激文をネットワーク表象に変換することが,その文を理解し,記憶することであり,結果として生成された命題的ネットワーク表象(propositional network representation)が,刺激文の記憶内容に相当すると見なされる.

　アンダーソン(1976)は,HAMモデルを発展させた,ACT(adaptive control of thought)を発表した.ACTモデルは記憶にとどまらず,言語の理解,生成,推論,知識獲得といった,広範囲にわたる知的活動を扱うことを目的とした.そのため,HAMモデルの機能に加えて,プロダクション・システム

と，活性化拡散システムが導入された．

　プロダクション・システムとは，人間の問題解決過程に関するコンピュータ・シミュレーション研究（初期の人工知能研究）によって確立された手法であり（Newell & Simon, 1972），「もし，データが x の条件を満たすならば，y を実行せよ」といったルール（production rule）の集合に基づいて，制御された推論を実行するシステムである（第 3 章・図3-5を参照）．プロダクション・システムのプログラムは，「条件照合 - 競合解消 - 実行（matching, conflict resolution, execution）」というアルゴリズムによって実現される．条件照合段階では，条件に適合するルールをすべて探し出す．競合解消段階では，特定の基準に従って最も有望なルールを 1 つ選択し，実行段階では選択されたルールが適用される．

　ACT では，宣言的知識（declarative knowledge）と手続き的知識（procedural knowledge）が用いられている．一般に，宣言的知識は，事実にかかわる知識であり，手続き的知識は，行為に関する知識であるとされる．ACT では，宣言的知識に関しては意味ネットワーク（第 3 章1.2参照）が，手続き的知識についてはプロダクション・システムが用いられている．つまり，(a) 意味ネットワークで表現されたデータベース部，(b)プロダクション・ルール集合，(c)プロダクション・ルールの条件照合 - 競合解消 - 実行を制御するインタプリタ部の 3 つが，ACT モデルの主要な構成要素である．

　ACT モデルでは，長期記憶に対応する意味ネットワークの活性化された部分を，その時点で処理が実行可能な作業記憶（working memory）の要素と見なし，作業記憶内の活性化された知識に対して，プロダクション・ルールの条件照合が行われる．ACT モデルでは，活性化の制御システムが，人間の連想記憶や注意の仕組みをシミュレートした重要な部分を構成している．

　さらに，アンダーソン（1983）は，ACT モデルを特に言語獲得の側面において拡張した ACT* を発表している．ACT* モデルでは，プロダクション・ルールの強度に基づいて競合解消が行われる．さらに，特定のプロダクション・ルールがうまく起動されると，そのルールの強度が 1 単位分だけ増大する．これは，学習における練習効果に対応している．

　また，ACT* モデルは学習機能を持ち，それを「プロダクションのコンパ

イル」と呼んでいる．特に ACT* は，人間が技能を修得する際に，最初は宣言的知識に依存するが，経験を積むにつれて，それが手続き的知識に変換されてゆくという学習過程もうまくモデル化している．たとえば，パソコンのキーボードの操作は，慣れるにつれて次第にスムーズになるが，これは習熟によって，キーの位置に関する宣言的知識が，指の動きとしての手続き的知識に移行したと考えることができる．なお，ACT モデルの新しいバージョンは，ACT-R と呼ばれている（Anderson, 1993）．

5 容量モデル

ジャストとカーペンター（Just & Carpenter, 1992）は，作業記憶容量に重点をおいた言語理解のモデルを提案している．その基本をなしているのが 3 CAPS システム（capacity-constrained, concurrent, activation-based production system）であり，言語理解だけではなく，推論や問題解決などにも適用が可能であると主張される．このシステムは，アンダーソンの ACT モデルと同様に，活性化拡散に基づくプロダクション・システムであり，情報の処理と保持は活性化によって支えられると仮定している．

彼らのモデルでは，作業記憶容量の個人差に焦点が当てられており，モデルの妥当性を検証するため，作業記憶容量が大きい人と小さい人では，言語理解過程でどのような差異が生ずるかが実験的に吟味されてきた．作業記憶容量の測定には，リーディングスパン・テスト（reading span test）が用いられる．これは短い文をつぎつぎと音読しながら，文末の単語（ターゲット語）を記憶することを被験者に求める二重課題であり，ターゲット語の再生成績がその人の作業記憶容量を反映すると仮定している．リーディングスパンには大きな個人差があり，言語理解課題の成績と高い相関関係を示すことが見いだされている（Carpenter et al., 1994）．

このモデルに対して，作業記憶容量（リーディングスパン）が読みと関連した処理過程に影響を及ぼすのか，逆に，一般的な処理能力がリーディングスパンに影響を及ぼすのかといった因果関係が明らかでないとする批判がある．

6 キンチュらの研究

6.1 キンチュとヴァン・ダイクのモデル

キンチュら（Kintsch & van Dijk, 1978）の研究は，文章の理解に焦点があてられている．キンチュらのモデルでは，シャンクの概念依存理論とは異なり，意味的に複雑な単語を要素（意味素）に分解せず，単一の概念として扱う．キンチュらによるモデルでは，文の意味は命題で表され，格文法と同様に，命題は1個の述語（predicate）と，複数の項（argument）から構成される．述部は動詞，形容詞，接続語などに対応し，項は名詞，名詞句などに対応する．たとえば，"John gives Mary the old book." という文は，次の2つの命題（P1, P2）に書き換えることができる．

 P1 GIVE [JOHN, BOOK, MARY]
 P2 OLD [BOOK]

文章（text）の処理では，命題を相互に結合したミクロ構造と，文章の要旨に対応するマクロ構造の2つが構成される．文章から抽出された命題は容量限界のある短期記憶に保持され，同一の項をもつ命題同士の結合などによって，統合化されたネットワークが構成される．また，本筋と無関連な命題の削除や，一般的な命題による置き換えといった要約規則によって，マクロ構造が形成される．

このモデルに対して，命題のネットワークのみで言語理解を行うには限界があり，何らかの追加的なシステムが必要であること，また，個々の処理過程をさらに明確化すべきであるといった指摘がなされた．

6.2 構成 - 統合モデル

キンチュ（1988, 1998）は，近年，文章の処理に関する構成-統合モデル（construction-integration model）を発展させてきている．キンチュらによる以前のモデルでは，推論のしくみや，先行知識が文章内容と相互作用してマクロ構造が形成される過程などが明確ではなかったが，こうした点に対するモデルの改良がなされている．

図4-3に，構成-統合モデルの概略を示す．個々の文は，意味を表す命題に変換され，短期記憶の中で命題ネット（textbase, テキストベース）が構成される．さらに，個々の命題に関連した情報が，長期記憶の知識ベースから検索される．そして，文章自体から構成された命題に，長期記憶から検索された情報や，推論で得られた命題が付加され，精緻化命題ネット（elaborated prepositional net）が構成される．この精緻化命題ネットには，文章のテーマと無関連な多くの命題が含まれている．なお，知識に基づく推論には，先の複数のモデルと同様に，プロダクション・システムが用いられる．

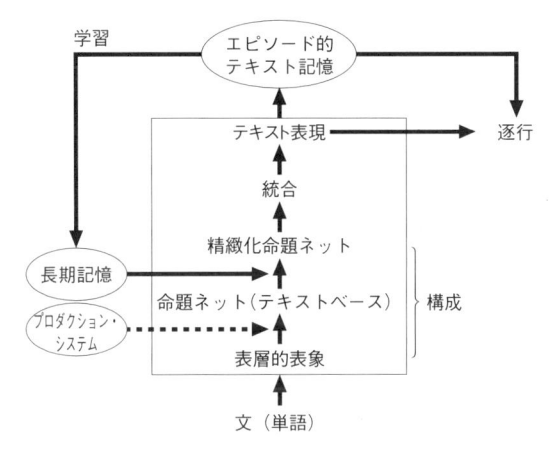

図4-3 キンチュの構成-統合モデル(Kintsch, 1992 を一部改変)

次の統合過程では，活性化拡散によって意味情報が選択され，文脈的に共起しているものは強められ，矛盾を含んだ要素は取り除かれて，一貫性のあるネットワーク表現（text representation, テキスト表現）が作られる．こうして形成されたテキスト表現は構造化されており，エピソード的テキスト記憶（episodic text memory）に保持される．

これらの処理過程の結果，3水準の記憶表現が構成されることになる．第一は，文章を構成する個々の文や単語，そして文の統語的な形式などに関する表層的表現，第二は，文の意味的なつながりに関する命題的表現（テキストベース），第三は，スクリプトと類似した概念で，読み手によって理解された文章の骨組みにあたる状況的表現（situation model, 状況モデル）である．

キンチュら（Kintsch et al., 1990）は，被験者にステレオタイプ化された状況（例：映画を観に行く）を記述した短い文章を掲示し，直後または時間をおいて（40分後，2日後，4日後），再認記憶の成績を調べた．その結果，図4-

図4-4 に示したように，(a)表層的情報は急速に忘却されるが，(b)命題的情報は時間が経過しても部分的にしか忘却されず，(c)状況的情報は時間が経過しても忘却されないことが示され，構成-統合モデルによる予測が支持された．

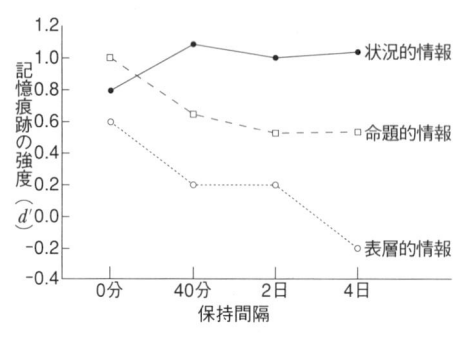

図4-4 状況的,命題的,表層的情報の忘却と保持間隔
（Kintsch et al., 1990 を一部改変）

構成-統合モデルの特徴は，精緻化命題ネットの構成において，多くの不適切な命題も含まれることを許容している点にあり，弱いルールを用いたボトムアップ・アプローチが採用されている．キンチュらは，強いルールは非常に複雑になり，異なる状況にうまく対応できないが，構成-統合モデルに組み込まれた弱いルールは頑健であり，あらゆる状況に対応できると主張している．

一方，ランダウアーとデュメ（Landauer & Dumais, 1997）は，百科事典のすべての文章における単語と見出し項目の共起頻度に，因子分析を一般化した特異値分解に基づく潜在意味分析（latent semantic analysis: LSA）を適用し，数百個の次元からなる単語のベクトル表現を構成した．さらに，単語のベクトル同士の類似度を数学的に定義した上で，米国留学のための英語学力検定テスト（TOEFL, test of English as a foreign language）の類義語問題（多肢選択）などに潜在意味分析のデータを適用した．その結果，人間の受験者に近い正答率が得られ，単語ベクトルの次元数を300とした場合が最適であることが見いだされた．この知見は，特定の単語の意味を，ほかの数多くの単語との関連でとらえる必要があることを示しており，また，単語の多次元的な意味空間には，実用上適切な情報圧縮のレベルが存在することが示唆されている．キンチュ（1998）は，潜在意味分析のアプローチを高く評価し，潜在意味分析の結果得られた単語や文同士の意味的な類似度を，構成-統合モデルに積極的に取り入れたシミュレーションを行っている．

7 コネクショニスト・モデル

7.1 コネクショニスト・モデルの枠組み

　従来の系列型の記号処理アプローチに対して，脳神経系から抽象化された神経回路網に基礎をおくコネクショニスト・モデルの概要に関しては，特別コラム1を参照してほしい．生成文法理論では，言語は生得的なモジュールをなしていると仮定する．これに対して，コネクショニスト・モデルの立場では，言語のために特別な仕組みがあるのではなく，一般的な認知能力の発達と相互作用の結果として言語能力が形成されると考える場合が多い (Elman et al., 1996)．

　以下では，まず，局所表現を用いたモデル（局所主義的コネクショニスト・モデル）に属する研究を紹介し，その後で，分散表現を用いたモデル（並列分散処理モデル）について説明する．

7.2 超並列統語解析モデル

　ウォルツとポラック（Waltz & Pollack, 1985）は，言語理解に関する超並列統語解析モデル（massively parallel parsing model）を提案した．このモデルは，文の多義性，文理解の誤り，文法的に誤った文の解釈といった問題を扱うことを目的とした．そのため，いくつかの処理要素が系列的に処理を行うのではなく，複数の処理要素が相互に強く影響を及ぼしながら，並列的に処理を進めるシステムが提案されている．ウォルツとポラックは，ネットワークにおける活性化が上限近くにおいて均質化することを避けるため，活性化拡散に加えて，側抑制（lateral inhibition）という処理過程を明確に仮定している．側抑制は生体の比較的下位のレベルに遍在する処理メカニズムであり，対立するユニットが同時に実行される事態を回避する仕組みである．これは具体的には，ユニット自身に対する自己抑制を除いた上で，ネットワーク表象の同じレベルに，負の結合を仮定すればよい．

　図4-5は，超並列統語解析モデルにおけるネットワーク表現の例であり，文の理解において，統語レベル，入力レベル，語彙レベル，文脈レベルの4

第4章 言語理解

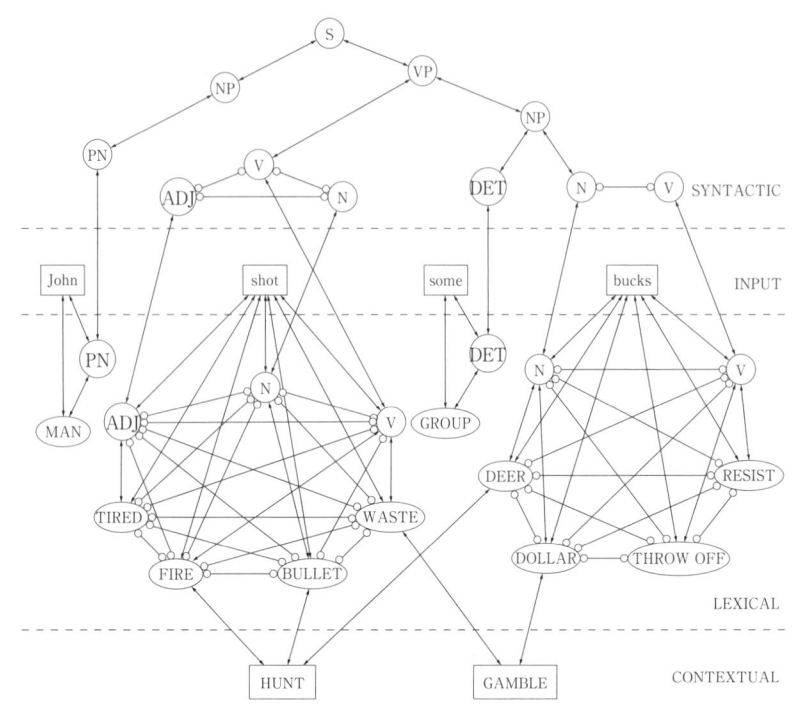

図4-5 超並列統語解析モデルによるネットワーク表現の例
（Waltz & Pollack, 1985 を一部改変）

つが相互に連結された様子が示されている．図4-5における矢印は興奮性結合を，白丸は抑制性結合を表している．"John shot some bucks."という多義文の場合，(a)「狩」の文脈が活性化されると，「ジョンは鹿（bucks）を撃った」という意味を構成するノード群に活性化が伝播し，(b)「ギャンブル」の文脈が活性化されると，「ジョンは何ドル（bucks）かすった」という意味に関連したノード群に活性化が伝播することが示され，多義文の理解における文脈効果を適切にシミュレートできた．

7.3 並列分散処理モデル
(1) 並列分散処理モデルの特徴
基本的には，1つの情報単位が1つの処理ユニットの活性化に対応する上

記の局所主義的コネクショニスト・モデルに対して，並列分散処理モデルでは，1つの情報単位が多数の処理ユニットの活性化パターンによって表現される．そして，組み合わせを変えることによって，多数の情報を表現することができる．コネクショニスト・モデルでは，前もってネットワークの構造や結合強度の値を決めておかなくても，適切な結合強度をもつようにネットワークの学習を行うことができる．前節で説明した多義性の処理は，分散表現と相互結合型ネットワークを用いた並列分散処理モデルでもシミュレート可能である（たとえば，都築ら，1999）．

ホップフィールド（Hopfield, 1982）は，ネットワークのエネルギーという関数を提案した．この値を用いると，結合した2つのユニットそれぞれの活性値と両者間の結合強度との間に一貫性があるか否かに基づいて，ネットワーク全体の状態を評価できる．解を探索するネットワークの状態変化は，エネルギー値を極小化する過程として解釈することができ，エネルギーの極小値はアトラクタ（attractor, 吸引子）と呼ばれる．学習の過程は，個々の記憶パターンに対するエネルギー関数の値を小さくする処理として把握できる．言い換えると，学習とは，アトラクタに落ち込みやすくなるように，システム全体のエネルギー関数の形状を変形させることに相当する．また，学習後のネットワークが解を探索する過程は，ボールがエネルギー関数のアトラクタに向かって，転げ落ちて行く様相にたとえることができる．これを応用すると，言語理解の基礎になる単語認知のしくみを，相互結合型ネットワークにおけるエネルギーの最小化として定式化することが可能である（都築ら，1999）．

2つのモデルを比較すると，局所主義的コネクショニスト・モデルは直感的に理解しやすく，前もって適切な知識の構造を設定できるといった長所がある．これに対して，並列分散処理モデルは理論的にやや複雑であるが，学習による自己組織化を重視しており，神経生理学的な妥当性も高いと考えられる．重要なポイントは，結合強度の修正という原則だけに基づいた並列分散処理モデルが，前もって構造化された局所主義的コネクショニスト・モデルと同程度，ないしはそれ以上のシミュレーション能力を持つことである．次に，フィードバック・ループをもつネットワークを用いた，文の処理に関

する並列分散処理モデルを2つ紹介する.

(2) **単純再帰ネットワーク**

エルマン (Elman, 1990, 1991) は,3層(入力層,隠れ層(中間層),出力層)のネットワークに,一時点前の隠れ層の内容を一時的に保持する文脈層を追加した単純再帰ネットワーク (simple recurrent network: SRN) を提案した(特別コラム1,図S1-4を参照).SRNにおいて,文脈層は作業記憶に相当する役割をもつ.こうしたネットワーク構造を用いることにより,時間的な系列を学習できることが知られている.SRNは隠れ層から文脈層へのフィードバックがあるため,文脈層の情報は次のサイクルの入力と隠れ層で統合される.シミュレーションの結果,多くの例文を学習すれば,文を構成する単語によって次の単語を正しく予測できることが示された.さらに,学習後の隠れ層に多変量解析を適用した結果,ネットワークが単語の品詞や文脈関係を学習できていることが示された.この結果は,語彙的情報が,高度に文脈依存的でダイナミックなものであることを示唆しており,文脈独立的で静態的なアプローチに再考を迫るものである.また,初期状態としてネットワークに文法に関する知識を全く与えなくても,多くの例文を学習することによって,正しい文法構造を獲得できることが実証された.

さらに,エルマン (1993) は,SRNに組み込まれた作業記憶に相当する文脈層からのフィードバックに制限を設け,作業記憶の容量を徐々に大きくすることによって,単純な文のみではなく,複雑な文も学習が可能になることを明らかにした.この知見は,「小さく始まることの重要性 (the importance of starting small)」と呼ばれている.つまり,子供の作業記憶容量が発達してしだいに大きくなることにより,言語獲得が効率的になされるという重要な示唆を与えている.換言すれば,エルマンはシミュレーションの結果から,作業記憶の小ささという弱点だと考えられてきた幼児の認知特性が,複雑すぎる文を除去して学習を促進する積極的な意味をもつ可能性を示した.

(3) **文ゲシュタルト・ネットワーク**

セント・ジョンとマクレランド (St. John & McClelland, 1990) は,SRNと同様に再帰的なフィードバック・ループを有する5層の多層ネットワークを用いて,文の学習と理解における格役割 (case role) や,多義性の処理を扱

7 コネクショニスト・モデル

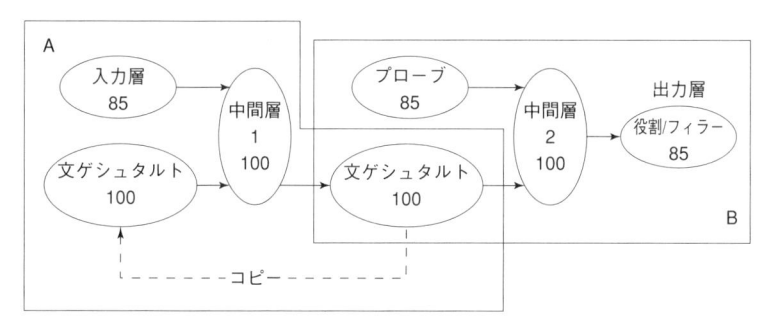

図4-6 文ゲシュタルト・ネットワークの構造 (St. John & McClelland, 1990; 乾, 1998)
各層に書かれている数字は，ユニットの個数である．Aは文の構成要素を文ゲシュタルトに変換する部分，Bは文ゲシュタルトを出力に変換する部分である．

った研究を行っている（図4-6参照）．このネットワークは，文全体を表す層を持ち，文ゲシュタルト・ネットワーク（sentence gestalt network）と呼ばれる．出力層では，9種類の格役割を表すユニットと，個々の単語や概念を用いた内容（filler）を表すユニットによって解析結果が示される．さらに14個の行為について文のフレームが用意され，各々のフレームにおいて，どのような単語がどの程度の生起頻度で生じるかが設定された．

シミュレーションの結果，ネットワークはたとえば，"The busdriver was given the rose by the teacher." という文の場合, the busdriver が行為の受益者，was given が行為，rose が名詞で行為対象，teacher が動作主であると正しい答えを出力し，文における単語の意味的情報と，統語的情報を適切に学習することができた．さらに，セント・ジョン（1992）は，先行研究と基本的には同一のネットワーク構造を用いて，多量の文章例コーパスから，物語の構造（story gestalt）を抽出するシミュレーションも行っている．

ここまで，議論を単純化するため，局所主義的コネクショニスト・モデルと並列分散処理モデルとを対比させて説明してきた．研究の歴史の上では，前者から後者へと発展してきたという流れがある．しかし，両者は背反的なものではない．また，「学習あり／学習なし」と「局所表現／分散表現」は直交する概念であり，局所表現に学習則を適用したモデルもしばしばみられる．最近では，局所表現と分散表現の両者を意識的に用いたモデルも提案されており，記号的コネクショニスト・モデルや構造的コネクショニスト・モ

123

デルと呼ばれる（Holyoak & Hummel, 2000; 都築ら，2002）．

8　最 後 に

　本章でははじめに，強い方法と弱い方法という大まかな枠組みを示したが，これまで説明してきた文理解のモデルは，(a)トップダウン的な記号処理アプローチ（シャンクらのモデル），(b)プロダクション・システムと活性化拡散に基づく記号処理アプローチ（ACTモデル，容量モデル，構成‐統合モデル），(c)コネクショニズムによるアプローチ（局所主義的コネクショニスト・モデル，並列分散処理モデル）といった3種類に大別できる．これらのモデルは，上記の順に，強い方法によるアプローチから弱い方法によるアプローチへと順に並んでいると見なすことができるであろう．また，記号処理モデルとコネクショニスト・モデルという分類も可能である．ただし，上記のbタイプの記号処理モデルには，コネクショニスト・モデルと類似した活性化拡散が仮定されている点にも注目してほしい．

　人間の知的活動の大きな部分が言語に関わっていることは，本章のはじめにも述べた．しかし，音声に由来する言語が非常に強く系列性に縛られているため，我々は脳で行われている知的情報処理が超並列分散処理であることを，軽視しすぎている可能性があるのではないだろうか．

　一方，本章では，様々なモデルの立脚点を説明することに焦点を当て，文の理解と文章の理解を厳密に区別して解説しなかった．しかし，文章は単なる文の集合ではなく，通常，何らかの首尾一貫したまとまりがある．先に述べたモデルでは，特に，シャンクらの研究とキンチュらの研究が，文章理解に焦点を当てている．

　文章を理解するためには，(a)指示対象，言及されている対象（照応関係，anaphoric relation）の理解，(b)事象や状態の間の関係（連接関係，coherence relation）の理解，(c)文章の情報提示構造の理解，(d)文章全体の意味の理解，(e)著者の意図の理解，といった諸点が問題となる（阿部ら，1994）．

　照応関係や連接関係は，文を超えた意味的なつながりであり，重要なテーマである．また，文章内容に関する推論についても研究がなされており，意

味内容を詳細にする精緻化推論（elaboratine inference）や，複数の文のつながりを関連づける橋渡し推論（bridging inference）などがある．本章ではこうしたトピックスを系統的に説明する余裕がなかった．興味ある読者は，阿部ら（1994）などを参照して欲しい．

【引用文献】

阿部純一・桃内佳雄・金子康朗・季　光五（著）　1994　人間の言語情報処理——言語理解の認知科学——　サイエンス社

Anderson, J. R.　1976　*Language, memory and thought*. Hillsdale, NJ: Lawrence Erlbaum Associates.

Anderson, J. R.　1983　*The architecture of cognition*. Cambridge, MA: Harvard University Press.

Anderson, J. R.　1993　*Rules of mind*. Hillsdale, NJ: Lawrence Erlbaum Associates.

Anderson, J. R., & Bower, G. H.　1973　*Human associative memory*. Washington, DC: Winston.

Carpenter, P. A., Miyake, A., & Just, M. A.　1994　Working memory constraints in comprehension: Evidence from individual differences, aphasia, and aging. In M. A. Gernsbacher(Ed.), *Handbook of psycholinguistics*. San Diego, CA: Academic Press. Pp. 1075-1122.

Chomsky, N.　1965　*Aspects of the theory of syntax*. Cambridge, MA: MIT Press.

Ellis, A. W.　1990　Aphasia, Dyslexia: Acqired.　M. W. Eysenck(Ed.), *The Blackwell dictionary of cognitive psychology*. Oxford: Basil Blackwell.　野島久雄・重野　純・半田智久（訳）　1998　認知心理学事典　新曜社　Pp. 152-159.

Elman, J. L.　1990　Finding structure in time. *Cognitive Science*, 14, 179-211.

Elman, J. L.　1991　Distributed representation, simple recurrent networks, and grammatical structure. *Machine Learning*, 7, 195-225.

Elman, J. L.　1993　Learning and development in neural network: The importance of starting small. *Cognition*, 48, 71-99.

Elman, J. L., Bates, E. A., Johnson, M. H., Karmiloff-Smith, A., Parisi, D., & Plunkett, K.　1996

Rethinking innateness: A connectionist perspective on development. Cambridge, MA: MIT Press. 乾　敏郎・今井むつみ・山下博志（訳）　1998　認知発達と生得性——心はどこから来るのか——　共立出版

Fillmore, C. J.　1968　The case for case. In E. Bach & T. Harms (Eds.) *Universals in linguistic theory.* New York: Holt, Rinehart & Winston.

Forder, J. A.　1983　*The modularity of mind: An essay on faculty psychology.* Cambridge, MA: MIT Press.　伊藤笏康・信原幸弘（訳）　1985　精神のモジュール形式——人工知能と心の哲学——　産業図書

橋田浩一　1995　自然言語処理　大津由紀雄（編）　言語（認知心理学3）　東京大学出版会　Pp. 261-280.

Holyoak, K. J., & Hummel, J. E.　2000　The proper treatment of symbols in a connectionist architecture. In. E. Dietrich & A. B. Markman (Eds.), *Cognitive dynamics: Conceptual and representational change in humans and machines.* Mahwah, NJ: Lawrence Erlbaum Associates. Pp. 229-263.

Hopfield, J. J.　1982　Neural networks and physical systems with emergent collective computational abilities. *Proceedings of the National Academy of Sciences, USA,* 79, 2554-2558.

乾　敏郎　1998　言語の脳科学　大津由紀雄・坂本　勉・乾　敏郎・西光義弘・岡田伸夫　言語科学と関連領域（言語の科学11）　岩波書店　Pp. 57-100.

岩田　誠　1996　脳とことば——言語の神経機構——　共立出版

Just, M. A., & Carpenter, P. A.　1992　A capacity theory of comprehension: Individual differences in working memory. *Psychological Review,* 99, 122-149.

Kintsch, W.　1988　The use of knowledge in discourse processing: A construction-integration model. *Psychological Review,* 95, 163-182.

Kintsch, W.　1992　A cognitive architecture for comprehension. In H. L. Pick, P. van den Broek, & D. C. Knill (Eds.), *The study of cognition: Conceptual and methodological issues.* Washinton, DC: American Psychological Association. Pp. 143-164.

Kintsch, W.　1998　*Comprehension: A paradigm for cognition.* New York: Cambridge University Press.

Kintsch, W., & van Dijk, T. A.　1978　Toward a model of text comprehension and production. *Psychological Review*, 85, 363-394.

Kintsch, W., Welsch, D. M., Schmalhofer, F., & Zimny, S. 1990 Sentence memory: A theoretical analysis. *Journal of Memory and Language*, 29, 133-159.

Landauer, T. K., & Dumais, S. T. 1997 Solution to Plato's problem: The latent semantic analysis theory of acquisition, induction and representation of knowledge. *Psychological Review*, 104, 211-240.

松本裕治 1998 意味と計算 郡司隆男・阿部泰明・白井賢一郎・坂原 茂・松本裕治 意味（言語の科学4） 岩波書店 Pp. 125-167

Newell, A., & Simon, H. 1972 *Human problem solving*. Englewood Cliffs, NJ: Prentice-Hall.

Norvig, P. 1989 Marker passing as a weak method for text inferencing. *Cognitive Science*, 13, 569-620.

Pollard, C. J. & Sag, I. A. 1994 *Head-driven phrase structure grammar*. Chicago, IL: University of Chicago Press.

Rumelhart, D. E., McClelland, J. L., & the PDP Research Group (Eds.) 1986 *Parallel distributed processing: Explorations in the microstructure of cognition*. Vol. 1, 2. Cambridge, MA: MIT Press. 甘利俊一（監訳） 1989 PDPモデル──認知科学とニューロン回路網の探索── 産業図書

Sachs, J. S. 1967 Recognition memory for syntactic and semantic aspects of connected discourse. *Perception & Psychophysics*, 2, 437-442.

坂本 勉 2000 言語認知 行場次朗・箱田裕司（編） 知性と感性の心理──認知心理学入門── 福村出版 Pp. 153-171.

Schank, R. C. 1972 Conceptual dependency: A theory of natural language understanding. *Cognitive Psychology*, 3, 552-631.

Schank, R. C. 1975 *Conceptual information processing*. Amsterdam: North-Holland.

Schank, R. C. 1982 *Dynamic memory: A theory of learning in computers and people*. Cambridge, MA: Cambridge University Press. 黒川利明・黒川容子（訳） 1988 ダイナミック・メモリ 近代科学社

Schank, R. C. 1990 *Tell me a story: A new look at real and artificial memory*. New York: John Brockman Associates. 長尾 確・長尾加寿恵（訳） 1996 人はなぜ話すのか──知能と記憶のメカニズム── 白揚社

Schank, R. C., & Abelson, R. P. 1977 *Scripts, plans, goals, and understanding: An inquiry into human knowledge structures.* Hillsdale, NJ: Lawrence Erlbaum Associates.

St. John, M. F., & McClelland, J. L. 1990 Learning and applying contextual constraints in sentence comprehension. *Artificial Intelligence*, 46, 217-257.

St. John, M. F. 1992 The story gestalt: A model of knowledge-intensive processes in text comprehension. *Cognitive Science*, 16, 271-306.

都築誉史・河原哲雄・楠見 孝 2002 高次認知過程に関するコネクショニストモデルの動向 心理学研究, 72, 541-555.

都築誉史・Alan H. Kawamoto・行廣隆次 1999 語彙的多義性の処理に関する並列分散処理モデル——文脈と共に提示された多義語の認知に関する実験データの理論的統合—— 認知科学, 6, 91-104.

Waltz, D. L., & Pollack, J. B. 1985 Massively parallel parsing: A strongly interactive model of natural language interpretation. *Cognitive Science*, 9, 51-74.

【読書案内】

阿部純一・桃内佳雄・金子康朗・季 光五 1994 人間の言語情報処理——言語理解の認知科学—— サイエンス社

　　認知心理学と計算言語学の立場から，人間の言語理解過程に関する様々なモデルが詳細に紹介されている．扱われている内容は，単語認知過程，文解析過程，文章理解過程の3領域にわたり，本書を通読することで言語理解研究の概要をつかむことができる．ただ，コネクショニスト・モデルに関する言及は少ない．

J. L. エルマンら（乾 敏郎ら訳） 1998 認知発達と生得性——心はどこから来るのか—— 共立出版

　　言語発達における生得性の問題が中心テーマであり，表象レベルの生得性は考えにくいことを論証しているが，コネクショニスト・モデルに関する比較的新しい概説書としても，非常に価値が高い．発達の創発的特徴，非線形ダイナミクス，脳の発達，相互作用などが議論されている．コネクショニストの視点と生物学的観点が融合され，人間の認知発達に新たな展望を与えている．

岩田 誠 1996 脳とことば——言語の神経機構—— 共立出版

　　失語症を中心として，神経内科学の立場から，脳における言語機能の局在について詳

細に解説されている．ブローカ失語，ウェルニッケ失語，文法の障害・語義の障害，読み書きの障害，失語症からの回復について議論されている．臨床観察や解剖学的な知見は豊富だが，最近の非侵襲的方法（PET, fMRI など）に関する言及は少ない．

守　一雄　1995　認知心理学（現代心理学入門1）　岩波書店
　認知心理学の主要な研究領域ごとに，代表的なモデルが解説されている．言語理解の章では，シャンクの研究（概念依存理論，スクリプト，MOP）に関して，詳細で平易な説明がなされている．

守　一雄・都築誉史・楠見　孝（編）　2001　コネクショニストモデルと心理学――脳のシミュレーションによる心の理解――　北大路書房
　文系の学部学生向けに編集されたコネクショニスト・モデルのテキストである．単純再帰ネットワークによる文法獲得，脳損傷（単語認知），言語理解における多義性の処理といった章で言語関係のモデルが平易に解説されている．

大津由紀雄（編）　1995　言語（認知心理学3）　東京大学出版会
　本書には認知心理学的研究や自然言語処理研究をあつかった章も含まれているが，半分以上のページが言語学的研究の解説に割かれている．言語知識，言語知識の獲得と喪失，言語知識の使用，言語と認知といった4部から構成されている．

大津由紀雄・坂本　勉・乾　敏郎・西光義弘・岡田伸夫　1998　言語科学と関連領域（岩波講座 言語の科学11）　岩波書店
　全11巻からなる言語の科学講座の1冊で，人間の言語情報処理，言語の脳科学，言語の発生と進化，言語理論と言語教育といった4章で構成されている．特に第2章では，認知心理学の立場から，脳の可視化技術による新しい知見と，言語のコネクショニスト・モデルについて，かなり詳しい解説がなされている．

《コラム4》
失語症と失読症

　脳の損傷によって，音声言語が一部ないし完全に失われる場合を失語症（aphasia）と呼ぶ．言語能力はひどく損なわれているのに，非言語的知能など他の認知能力は維持されている患者がいることから，言語処理が他の認知機能と異なるモジュールを構成している可能性が示唆されている．脳の損傷の原因には，脳溢血などの脳血管障害と，交通事故などによる外傷性障害がある．失語症にはいろいろなタイプがあるが，古典的なカテゴリーでは，ブローカ（前方型）失語と，ウェルニッケ（後方型）失語に分けられる．ブローカ失語は左前頭葉下後部のブローカ領域に，ウェルニッケ失語は左側頭葉上後部のウェルニッケ領域に関係している（図4-7を参照）．

　ブローカ失語では相手の言うことは理解できるが，語系列を構成して発話する能力がほぼ欠落しているため，運動性失語または非流暢性失語とも呼ばれる．このタイプの症例では，語順が乱れた内容語（名詞，動詞，形容詞など）のみを羅列する電報文のような，失文法失語（agrammatic aphasia）が見られることがある．ウェルニッケ失語では，意味を組み立てる能力に障害があるが，単語の系列を産出する能力は保たれている．そのため，繰り返しが多く，意味不明の発話となり，感覚性失語または流暢性失語と呼ばれる．

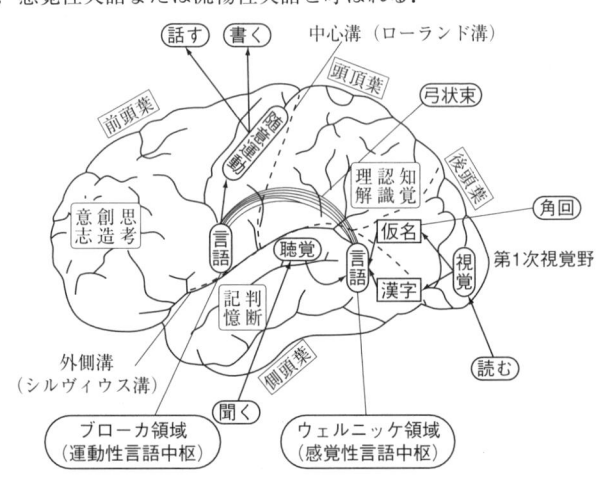

　脳の損傷によって，失語を伴わずに，文字の読み書きに障害が生じることがあり，失読症（dyslexia）と呼ばれる．日本人の場合，仮名文字の読み書き能力に異常はないのに，漢字を読んだり書いたりできなくなる

図4-7　左半球に局在する言語中枢（坂本，2000を一部改変）

《コラム4》

症例が知られている．こうした臨床観察に基づいて，岩田（1996）は，読みには後頭葉視覚領域から左角回を介してウェルニッケ領域に達する音韻読みの過程（仮名文字に対応）と，左側頭葉後下部を介して実現される意味読みの過程（漢字に対応）の2つがあるという仮説を提唱している．

　失語症の患者が右利きであれば，ほとんどの症例で，脳の左半球に損傷が見られる．しかし，右半球を損傷した結果生じる言語障害もある．右半球を損傷した患者は，感情を込めて話すことができない場合がある．こうした患者は，たとえ話の意味を文字通りに解釈してしまったり，ユーモアを理解できないことがある．このような症例から，言語理解の高次のレベルでは，言葉自体の処理を超えた認知能力が必要であり，この能力は右半球に局在している可能性が示唆される（Ellis, 1990）．

　脳損傷後に障害を受けた行動と保存されている行動のパターンを研究することにより，正常な脳における言語処理の仕組みを推論することができる．こうした研究は，序章で述べたように，認知神経心理学や認知神経科学と呼ばれる．たとえば，仮名文字を見てそれを読む場合は，

　　第1次視覚野→角回→弓状束→ブローカ領域→運動野

という経路が働き，聴いた言葉を復唱する場合は，

　　聴覚野→ウェルニッケ領域→弓状束→ブローカ領域→運動野

という経路が働くと考えられている（乾，1998）．弓状束とは，長連合繊維束の1つで，脳の後部と前頭葉をつなぐ上縦束の一部である．弓状束は大脳皮質の裏側にあるが，図4-7では，わかりやすいように表面に示されている．

　失語症からの回復は，患者の年齢が若いほどよく，外傷性の病変の方が脳血管障害の場合よりも有利であることが知られている．左利き患者で回復度が良いことも知られており，これは左利きの場合，両半球に言語機能が存在し，対側半球による代償が生じやすいためであろうと考えられている．また，ブローカ失語の患者の方が，ウェルニッケ失語の患者よりも比較的回復が良いという調査結果がある．その理由の1つとして，ウェルニッケ失語の患者では自分の障害に対する病識に欠ける場合が少なくないのに対し，ブローカ失語患者では病識がよく保たれ，自らの障害に悩むため，回復へ努力する意志を持ちやすいからではないかと考えられている（岩田，1996）．こうした失語症患者の機能回復訓練において，1997年から国家資格化されたスピーチ・セラピスト（speech therapist, 言語聴覚士）が，非常に大きな役割を果たしている．

第5章 推論と意思決定

「決定するために,判断せよ.判断するために,推論せよ.推論するために,何について推論するか,決定せよ.」ジョンソン-レアドとシェフィア (Johnson-Laird & Shafir, 1993) は,推論と意思決定をこう位置づけている.推論と意思決定は,どちらも既有知識の組合せから新たな情報を生成し,課題に明示されない答えを導くことである.推論課題はしばしば選択肢を選ぶことで,それは決定に他ならない.また決定はしばしば推論を要する.

推論と意思決定を理解するとき重要な「満足化(satisficing)」の達成という考えは,サイモン (Simon, 1979) が指摘した.彼は環境の複雑性と人間の情報処理能力の限界から,様々な場面で最もよい最適(optimal)選択を行うことは不可能であると論じた.代わりに,人間は限られた情報と短い処理時間で,最適ではないが満足できる半適(suboptimal)な選択を行なっているのである.本章では,半適選択による満足化をいかに達成しているかを概観する.

1 三段論法的推論

「もし月が出ていれば,電灯をつけずにものが見える.今は電灯をつけないとものが見えない.だから月は出ていない.」このような推論は日常盛んに行われるにも関わらず,簡単に誤ることが知られている.「もしも」の部分を前件,前件と結論の間を後件と呼ぶが,両者の関係を表5-1に整理すると,推論の正しさを整理できる.

表5-1の正誤は論理学に基づく物で,私たちの推論は論理的に誤っても現実問題として間違いではないことがある (Bell & Staines, 1981).たとえば「歌が上手ならば,音楽の才能がある」と「彼女は音楽の才能がある」から

第5章 推論と意思決定

表5-1 もしこれがミカンであれば，これは果物である．

	前件	後件
肯定	前件の肯定（正しい） これはミカンである．だから これは果物である．	後件の肯定（誤り） これは果物である．だから これはミカンである．
否定	前件の否定（誤り） これはミカンではない．だからこれは果物ではない．	後件の否定（正しい） これは果物ではない．だからこれはミカンではない．

彼女は歌が上手だろう，と思うことは悪い見込みではない（しかし論理的には誤りである）．「彼女（彼）が私を好きなら，笑いかけてくれるだろう」という思いは，容易に後件の肯定をもたらすだろう．タプリン（Taplin, 1971）は，表5-1の4条件での推論の正しさを調べた．被験者の判断の論理的正確さは，前件の肯定において最も高かった．続いて被験者が論理的に正確であったのは，後件の否定の判断であった．被験者が非論理的判断傾向を示したのは，前件の否定と後件の肯定においてであった．

三段論法が「すべての」「いくらかの」などの限量詞で規定される場合を定言的三段論法と呼ぶ．定言的三段論法が興味深いのは，「全ての芸術家は養蜂家である」「養蜂家の何人かは賢い」という前提から「芸術家の何人かは賢い」という結論が正しく思えるからである（論理的には誤りである）．ジョンソン-レアドら（Johnson-Laird & Steedman, 1978）は，このような思考の認知過程の説明を「メンタルモデル」で説明した．「全ての芸術家は養蜂家である」という前提は，このようなモデルを構成することで理解できる．

芸術家　芸術家　芸術家
↓　　　↓　　　↓
養蜂家　養蜂家　養蜂家（養蜂家）（養蜂家）

同様に「養蜂家の何人かは賢い」は，

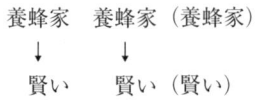

養蜂家　養蜂家（養蜂家）
↓　　　↓
賢い　　賢い（賢い）

というモデルで理解できる．論理的には，芸術家の中に賢くない者がいてもいいのだが，メンタルモデル上で「芸術家」から「賢い」まで肯定の経路がつながれば，「芸術家の何人かは賢い」と判断し，否定の経路だけがある

場合は「芸術家の誰も賢くない」という結論になる．「芸術家の何人かは賢い」という結論の正しさを評価するには，モデル内で反例を作れるかを検討すればよい．「(養蜂家)」と「賢い」を肯定の経路でつないでも，「養蜂家の何人かは賢い」を表現していることになる．よって「芸術家の誰も賢くない」は排除される．メンタルモデル論は，このように論理的に正しい推論も誤った推論も，モデルの構成とその使用によって説明できるのである．

2　仮説をテストする認知過程

くしゃみが出て，熱っぽければ「風邪か」と思い，薬を飲んで安静にする．我々は日常，様々な仮説に基づいて行動する．私たちが仮説を心に抱き，正しさを検討する過程にはどのような傾向があるのか．古くは，スメズランド (Smedslund, 1963) による看護婦の判断の研究がある．彼は，仮想的な臨床例について「症状がある」状態と「罹患している」診断の関係判断を得た．刺激は無相関に設定されていたが，「症状があって罹患している」例を示された看護婦は，症状と病気は関係があると判断したのである．ここでは，「症状があれば病気だ」という思いこみを仮説として，仮説に背く例から十分学ばない傾向が見られる．

エヴァンズ (Evans, 1989) によれば，このような確認 (confirmation) バイアスは「ひとが持つ信念，理論，仮説と一貫する情報を探索すると同時に，反証例の観察を避けようとする傾向」とされる．この傾向をバイアスと呼ぶ理由は，科学哲学における「反証可能性 (falsifiability)」の議論が背景にある．反証可能性とはポパー (Popper, 1959) が論じた，科学的命題が満たすべき基準である．データによって理論の反証を重ね，洗練するのが科学の発展であるという考えの中心的概念である．確認を重ねるテスト傾向は，反証の根拠を避けて理論の発展を妨げようとする．よってこの傾向はバイアスと呼ばれるのである．

心理実験では，被験者が自身の仮説を確証する例を確かめようとする強い傾向が観察される．ウィソン (Wason, 1960) は被験者に [2 4 6] のような数列を与え，この事例を生成する規則を，新たな事例から同定するよう求

第5章 推論と意思決定

規則：もし表に母音字があれば，裏には偶数が書いてある．

E　K　4　7

図5-1　ウェイソン(1966)の4枚カード問題

めた．ウェイソンの規則は，「上昇する数列」であり，被験者はテスト用の例を生成し，正誤のフィードバックを毎試行与えられた．大半の被験者は，規則の正解と思える例のテストを続けたので，「2ずつ増加する数列」のように，ウェイソン自身の規則よりも制限の多い規則を推察した被験者は79％にものぼったのである．

また，ウェイソン（Wason, 1966）は図5-1に示すような「4枚カード問題」を被験者に与えた．彼らの課題は，規則が守られているかチェックするため，最低めくるべきカードを決めることである．被験者の回答は「E」あるいは「Eと4」が大半で，「Eと7」という正解に達した者は少数であった．規則違反をチェックしたければめくってみるべきは奇数カードなのだが（偶数カードの裏に何が書かれていようと，ルール違反にはならない），ここでも「Eと7」という仮説に合致する例を検討する傾向が現れるのである．

さらにベティとバロン（Beattie & Baron, 1988）は，片面にアルファベット，反対に数字の書かれているカードで，ウェイソンと同様「片側がBならば，裏は2である」という規則が守られているかチェックを求めたところ，被験者がもっともよく選んだカードは「B2」であり，「B1」「B3」といった反証例はテストされなかったのである．

以上の仮説テスト実験が示した，規則に言及されている状態をテストする傾向をエヴァンズ（Evans, 1989）とクレイマンとハー（Klayman & Ha, 1987）は，別々の立場から説明した．エヴァンズ（Evans, 1989）は，マッチング仮説を提唱した．マッチング仮説は，被験者の注意が，規則で言及されている状態に選択的に注意が向かうという説明である．この過程は注意に先立つ，自動的な処理に近い．一方クレイマンとハーは，仮説テストは「肯定的テスト方略（positive test strategy）」を実行している過程であると論じた．彼らは，仮説の反証は「肯定例と思われた例が反証例だった」「反証例と思われた

例が反証例だった」という2通りで可能なことに注目した．クレイマン等は仮説テスト者を取り巻く環境の構造を分析し，現実的な仮説検証場面では，前者の方法で反証を得る見込みの方が高いことを論証したのである．

　チェンとホリオーク（Cheng & Holyoak, 1985）は，このような推論を行う時に使用されるのは抽象的な論理規則でなく，日常場面の問題処理に役立つ実用的推論スキーマ（pragmatic reasoning schemas）であると論じた．社会生活で役に立つものとして，たとえば「Xの条件が揃っていれば，Yを行ってよい」という許可の例がある．彼らは4枚カード問題の論理構造を共有する変形版として，「手紙に封がしてあれば，20セント切手を貼っていなければならない」という規則を「20セント切手」「10セント切手」「封をした手紙」「封をしてない手紙」から確認させた．これと類似の規則を経験している香港の被験者の9割近くは，「封をした手紙と10セント切手」という正解を答えた．しかしこの規則に馴染みのない米国人の被験者では，6割程度しか正解に達さなかったのである．また，「空港の書類に入国と書いてあれば，裏の病名リストにコレラが書いていないといけない」という架空の問題では，香港人も米国人も正答率は6割程度に留まった．この結果から，許可スキーマを使って推論ができる条件として，ルールを経験することの必要性が示されたのである．また，コズミディズ（Cosmides, 1989）は，ある種の推論能力が経験に先立って生得的に備わっていると考えた．文化に関わらず，社会的交換の基本には「利益を得るなら代価を払わなければならない」という規範がある．人間が備えるのは，決まりの中で代価を払わずに利益を得ようとする者を見つける能力であるので，現実性を伴うルールの確認課題は正答しやすく，抽象的な論理規則の確認には正答しづらいと考えるのである．

3　確率の判断とヒューリスティック

3.1　連言誤謬

　次の記述から，人物の印象を想像されたい．「リンダは31歳独身で，聡明で率直に物を言う．大学では哲学を専攻し，差別と人権問題を研究した．彼女は反核デモに参加したことがある．」リンダは，銀行員である確率と，フ

ェミニスト運動に熱心な銀行員である確率のどちらが高いか．多くの人は後者を選ぶ．この判断傾向は連言誤謬（conjunction fallacy）と呼ばれる（Tversky & Kahneman, 1983）．フェミニスト運動に熱心な銀行員である確率を高く評価することが，なぜ誤謬なのか．世間にはフェミニスト銀行員よりも銀行員の総数の方が多いはずである．だから，ある人物がフェミニスト銀行員である確率は，銀行員である確率を上回ることはできないのである．

我々は，出来事が起こるもっともらしさを判断する時，正解を導くアルゴリズムより近似解をもたらすヒューリスティックを使うことがある．1ドル＝106.3円の日に95ドルの買い物をしたら，何円の支払いになるか．アリゴリズムで解くなら，106.3×95のかけ算で正解にたどり着く．計算の手間を省き，ヒューリスティックで近似解を出そうとすれば，「100より少し大きい数字と少し小さい数字だから，大体100×100で1万だろう」と即座に見当がつく．大抵，こうして得られた近似解は，正解（10098.5円）と大きくは違わない．このような半適方略で満足化を行い，認知コストを省けるのだが，ヒューリスティックによる判断には系統的な歪みが生じる．ここでは確率判断ヒューリスティックの，よく知られたものを紹介する．

3.2 典型との類似性ヒューリスティック

連言誤謬は，典型との類似性（representativeness）のヒューリスティック（Tversky & Kahneman, 1982）によって生じると考えられる．リンダの印象は，フェミニストの典型像を思わせる属性を多く含む．類似性の研究から，共通属性を多く含む対象同士の類似度が高く判断されることが分かっている（Tversky, 1977）．典型との類似度判断を確率判断に置き換えるため，銀行員よりフェミニストに似ているリンダを，フェミニスト銀行員の確率が高いと判断することが誤謬につながるのである．

典型との類似性から，ランダム性の誤解も理解できる．カーネマンとトゥヴァスキー（Kahneman & Tversky, 1972）の被験者は，子供が6人いて長子から末子までの順番が，「男男男女女女」である家庭と，「女男男女男女」では後者を観察する頻度を高く判断した．一人一人の性別はランダムに独立に決まるので確率は同じなのだが，ひとがランダム性に期待する無秩序さをよく

反映する後者はランダム性のよりよい典型であるため，起こり易いと判断されるのである．

さらに，典型との類似性ヒューリスティックに頼ることで，サンプル数や基準率（ある出来事が母集団に占める割合）といった重要な情報への注意度が

表5-2 実験刺激

木村拓哉	長瀬智也	福山雅治
豊川悦司	三橋美枝	矢吹由佳
加藤公江	桜井美和子	会田奈々美
盛長尚美	反町隆史	筒井道隆
石井清美	深見あずさ	所ジョージ
本木雅弘	福原博美	
宮内こずえ	香取慎吾	

鈍くなることが知られている．「新生児の6割以上が男の子である日を記録すると，大規模な病院と小さい病院で，記録に残る日はどちらが多いか」を判断すると，「どちらも同じ」という判断が多い．しかし毎日のサンプル数が多い大病院の方が，極端な例を観察する機会は当然少なくなるはずである．また，「柔和できちんとして，誰にも親切だが他者や世間への関心が低く，シャイで引きこもりがち」な人物について「農夫，セールスマン，図書館員，パイロット，外科医」等のリストからメンバーである確率の高い職業を選ぶと，職業の基準率（世間に各々の職業が占める割合）とは無関係に，人物描写と類似度の高いステレオタイプを持つ職業が選ばれる．この例では，基準率を無視して図書館員が選ばれやすいのである（Tversky & Kahneman, 1974）．

3.3 利用可能性のヒューリスティック

知人の協力を得て，次の課題を試されたい．表5-2の人名リストを約1分提示し，できるだけ多く暗記するように告げる．時間が過ぎたらリストは隠し，その後数分の間を置いてから「女性名と男性名のどちらが多かったか」を判断してもらうのである．恐らく，男性と答えるであろう（筆者の経験では7～8割の人が男性と答える）．実際の刺激の頻度は，10対9で女性の方が多いのである．

これはトゥヴァスキーとカーネマン（Tversky & Kahneman, 1973）の課題を日本版に修正した物である．男性名は雑誌の人気投票の上位から得て，女性名はある名簿からランダムに選んだ名前から，姓と名の組合せを変えた架空の名前である．「どちらが多いか」と想起する際，男性名の方が有名度が高く再生も容易であることから，頻度が高く判断される．このように再生や

例を想起しやすい出来事を高く判断するヒューリスティックを利用可能性 (availability) と呼ぶ.

利用可能性のヒューリスティックは, 日常の様々な出来事の曲解を説明できる. リスクの認知では,「航空機事故は, 自動車事故よりも頻繁に起こる」という有名な誤解がある (Slovic, 1987). 事故統計では, 航空機事故の生起数の方がはるかに少ないのだが, ニュース報道などで事故を知らされる回数は, 航空機の方が多い. 私たちのリスク判断は, 実際の生起頻度よりもマスメディアの報道量との相関が高いのである. また, ブラウンとシーグラーの米国人被験者はエルサルバドルの人口 (500万人) を1200万人, インドネシアの人口 (1億8000万人) を1950万人と推定した. このデータが収集された頃, 米国の介入政策の報道から, エルサルバドルはしばしばニュース報道に現れた. 被験者のエルサルバドルへの親近感は増加し, 人口は過大に見積もられた一方, 知識量の少ないインドネシアについては逆に過小に見積もったのである (Brown & Siegler, 1992).

3.4 その他のヒューリスティック

その他にも, 現在様々なヒューリスティックが報告されている. 将来起こり得るシナリオの起承転結のもっともらしさから, その出来事の起こる可能性を判断することをシミュレーション・ヒューリスティックと呼ぶ (Kahneman & Tversky, 1982). この過程によっても連言誤謬は生じる. タイゲンら (Teigen, Martinussen, & Lund, 1996) は, 1994年のサッカーワールドカップに先立ち, ノルウエーチームの戦績の予測で連言誤謬を観察した. 試合前の下馬評と整合する内容の「ノルウェーはメキシコとアイルランドに勝つ」というシナリオは,「ノルウェーはメキシコに勝つ」というシナリオより, 半数近くの人から高い確率に評価されたのである.

ペルハムら (Pelham, Sumarta, & Myaskovsky, 1995) は「多数性ヒューリスティック (numerosity heuristic)」を提唱し, 判断課題に知覚されるユニット数の多い事象を高確率に判断する事を示した. 彼らの地雷原課題では, 20%の確率で爆発する地雷5個を含む道と爆発率10%の地雷10個の道の選択で, 被験者は生存率の低い前者を選んだ.

「成田・新東京国際空港の年間発着数は何回か」のように数値を推定する際,最初に「100万回より多いか」と「1万回より多いか」のどちらの質問に答えるかによって,推定が食い違う.正解は22万回だが,前者の100万回と比較した方が,判断の数値が高くなることが知られている.これを係留と調整(anchoring and adjustment)のヒューリスティック(または投錨と調整)と呼ぶ(Tversky & Kahneman, 1974).目安に過ぎないはずの数値と比較した後に推定すると,その数値を判断の錨のように使い,そこからの調整が不十分に行われるため,こうした歪みが生じるのである.

近年,確率判断の研究には「自然頻度(natural frequency)」の役割を強調する立場が現れている.ギガレンツァとホフラーゲ(Gigerenzer & Hoffrage, 1995)は,連言誤謬の研究のように単一事象についての確率判断を求めるのではなく,自然頻度について判断を得ればヒューリスティックによるバイアスは消滅すると主張した.コズミディスとトゥービー(Cosmides & Tooby, 1996)も,同様に頻度について考えることで,判断結果が統計的正解に大幅に近づくことを示した.しかし,頻度判断がバイアスを除去する万能薬であるという彼らの主張には反例,反論もあり(Griffin & Buehler, 1999; Yamagishi, 1997),今後の研究の焦点となりそうである.

4 意思決定の認知モデル

4.1 期待効用

意思決定の認知を論じる際,示唆的な次の記録はエドワーズ(Edwards, 1992)による.彼は1989年の学会で,参加者から2つの意見の反応を得た.「期待効用を最大化することは,意思決定の規範として適切か.」「実証的証拠に照らし合わせ,期待効用の最大化は,人間行動の記述として不適切か.」学会参加者全員は,両方の意見に賛同したのである.

期待効用とはフォン・ノイマンとモルゲンシュテルン(von Neumann & Morgenstern, 1944)が定式化した,合理的な意思決定の基準である.効用(utility)は様々に定義されるが,ここではドウズ(Dawes, 1988)の「個人的な価値(personal value)」という定義を採用する.意思決定論では,選択肢

の抽象的・客観的な表現として確率と利得の組合せであるギャンブルを使う．金額値Xの効用をu(X) と表現するとき，確率pで利得Xを得るギャンブルの期待値はp × Xだが，期待効用はp × u(X) となる．「期待効用理論」では期待効用が最大である選択肢を選ぶ決定が合理的である．合理的とは，「どちらが好ましいか（選好）」の順位に矛盾がないことである．エドワーズのエピソードは，意思決定論における規範（合理的にはどう決定する「べき」か）と記述（現実にはどう決定しているのか）の対比を明らかにしている．私たちの決定はしばしば合理的ではなく，決定の認知過程は合理性との対比によって明らかに出来るのである．ここでは，そうした非合理性を説明できる認知モデルを論じる．

4.2 選好が逆転することの発見

　合理的な決定は手続き不変性（procedure invariance）に従う．手続き不変性とは，決定方法の違いに関係なく選好順位が定まることである．2つの物体のどちらが重いかは，各々を量りに乗せて目盛の数字を読みとり，数値を比較することで決められ，また天秤の両端に物体を乗せ，傾いた側を重いと見なしても同様の結果が得られる．同様に，選択と価格査定によって選好順位を決定することができる．選択では，天秤棒を使うのと同様，複数の選択肢を同時に比較する．価格査定とは，個々の選択肢に適正な価格を与えることであり，個別の数値の付与という点で量りによる計量に対応する．あるギャンブルを所有すると仮定して，そのギャンブルを他者に売り渡す最小の値段（確実性等価物，certainty equivalent）を査定することが価格査定である．

　人間の決定が手続き不変性に従わない条件は，スロヴィックとリクテンシュタイン（Slovic & Lichtenstein, 1968）が明らかにした．まず彼らは，価格査定と選択で，意思決定者が重要視するギャンブルの属性が異なることを示した．ギャンブルの利得と確率を独立変数にした回帰分析から，価格査定において利得の予測力が上がったのである．この結果から，期待値のほぼ等しい2つのギャンブルについて次が予測できる．利得が高く確率の低いギャンブルは，価格査定で高く評価され，他方の確率が高く利得の低いギャンブルは，選択で好まれるであろう．リンドマン（Lindman, 1971）や，リクテンシュタ

インら（Lichtenstein & Slovic, 1971）はこの予測を検証した．選好の逆転（preference reversals）とは，狭義にはこの選択と確実性等価物の間の選好順位の不一致を指す．カジノへ出向き，現実のギャンブラーの協力を得た実験でも結果は同様であり（Lichtenstein & Slovic, 1973），選好逆転は実験室内の人工現象ではないと確認された．

今日，手続き不変性からの逸脱は，狭義の選好逆転以外に様々に知られている．そのような経済活動の矛盾を理解するため，心理学や経済学，最適化問題等の研究者の共同関心として，実験経済学（experimental economics）という新たな分野が生まれ，経済活動の記述的研究が様々に行われている（Kagel & Roth, 1995）．

4.3 選好逆転の認知科学的説明

選好逆転のモデルを提供し，実証的に説明したのはトゥヴァスキーら（Tversky, Sattath & Slovic, 1988）である．彼らの随伴荷重理論（Tversky et al., 1988）がモデル化する心理過程は，多属性刺激の特定の属性への注目度が，認知課題によって変化するというものである．そうした重み付けの方向を定める原理は，両立性原理（compatibility principle）として知られる（Slovic, Griffin, & Tversky, 1990）．すなわち，認知課題が生み出す結果と両立性の高い属性は，高く重みづけられる．ギャンブルは利得と確率から成り立つので，金額を評価する課題では利得の両立性が高い．つまり価格査定の際に確率の低いギャンブルの利得を過大評価することが，選好の逆転を生み出すことが分かったのである（Tversky, Slovic, & Kahneman, 1990）．

ここで注意したい点は，注目度が上昇するという説明の有効性である．古くは類似性研究（Tversky, 1977）で，2つの対象間の類似性の非対称性，例えば，「北朝鮮が旧東独に似ていた度合い」と「旧東独が北朝鮮に似ていた度合い」の強度が異なって判断される現象が知られている．このような非対称性は，対象各々の属性（対象について判断者が知っている事実）への重み付けが，課題の間で異なる過程によって説明されてきた．このように，推論の認知過程から意思決定現象の説明が可能であると示したことは，認知心理学が選択の理解に果たした貢献と言えるであろう．

第5章 推論と意思決定

$$az \geq_i by \quad iff \quad \geq U_i[F_i(a), G_i(z)] \quad \geq U_i[F_i(b), G_i(y)] \quad (式5-1)$$
$$F_c(b) \geq_c F_c(a) \text{ iff } F_p(b) \geq_p F_p(a) \ \& \ G_c(z) \geq_p G_c(y) \text{ iff } G_p(z) \geq_p G_p(y) \quad (式5-2)$$

$$az \geq_i by$$
$$iff \ F_i(a) + G_i(z) \geq F_i(b) + G_i(y) \quad (式5-4) \quad \frac{F'_c(a)/G'_c(z)}{F'_p(a)/G'_p(z)} = q \quad (式5-3)$$

$$az \geq_i by \quad iff \quad \alpha_i F(a) + \beta_i G(z) \geq \alpha_i F(b) + \beta_i G(y)$$
$$iff \quad F(a) + \theta_i G(z) \geq F(b) + \theta_i G(y) \quad (式5-5)$$

$$az \geq_i by \quad iff \quad \alpha_i a + \beta_i z \geq \alpha_i b + \beta_i y \quad iff \quad a + \theta_i z \geq b + \theta_i y \quad (式5-6)$$

$\geq_i (i=c,p)$ は, 選択(choice)と価格査定(Pricing)が示す選好関係である. $\geq_i (i=c,p)$ は弱順序に従う. 次の条件が満たされるとき

$$az \geq_i bz \quad iff \quad ay \geq_i by \ \& \ az \geq_i ay \quad iff \quad bz \geq_i by$$

A, Z, 実数の直積集合に, 次の関数 F_i, G_i, U_i (FとGの単調増加関数)が実在する.

$$az \geq_i by \quad iff \quad U_i[F_i(a), G_i(z)] \geq U_i[F_i(b), G_i(y)] \quad (式5-1)$$

各々の属性が順位保存的であると, 次が導かれる.

$$F_c(b) \geq_c F_c(a) \text{ iff } F_p(b) \geq_p F_p(a) \ \& \ G_c(z) \geq_c G_c(y) \quad iff \quad G_p(z) \geq_p G_p(y) \quad (式5-2)$$

選好反転現象を説明するため, 比率モデルを次のように定義する(qは定数である).

$$\frac{F'_c(a)/G'_c(z)}{F'_p(a)/G'_p(z)} = q \quad (式5-3)$$

一般に, 多属性の選択肢への選好は加法表現でモデル化できる. 即ち

$$az \geq_i by \quad iff \quad F_i(a) + G_i(z) \geq F_i(b) + G_i(y) \quad (式5-4)$$

式10, 式11式が成立するとき, 次の随伴荷重モデルが得られる. FとGは線形関係にあり, AとZに各々定義されるFとG, および定数 α_i, β_i, $\theta_i = \beta_i / \alpha_i$ が実在する.
$$az \geq_i by \quad iff \ \alpha_i F(a) + \beta_i G(z) \geq \alpha_i F(b) + \beta_i G(y) \text{ iff } F(a) + \theta_i G(z) \geq F(b) + \theta_i G(y) \quad (式5-5)$$

AとZが共に実数の集合である時, 次が得られる.
$$az \geq_i by \quad iff \quad \alpha_i a + \beta_i z \geq \alpha_i b + \beta_i y \quad iff \quad a + \theta_i z \geq b + \theta_i y \quad (式5-6)$$

図5-2 随伴荷重のモデルの階層関係
(図中の→は, モデル化の各段階で制約が加わる事を示す.)

4.4 選好逆転のモデルとその後の展開

随伴荷重モデル (Tversky et al., 1988) では, 確率の集合を A ={a, b, c, …}, 利得の集合を Z ={z, y, x, …} とする. 選択肢は az, by, … と表記する. $\geq_i (i = c, p)$ は, 選択 (choice) と価格査定 (pricing) が示す選好関係である. ある数学的な仮定 (図5-2を参照) を置くと, 随伴荷重モデルは次で表現できる (iff とは, if and only if の意).

$az \succeq_i by$ iff $\alpha_i a + \beta_i z \geq \alpha_i b + \beta_i y$ iff $a + \theta_i z \geq b + \theta_i y$　　　（式5-6）

選好逆転が起こるとは，次が同時に成立することである．

$az \geq_c by$　$by \geq_p az$

前者より，$a + \theta c z > b + \theta c y$ だから，$\theta c (y-z) < (a-b)$ であり，後者より $(a-b) < \theta p (y-z)$ である．よって，$\theta c (y-z) < (a-b) < \theta p (y-z)$ より，$\theta c < \theta p$ という重み付けに随伴して，選好逆転が生じる．トゥヴァスキーらは，ギャンブルの確実性等価物と，（選好の代わりに）魅力度評定（rating）を得た．魅力度評定における θc の対応物 θr と θp を回帰分析の係数として推定し，$\theta r < \theta p$ を示した．

選好逆転の研究の流れは，数理モデルのパラメータ変化として認知過程の変化を表現し，統計技法によりパラメータ変化を検出するモデル論に発展した．たとえば山岸とミヤモト（Yamagishi & Miyamoto, 1996）は，同様の分析で選好の強度判断を説明している．一方，両立性原理による上記以外の意思決定の矛盾の説明も行われている．シェフィア（Shafir, 1993）は表5-3のような選択場面では，a海岸のように両極端な選択肢は好まれ，かつ避けられると考察した．両立性原理より，「どちらかを選ぶ」選択では，好ましさを決めるという認知課題と両立的な属性が注目され，「どちらかを断る」場合は，嫌悪度と両立的な属性が注目される．シェフィアの予測通り，中庸な選択肢bと比べ，好むべき理由，避けるべき理由を多く備える選択肢aは，選ぶ課題では好まれ，断る課題では避けられたのである（こうした論理的矛盾が現実に生ずる例については，コラムを参照されたい）．

表5-3　選択と放棄が矛盾する選択課題（Shafir, 1993 を一部改変）

	a海岸	b海岸
ホテル設備	最新ゴージャス設備	標準設備
ビーチ	絶景	まあまあ
ショッピング	一流品を免税で	日本と同じ品物と値段
フライト時間	29時間（乗り継ぎ2回）	4時間
ナイトライフ	なし	ありがち
料理	おいしくない	平均的

選択課題：「懸賞に応募して，バケーション旅行が当たりました．2つの行き先から，どちらかを選べます．」
放棄課題：「懸賞に応募して，バケーション旅行が2つ当たりました．どちらかを断らないといけません．」

5 記述不変性からの逸脱とプロスペクト理論

5.1 記述不変性とフレーミング効果

次の選択を検討していただきたい．ある伝染病の流行のため，600名の命が危険にさらされている．次の結果をもたらす2つの対策cとdの，どちらを選ぶか．

(c) 400人が死ぬ．

(d) 確率1/3で0人死んで，確率2/3で600人死ぬ．

大半の人はdを選ぶことが知られている．一方，同じ場面で次から選ぶと，どうなるであろう．

(e) 200人助かる．

(f) 確率1/3で600人助かって，確率2/3で誰も助からない．

この場合，大半の人はeを選ぶ（Kahneman & Tversky, 1983）．しかし，600名が危険にさらされているのだから，cとeは別の言葉で書かれた同じ帰結であり，dとfも同様である．決定は課題の記述方法に影響されないとする記述不変性（description invariance）は合理的決定の条件であり，dとeを好むという傾向は，記述不変性から逸脱する不合理である．このように，決定課題を「利益（gain）の領域」と「損失（loss）の領域」の選択であるように記述することで生じる不合理を，フレーミング効果と呼ぶ．

何故フレーミング効果は生じるのか．カーネマンとトゥヴァスキーは，「プロスペクト理論」でフレーミング効果を説明した．プロスペクト理論に従う意思決定者は，期待値とよく似た計算で選択肢を評価する．ただし，利得には主観的価値$V(X)$，確率は確率荷重（心理的評価）$\pi(p)$によって評価する．両者を図5-3に示す（$\pi(p)$は，ゴンザレスとウーの分析［Gonzalez & Wu, 1999］による）．価値関数$V(X)$は，意思決定者の参照点（reference point）と照らし合わせて，利益の領域で上に凸，損失の領域で下に凸の形となる．上に凸の関数は，確率1/2で10万円儲かるより確実な5万円の儲けを好む，といったリスク忌避傾向を表し，下に凸の関数は確実に5万円損をするより確率1/2で10万円損する見込みを好むリスク志向傾向を表す．参照

点は決定場面での現状であり，現状が変化すれば参照点も変わる．上記の課題では，「600名が危険である」という状態が参照点となり，参照点との比較でeｆなら救命の選択（リスク忌避でeを選ぶ），ｃｄなら犠牲者数の選択（リスク志向でdを選ぶ）という風に課題を解釈するのである．

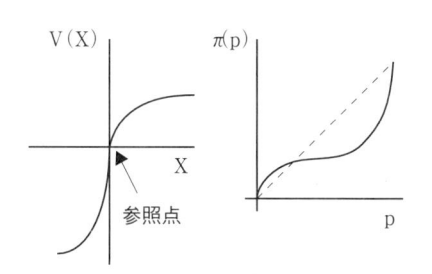

図5-3 プロスペクト理論の価値関数V(X)(左)と確率荷重π(p)(右)

5.2 プロスペクト理論が説明できる選択の矛盾

プロスペクト理論が説明できる選択の矛盾は，フレーミング効果だけではない．次に示すアレの選択課題（Allais, 1953）も有名である．

(g) 確実に100万円もらう

(h) 確率0.1で250万円もらい，確率0.89で100万円もらい，確率0.01で何ももらわない．

この仮想的な選択場面で，一般にはgが好まれる．その根拠として，hを選んだ末，運が悪ければ何も得られないという選択より，確実に100万円を手元に置きたい，という理由があげられる．

次いで，kとlではどうか．

(k) 確率0.11で100万円もらい，確率0.89で何ももらわない．

(l) 確率0.1で250万円もらい，確率0.9で何ももらわない．

一般に，kとlではlが好まれる．100万円と250万円の差を補うには，0.11と0.1の確率の違いは僅かに過ぎる，という理由からである．gとlの選好が合理性の規範から逸脱することを，アレの逆説と呼ぶ．期待効用理論より，gへの選好は，次を意味する．

$$1.00\, u(100) > 0.1\, u(250) + 0.89\, u(100)$$
$$0.11\, u(100) > 0.1\, u(250) \qquad (式5\text{-}7)$$

式5-7は，kとlでkを好むことを意味する．合理的な決定を行えば，g

を選べばkを選ぶべき（またはhと1）なのである．

一方，プロスペクト理論ではgと1の選好を，各々次のように表す．

$\pi(0.1) \times V(250) > \pi(0.11) \times V(100)$

$V(100) > \pi(0.1) \times V(250) + \pi(0.89) \times V(100)$

これらのことから，

∴ $1.00 > \pi(0.11) + \pi(0.89)$

が導かれる．図5-2にある$\pi(p)$の性質は，この関係を満足させる．よって，アレの逆説はプロスペクト理論とは矛盾しないのである．

プロスペクト理論は，様々な現実の経済現象を説明できる有力な理論として知られている．たとえば保険など，ある選択肢を途中で変更できる場合にもそうする者が少ない「現状維持 (status quo) バイアス」の説明にも有効である (Kahneman, Knetch, & Thaler, 1991; Samuelson & Zeckhauser, 1988)．

6 新たな展開

人間の記憶能力，知覚能力，また熟達者の驚異的な能力に比べ，これまで見てきた推論と意思決定の知見は人間がいかに限られた能力に頼り，情報を誤用し，論理的な矛盾を生み出すかという結果に満ちている．特にヒューリスティックの研究者 (Kahneman, Slovic, & Tversky, 1982) は，大抵の日常の判断場面では，ヒューリスティックを使ってうまく処理できるとしながらも，研究の焦点はうまく行かない場面に置かれてきた．

このような研究の流れに対し，ギガレンツァら (Gigerenzer, Todd, & The ABC Research Group, 1999) の近年の活動は新たな方向を示すものと言えよう．彼らの分析では，多くの決定場面では単純な決定方略で満足な解に達することができる．クレイマンとハー (Klayman & Ha, 1987) の「肯定的テスト方略」のように，ギガレンツァらも徹底して論理的とは呼べない半適な思考法で，十分な「満足化」が得られることを示しているのである．

エラー研究に懐疑的な研究者は，「引っかかりやすさ」の記述からは人間の能力の豊かさの理解が得られないと批判する (Cohen, 1981)．しかし，エラーの研究からは，人間の愚かさしか分からないと評価することは誤解であ

る．我々の思考をよりよいものにしたければ，ヒューリスティックやその他の推論方略の限界を知る必要があろう．こうした理解から思考の向上に貢献することは，推論や判断研究の原動力になってきたのである（Griffin & Buehler, 1999）．

【引用文献】

Allais, M. 1953 Le comportement de l'homme rationnel devant le risque: Critique des postulats et axiomes de l'ecole americaine. *Econometrica*, 21, 503-546.

Beattie, J., & Baron, J. 1988 Confirmation and matching bias in hypothesis testing. *Quarterly Journal of Experimental Psychology*, 40A, 269-297.

Bell, P. B., & Staines, P. J. 1981 *Reasoning and argument in psychology*. London: Routledge and Kegan Paul.

Brown, N. R., & Siegler, R. S. 1992 The role of availability in the estimation of national populations. *Memory & Cognition*, 20, 406-412.

Cheng, P. W., & Holyoak, K. J. 1985 Pragmatic reasoning schemas. *Cognitive Psychology*, 17, 717-721.

Cohen, L. J. 1981 Can human irrationality be experimentally demonstrated? *Behavioral and Brain Sciences*, 4, 317-370.

Cosmides, L. 1989 The logic of social exchange: Has natural selection shaped how humans reason? Studies with the Wason selection task. *Cognition*, 31, 187-276.

Cosmides, L., & Tooby, J. 1996 Are humans good intuitive statisticians after all? Rethinking some conclusions from the literature on judgment under uncertainty. *Cognition*, 58, 1-73.

Dawes, R. M. 1988 *Rational choice in an uncertain world*. Orland, FL: Harcourt Brace Jovanovich, Inc.

Edwards, W.(Ed.). 1992 *Utility theories: Measurement and applications*. Norwell, MA: Kluwer Academic Publishers.

Evans, J. S. B. T. 1989 Confirmation Bias. In J. S. B. T. Evans(Ed.), *Biases in human reasoning: Cases and consequences*, East Sussex, UK: Erlbaum. Pp 41-64.

Gigerenzer, G., & Hoffrage, U. 1995 How to improve Bayesian reasoning without instruction: Frequency formats. *Psychological Review*, 102, 684-704.

Gigerenzer, G., Todd, P., & The ABC Research Group 1999 *Simple heuristics that make us smart*. Oxford, UK: Oxford University Press.

Gonzalez, R., & Wu, G. 1999 On the shape of the probability weighting function. *Cognitive Psychology*, 38, 129-166.

Griffin, D., & Buehler, R. 1999 Frequency, probability, and prediction: Easy solutions to cognitive illusions? *Cognitive Psychology*, 38, 48-78.

Johnson-Laird, P. N., & Shafir, E. 1993 The interaction between reasoning and decision making: An introduction. In P. N. Johnson-Laird & E. Shafir (Eds.), *Reasoning and decision making*. Oxford: Blackwell. Pp. 1-9.

Johnson-Laird, P. N., & Steedman, M. 1978 The psychology of syllogisms. *Cognitive Psychology*, 10, 64-99.

Kagel, J. H., & Roth, A. E. (Eds.) 1995 *Handbook of experimental economics*. Princeton, NJ: Princeton University Press.

Kahneman, D., Knetch, J. L., & Thaler, R. H. 1991 The endowment effect, loss aversion, and status quo bias. *Journal of Economic Perspectives*, 5, 193-206.

Kahneman, D., Slovic, P., & Tversky, A. (Eds.) 1982 *Judgment under uncertainty: Heuristics and biases*. Cambridge: Cambridge University Press.

Kahneman, D., & Tversky, A. 1972 Subjective probability: A judgment of representativeness. *Cognitive Psychology*, 3, 430-454.

Kahneman, D., & Tversky, A. 1982 The simulation heuristic. In D. Kahneman, P. Slovic, & A. Tversky (Eds.), *Judgment under uncertainty: Heuristics and biases*. Cambridge: Cambridge University Press. Pp. 201-208.

Kahneman, D., & Tversky, A. 1983 Choices, values, and frames. *American Psychologist*, 39, 341-350.

Klayman, J., & Ha, Y.W. 1987 Confirmation, disconfirmation, and information in hypothesis testing. *Psychological Review*, 94, 211-228.

Lichtenstein, S., & Slovic, P. 1971 Reversals of preference between bids and choices in gambling decision. *Journal of Experimental Psychology*, 89, 46-55.

Lichtenstein, S., & Slovic, P. 1973 Response-induced reversals of preference in gambling: An extended replication in Las Vegas. *Journal of Experimental Psychology*, 101, 16-20.

Lindman, H. R. 1971 Inconsistent preferences among gambles. *Journal of Experimental Psychology*, 89, 390-397.

Pelham, B. W., Sumarta, T. T., & Myaskovsky, L. 1995 The easy path from many to much: The numerosity heuristic. *Cognitive Psychology*, 26, 103-133.

Popper, K. 1959 *The logic of scientific discovery*. New York: Basic Books.

Samuelson, W., & Zeckhauser, R. 1988 Status quo bias in decision making. *Journal of*

Risk and Uncertainty, 1, 7-59.

Shafir, E. 1993 Choosing versus rejecting: Why some options are both better and worse than others. *Memory & Cognition*, 21, 546-556.

Simon, H. A. 1979 Rational decision making in business organizations. *American Economic Review*, 69, 493-513.

Slovic, P. 1987 Perception of risk. *Science*, 236, 280-285.

Slovic, P., Griffin, D., & Tversky, A. 1990 Compatibility effects in judgment and choice. In R. M. Hogarth (Ed.), *Insights in decision making: A tribute to Hillel Einhorn*. Chicago: University of Chicago Press. Pp. 5-27.

Slovic, P., & Lichtenstein, S. 1968 Relative importance of probabilities and payoffs in risk taking. *Journal of Experimental Psychology Monograph*, 78, Pt. 2, 1-18.

Smedslund, J. 1963 The concept of correlation in adults. *Scandinavian Journal of Psychology*, 4, 165-173.

Taplin, J. E. 1971 Reasoning with conditional sentences. *Journal of Verbal Learning and Verbal Behavior*, 10, 219-225.

Teigen, K., Martinussen, M., & Lund, T. 1996 Linda vs World Cup: Conjunctive probabilities in three-event fictional and real-life predictions. *Journal of Behavioral Decision Making*, 9, 77-93.

Tversky, A. 1977 Features of similarity. *Psychological Review*, 84, 327-352.

Tversky, A., & Kahneman, D. 1973 Availability: A heuristic for judging frequency and probability. *Cognitive Psychology*, 5, 207-232.

Tversky, A., & Kahneman, D. 1974 Judgment under uncertainty: Heuristics and biases. *Science*, 185, 453-458.

Tversky, A., & Kahneman, D. 1982 Judgments of and by representativeness. In D. Kahneman, P. Slovic, & A. Tversky (Eds.), *Judgment under uncertainty: Heuristics and biases*, New York: Cambridge University Press. Pp. 84-98.

Tversky, A., & Kahneman, D. 1983 Extensional versus intuitive reasoning: The conjunction fallacy in probability judgment. *Psychological Review*, 90, 293-315.

Tversky, A., Sattath, S., & Slovic, P. 1988 Contingent weighting in judgment and choice. *Psychological Review*, 95, 371-384.

Tversky, A., Slovic, P., & Kahneman, D. 1990 The causes of preference reversal. *American Economic Review*, 80, 204-217.

von Neumann, J., & Morgenstern, O. 1944 *Theory of games and economic behavior.* New York: Wiley. 銀林 浩・橋本和美・宮本敏雄（監訳） 1972 ゲームの理論と経済行動 東京図書

Wason, P. C. 1960 On the failure to eliminate hypotheses in a conceptual task. *Quarterly Journal of Experimental Psychology*, 19, 231-241.
Wason, P. C. 1966 Reasoning. In B. M. Foss (Ed.), *New horizons in psychology*, Middlesex: Penguin. Pp. 135-151.
Yamagishi, K. 1997 Upward versus downward anchoring in frequency judgments of social facts. *Japanese Psychological Research*, 39, 124-129.
Yamagishi, K., & Miyamoto, J. M. 1996 Asymmetries in strength of preference: A focus shift model of valence effects in difference judgment. *Journal of Experimental Psychology: Learning, Memory, and Cognition*, 22, 493-509.

【読書案内】

印南一路 1997 すぐれた意思決定 中央公論社
　推論と意思決定について，平易な日本語で読める．初学者にはまずこの一冊を薦める．
小橋康章 1988 決定を支援する（認知科学選書18） 東京大学出版会
　認知科学的な意思決定分析の知見を，特に「良い決定」の支援に重点を置いて紹介している．上記「すぐれた意思決定」に続けて読むのに適している．
Baron, J. 2000 *Thinking and Deciding*. (3rd ed.), Cambridge: Cambridge University Press.
　推論の心理学と意思決定の認知過程の研究を，バランスよく取り上げ広範囲に渡って紹介している．卒論・修論の準備にあたり，最初に紐解くのによい．
Connoly, T., Arkes, H. R., & Hammond, K. (Eds.) 2000 *Judgment and decision making* (2nd ed.), Cambridge: Cambrdge University Press.
　意思決定の様々な分野から，最近の秀逸な論文を網羅している．

《コラム5》
日常場面での選択と放棄の矛盾

次の5人の中で，あなたなら誰を上司に持ちたいであろうか．
　　野村克也，王　貞治，高橋克典，高倉　健，所ジョージ．
次の5人ではどうであろう．
　　野村克也，長島茂雄，小渕恵三，明石家さんま，みのもんた．

　最初の5名は扶桑社刊「SPA!」誌2000年1月19日号掲載の，読者投票による「上司にしたい男ベスト5」を1～5位の順に載せている．次の5人は同誌の「上司にしたくない男」上位5名である．最多得票者が，上司にしたい男，したくない男で等しく野村克也であることに注目されたい．合理的に考えれば，「上司に持ちたい」という選好順位を逆転すればそのまま「上司に持ちたくない」順位になるべきなのだが，野村克也の例は明確にこのような合理性から逸脱している．シェフィアの分析と同様，好ましい・好ましからぬ属性を共々豊富に備え持つ両極端な選択肢として，野村監督はどちらのランキングでも堂々1位になったのであろう．
　さらに同誌の「結婚したい相手の業種」ランキングでは，銀行がベスト3位，ワースト8位に挙がっている．「固い業界」の筆頭とみなされながらも，金融再編に揺れる職種という2000年の情勢が，銀行業界を好まれ，かつ嫌われる両極端な選択肢にしたと思われる．

第6章　学習と認知発達

　子どもがことばを話せるようになる．パソコンをたちあげて，メールを送れるようになる．フルーツケーキを焼けるようになる．これらの過程には，すべて「学習」が含まれている．認知科学において，学習は，「記憶」，「問題解決」，「類推」，あるいは「感情」，「相互作用」のような分野に至るまで，すなわち，認知科学で扱われている様々な側面に関連して検討されている．したがって，いつ，どのように学習が行われるのか，学習とはいったい何なのかといった問いに対しては，多種多様な研究に言及せずに答えることはできない．そのため，本章で紹介する学習研究は，認知科学における学習研究のほんの一端であることをことわっておく．

　本章では，「機械の学習」と「人間の学習」を対比的にとらえ，学習がどのように進むのかを考えていく．1では，2つの認知モデル（記号処理モデルと並列分散処理モデル）を取り上げ，「機械の学習」について述べる．続く2において，発達という「人間の学習」を概観していく．

1　機械の学習

1.1　学習とは，新たな入出力関係をつくりだすことである
(1)　システム内部の変容としての学習

　心理学的には，学習とは「経験により比較的永続的な行動変化がもたらされること（中島ほか，1999）」と定義されることが多い．これは，心理学の研究対象を，客観的に観察可能な行動に限定するという行動主義の学習観を受け継いでいることによる（守，1995）．

　認知科学は，外から観察可能な行動よりもむしろ，人間というシステムの内部において，いかに情報が処理されるのかを関心の対象とする．そのため，

学習もまた,システム内部の変容として捉えられる(波多野,1988).具体的には,経験に基づき,認知システム内部に新たな入力-出力の関係がつくられること,既存の入力-出力関係に変更が加えられることということができる.

(2) 2つのモデル

認知科学では,情報処理の基本的な捉え方において対照的な性質をもつ2つのモデル,すなわち「記号処理モデル」と「並列分散処理モデル」が共存し,「せめぎ合っている」(甘利,1989).この2つのモデルは,それぞれに得意な分野,不得意な分野をもち,情報処理の種類による「住み分け」さえ示唆されている(往住,1991).

記号処理モデルは,1950年代に誕生し,その後,アンダーソン(Anderson, 1976)のACT理論,ニューウェル(Newell, 1981)の物理記号システムといった代表的な理論を生みだした.しかし,1980年代より台頭しはじめた並列分散処理モデルの隆盛により,現在は,古典的(classical)モデルとさえ呼ばれる(Pylyshyn, 1989)までに至っている.そこで,まず古典的とされる記号処理モデルを紹介する.

1.2 記号処理モデル

(1) 記号の計算としての思考

記号処理モデルにおいて,認知システムは知識のシステムである.知識は記号によって表現され,記号を計算する(操作する)ことが認知である.こうした考え方は,プロダクション・システム(Newell & Simon, 1972)として実現されており,代表的なものには,アンダーソンのACT*(Anderson, 1983),ニューウェルのSoar(Newell, 1990)がある.それらの解説は守(1995)などにある.

プロダクション・システムでは,if～then形式で表現されたプロダクション・ルールがプロダクション記憶に貯蔵されている(第3章・図3-5を参照).システムに情報が入力されると,作業記憶において入力情報とルールの条件部(ifの部分)とが照合される.その結果,入力情報と同じ要素を条件部にもつプロダクション・ルールの集合が求められ,さらにそこから最も適切な

ルールが選択され，その行為部（then の部分）が実行される．一連の処理過程は，インタプリタによって制御される．

ここでは，すべての情報はプロダクション・ルールとして書き表され，それが逐次的に処理される．一時に実行されるのはひとつのルールであり，その結果に基づき，次に実行されるべきルールが決められる．複数のプロダクション・ルールを同時に並行して実行する場合もあるが，それは相互に影響しあわないルールに限られる．そのため，並列処理といっても，単に別のことを並行して行っているにすぎず，厳密な意味においては並列ではない．

(2) 学習とは新しいルールの生成である

では，プロダクション・システムにおける学習とは何か．新しいプロダクション・ルールをプロダクション記憶に追加するという「暗記学習」も学習機構のひとつだが，プロダクション・システムの最もダイナミックな学習機構は，既存のルールからある種の演繹を行い，その結果に基づき，より有用なルールを生成しメモリに加えるという「ルール合成」である．マクロオペレータ学習（Fikes et al., 1972 の STRIPS など），説明に基づく学習（EBL：鈴木，1996 を参照）などがあるが，ここでは，アンダーソンの ACT* におけるルール合成を取り上げる．

図6-1をみてほしい．作業記憶に以下のような3つのルールを含むプロダクション・システムがある．このとき，{A，B，D} という入力が与えられたとすると，ルールの1～3までが逐次実行されていき，{A，B，D，C，E，F} という結果が得られる．ルール合成とは，推論に使われた3つのルールをまとめたルールをつくることである．このようなルールをつくっておけば，将来，類似の状況が生じた場合，実行するルールは1つですむため，効率があがるというわけである．

ACT* のルール合成は，ニューウェルの Soar における「チャンキング」にあたる．ニューウェル（Newell, 1990）はチャンキングの特徴として，ただ一度の経験でも生じるため，「1回学習」という人間の学習の特徴をよく捉えていること，そしてルールの条件部が入力情報と完全に一致しなくても，条件部を構成するいくつかの要素が適合すればよいため，学習の転移が起きることをあげている．

第6章 学習と認知発達

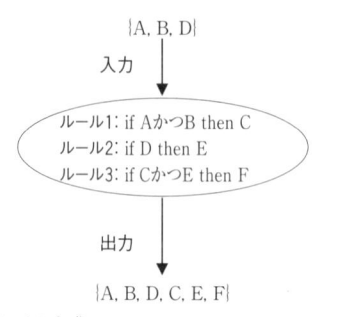

```
        {A, B, D}
          ↓
          入力
      ┌─────────────┐
     ( ルール1: if AかつB then C )
     ( ルール2: if D then E    )
     ( ルール3: if CかつE then F )
      └─────────────┘
          ↓
          出力
        {A, B, D, C, E, F}
```

ルール1～3の合成
| ルール4: if　AかつBかつD　then　CかつEかつF |

図6-1　ACT*におけるルール合成

しかし，新しい経験を積むたびにルールがつくられるため，ルールの数が飛躍的に増大してしまうという欠点もある．学習すればするほど，照合すべきルールが膨大になるため，ルール選択に手間取り，処理が著しく遅くなるという矛盾が生じてしまう．

一方，人間の場合には，いくら知識が増えたとしても，知識が増えるほどにその呼び出しに手間取るということはない．たとえば，医学や法律の分野において，人間は，熟達化に伴い例外的な事例に対処する術を身につけていく．医者や法律家は，いくらごく一部の事例にしか適用できない規則を膨大にもっていたとしても，適切な規則を適切な場面でごく自然に想起するのである（熟達化過程を扱った研究は熟達化研究と呼ばれており，その概観は大浦，1996 にある）．しかし，状況に応じて適切な知識（ルール）を呼び出せる機械をつくることは，簡単なことではないのである（辻井，1988）．

(3) 記号処理モデルの限界

記号処理モデルの特徴は，記号化された情報を逐次的に処理していくことだった．これはちょうど現在のコンピュータにおける情報処理機構に似ている．そこでは，ただひとつの処理機構であるCPUがプログラムを逐次的，すなわち直列的に実行していく．しかし，こうしたやり方は，人間というシステムにおける情報処理とは以下の点において異なっている．

第一に，人間の情報処理過程では，ルールとして表現することが難しい情報も対象としており，それが時として重要な役割を担っている．たとえば，オーブンに入れたケーキが焼けたかどうかを確かめる場合，オーブンからたちのぼってくる「おいしそうな匂い」を目安に，焼き上がりを判断する．この「おいしそうな匂い」という情報は，どのようにしてルールに書き表すことができるだろうか．

第二に，プロダクション・システムでは，次に実行すべきルールを決める際に，対象領域を問わない汎用的な方法が使われる．たとえば，プロダクション・システムで一般的に採用されている手段-目標分析では，最も望ましい状態と現在の状態との差が計算され，それをできるだけ小さくするという基準で，次に実行すべきルールが選ばれる．しかしこうした方法では，意味をなさないルールを充分に排除できない（安西，1987）．これに対して，人間の思考は，対象領域の内容に関わる知識に大きく依存しており，あらゆる対象に適用可能なルールにはしたがわないのである（詳細な議論は，鈴木，1996 にある）．

 そして第三に，人間の情報処理は必ずしも直列的ではない．一時的にでも実行すべきルールを決定しなければ先に進めないという記号処理モデルに対して，人間はひとつのことが完全に決まっていなくても，他のことを同時に行い，しかも一方の進行状況をみながら，他方のやり方を調整していくことがある（Rumelhart et al., 1986 が「多重同時制約」と呼ぶものにあたる）．

 並列分散処理モデルの現在の隆盛は，記号処理モデルにおける上記の限界に対する批判を素地としている．

1.3 並列分散処理モデル
(1) 脳の情報処理

 並列分散処理モデルについては，ラメルハートら（Rumelhart & McClleland, 1986）の訳書『PDF モデル――認知科学とニューロン回路網の探索――』（甘利ら，1989）があり，入門書としては『ニューラルネットワーク情報処理』（麻生，1988），『やさしい PDP モデルの話』（守，1996）などがあるので，詳細はそれらを参照してほしい（文系読者には後者がおすすめ）．なお，ここでは，並列分散処理という用語を用いているが，コネクショニズム，ニューラルネットという用語は，ほぼ同じ概念をさしている．

 記号処理モデルでは，デジタルな記号によって表現された情報が逐次的に処理された．並列分散処理モデルでは，これとは対照的に，ひとつひとつの情報はそれだけでは意味を持たないほどに分解されて表現され（分散表現），それらは並列的に処理される（並列処理）．

第6章　学習と認知発達

階層型ネットワーク　　　　　　相互結合型ネットワーク

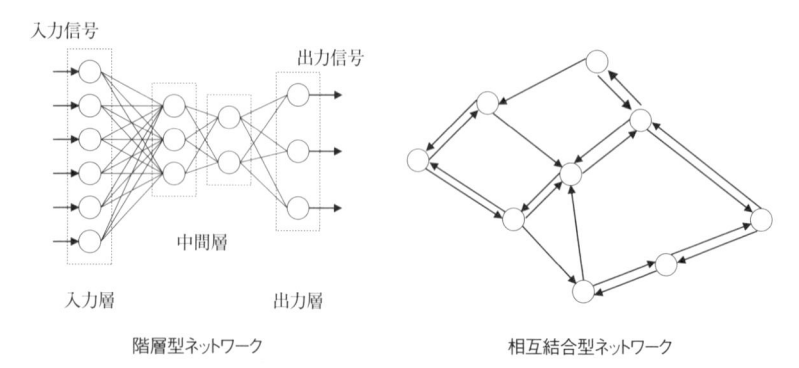

図6-2　階層型ネットワークと相互結合型ネットワーク

　記号処理モデルが現在のコンピュータにたとえられるように，並列分散処理モデルは脳の情報処理機構にたとえることができる．つまり，脳の情報処理機構を人工的につくりだしたものが並列分散処理モデルである．

　脳の中では，多数の神経細胞が複雑に結合して，ネットワークをつくっている．ニューロンは，本体の細胞体と，他の神経細胞から情報を受ける樹状突起，そして他の神経細胞に情報を伝える軸索の3つの部分からなる（特別コラム・図S1-1を参照）．情報入力器である樹状突起を通じて情報が伝えられると，処理機構である神経細胞本体が興奮の程度を決め，その興奮が出力器である軸索を通して他の神経細胞に伝えられる．こうした神経細胞間の相互作用によって，興奮状態はダイナミックに変化していく．脳においては，神経細胞の興奮のパターンが知識であり，興奮状態の推移が認知なのである．

(2)　知識はユニットの結合の中にある

　並列分散処理モデルでは，神経細胞に相当する処理単位であるユニット（「ノード」「セル」という呼び方もある）が複雑に結合され，ネットワーク構造をなしている．ひとつひとつのユニットは，それと結合されている他のユニットから情報の入力をうけ，その情報を他のユニットに伝える．ただし，ここでいう情報とは，他のユニットをより興奮させるか，それともより抑えるかという，連続量として示される興奮の程度でしかない．ユニット間の結合は，一方のユニットが興奮すれば他方も興奮するという協調的結合と，一方が興奮すると他方の興奮が抑えられるという抑制的結合がある．脳において

は，ニューロンの興奮状態の推移が知識であり認知であったように，並列分散処理モデルでは，知識は処理単位であるユニットの中にあるのではなく，ユニット間の結合の中にある（Rumelhart et al., 1986）．

並列分散処理モデルでは，実に多様なタイプのネットワークが用いられるが，ユニットが複数の階層をなすように並び，入力層から出力層へと情報が一方向的に処理される階層型ネットワーク（図6-2参照：多層パーセプトロン，誤差逆伝播［back propagation］則が適用される）と，ユニット間に両方向的なつながりをもつ相互結合型ネットワーク（ホップフィールド・ネット，ボルツマン・マシンなど）が基本である．

(3) **学習とは結合強度の調整である**

では，並列分散処理モデルにおける学習とは何か．学習にはいくつかの方法が提案されているが，ここでは，階層型モデルにおける「誤差逆伝播法」と呼ばれる方法を取り上げる．

誤差逆伝播法学習では，ユニット間の結合強度を変化・調整していくことが学習である．たとえば，Aというユニットが興奮しているときに，それと協調的に結合されており，したがって本来興奮していなければならないBというユニットが興奮していなければ，AとBとつなぐ結合の強度を上げ，Bがもっと興奮するように調整する．逆に，Aと抑制的に結合されており，したがってAが興奮しているときに本来興奮していてはならないCというユニットが興奮していれば，AとCをつなぐ結合の強度を下げ，Cが興奮しないように調整する．こうした調整を繰り返すことよって，結合強度が調整され，理想的な興奮状態が作り出されるようになる．

結合強度の調整は，実際の出力結果を利用しながら進められる．そこでは，出力結果の望ましさを，システムにフィードバックとして返すことを役割として担っている．出力結果にあたる回答を，望ましい出力結果である「正解」に照らして採点し，正解と回答との差をシステムに教えるのである．システムは，正解と回答との差（誤差）が小さくなるように強度を調整する．こうした調整を繰り返すことで，興奮状態は次第に落ち着いていく．これが学習である．

なお，ここでいう正解は「教師信号」と呼ばれており，そのため，この学

習方法は「教師付き学習」といわれている．一方，教師信号を必要としない「教師なし学習」という方法も提案されているが（たとえば，Rumelhart & Zipser, 1986 の競合学習など），そこでは，システムが出力結果をある一定の基準にしたがって自己評価し，結合強度を調整する．

(4) **経験論と並列分散処理モデル**

教師付き学習では，経験の蓄積と結果のフィードバックが重要な役割を果たしている．学習が「多数の例を学ぶことにより，いつのまにか情報をうまく処理できるようになる（甘利，1989）」という過程であることは教師なし学習でも同様であり，並列分散処理モデルの一般的特徴といえる．

古来より，「心はもともと白紙であり知識は経験に由来する」という経験論的立場と，「心にはもともと知識が宿されている」とする合理論的立場の対立があるが，並列分散処理モデルにおける学習観はまさしく前者にたったものである（黒崎，1989）．

経験論は，かつての心理学の主流である行動主義の思想的ルーツである（今田，1996）．行動主義において，学習は刺激-反応の連合（S-R 連合）の形成として捉えられ，そのためには，報酬による連合の「強化」，あるいは刺激と反応間の時間的近接性が重要だと考えられていた．

経験の蓄積とフィードバックが学習の主要な役割を担っている点において，並列分散処理モデルと行動主義は同じ土台にたっている．このことを，エルマンら（Elman et al., 1996）は，並列分散処理主義者は，「しばしばタブラ・ラサ（白紙状態）への回帰である，つまり乳児は環境というペンで書き込まれるのを待っている真っ白なページであるという行動主義的な考え方であるとみなされることがある」と述べている．

こうした動きとは対照的に，認知発達研究では，近年，合理論的主張が多くみられるようになっている．すなわち，子どもは決して白紙の状態で生まれてくるわけではなく，ある種の知識を生得的に備えた状態で生まれてくるという主張である．

2 人間の発達における学習

2.1 制　約

　認知発達研究では，1980年代より，乳児に対する研究パラダイム（馴化パラダイム：コラム6参照）が確立され，以前には何もできないと思われていた乳児が，実は驚くべき能力を有していることが実証されつつある（たとえば，Johnson & Morton, 1991; Spelke, 1991 など：簡単に読める日本語の入門書には，無藤，1994 がある）．

　たとえば，物理的現象についての理解においては，たった3ヶ月の乳児でも，物理的原則に沿わない事象の不合理性を見破ることができる（コラム6参照のこと）．新生児から生後数ヶ月まではかなりの近視状態であり，そのような状態で外界を見た経験がたった数ヶ月しかないというのに，なぜ，乳児は物理的世界の基本原則に気づくことができるのだろうか．発達心理学者は，この問いに対して，次のような答えを用意した．人間というシステムには，環境内に存在する特定の情報に子どもの注意を選択的に振り向けるバイアスが，生まれながらにして備わっており，そのバイアスによって学習は容易にすすむのである（たとえば，Spelke, 1994; Leslie, 1994）．こうしたバイアスは，「制約（constraint）」と呼ばれている．ただし，処理対象を特定の情報に限定するという働きは，後天的に獲得された知識（先行知識）もまた有している（稲垣，1996 は「認知的制約」と呼んでいる）．しかし「制約」という用語が使われる場合には，一般的に，生得性を含意していることが多く，しかもそれはいかなる状況でも用いられるという強い解釈を想定していることが多い（今井，1997a）．

　制約の存在は，以前は，語の獲得（今井，1997b），数の獲得（Gelman, 1990）において議論されることが多かったが，最近は物理的事象の理解（Spelke, 1991），「こころの理論」と呼ばれるひとのこころの働きについての理解（Astington, 1993），あるいは生物に固有の因果法則についての理解（Medin & Atran, 1999; 稲垣，1996）に関しても議論されている．

　ここでは，まず，語の獲得を例として，生得的制約がどのように情報処理

を「制約」するのかを概説する．

2.2 語の獲得における制約
(1) ギャバガイ問題

語の獲得に関しては，クワイン（Quine, 1960）による「ギャバガイ問題」と呼ばれる哲学的問題が有名である．図6-3をみてほしい．未知の土地で出会った現地人がウサギを指して「ギャバガイ」と発話したとする．このとき，「ギャバガイ」とは何を指すのだろうか．私たちは，「ウサギ全体」を指すのだろうと直観する．しかし，論理的には「ギャバガイ」という語の指示対象は，「ふわふわした感じ」，「ウサギの足」，「ウサギの耳」，「ウサギがにんじんを食べている様子」など無数の可能性がある．すなわち，「ギャバガイ」という語の指示対象に関する仮説は無数にあり，その中から，「ウサギ全体」という仮説を特定することは簡単なことではない．

しかし，こうした困難な課題を，言語獲得期の子どもは難なくやってのける．子どもの語彙獲得は非常に急速であり，平均的な知能の6歳児は1日平均22もの語を獲得していくのである（内田，1999）．

(2) 語の指示対象の特定——事物全体制約

語の指示対象を特定する際に働く制約としては，マークマン（Markman, 1989）による「事物全体制約」，「分類学的カテゴリ制約」「相互排他性制約」がよく知られている．最近では，「形状類似制約（Imai et al., 1994）」のような制約も提案されており，それらについては今井（1997b）をみてほしい．ここでは，事物全体制約についてのみ触れる．

事物全体制約とは，子どもが未知の語を聞いたとき，その語は指し示された事物の部分（ウサギの足）や属性（色や素材など：ウサギのふわふわした感じ）ではなく，事物全体を指示する語だと解釈するというものである．したがって，子どもは未知の土地で「ギャバガイ」という語を聞いても，クワインのように「いったいギャバガイとは何を指示するのだろう」と悩むことなく（別にクワイン自身が悩んだわけではないのだが），「ギャバガイ」とはうさぎ全体を指示する語だと決めつけるのである．しかも，それを固有名詞ではなく普通名詞として解釈するため，次にウサギを見たときには，たとえそれが以

前見たウサギより薄汚れていようと，耳が短かろうと，それを「ウサギ」と結びつける．

こうした制約が少なくとも語彙爆発の時期（16〜20ヶ月）に既に働き始めていることは，これまでに多くの研究で示されている（たとえば，Markman & Wachtel, 1988; Gelman & Markman, 1986）．ただし，これらの制約がどこまで生得的で，どこまで学習によるのかには議論があり，針生(1997)は「どのような種類の概念を語と結びつけるべきかに関する具体的な原理（制約）を備えて生まれてきているわけではないらしい．子どもは，学習する中で原理（制約）を抽出するのだ」と論じている．

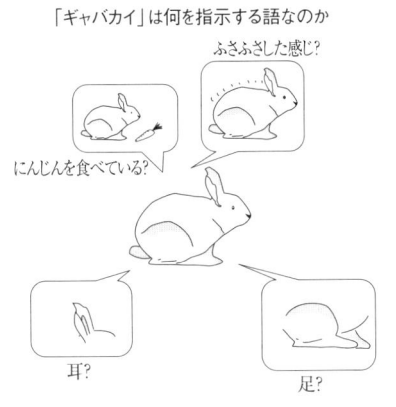

図6-3　クワインの「ギャバカイ」問題：「ギャバカイ」という語の指示対象は何か

1「機械の学習」でとりあげたプロダクション・システムにおいては，学習するほどにプロダクション・ルールが膨大に蓄積され，選択すべきルールの選択に手間取ってしまうという問題があった．これとは対照的に，人間というシステムには，たてられる仮説の数をそもそも限定する．すなわち，選択すべきプロダクション・ルールの数を限定する機構が備わっているのである．

2.3　ハードウェアの未熟さによる制約

(1) ハードウェアの成熟を含む発達

入力されてくる情報を限定する働きは，制約や，先行知識だけではない．年々パソコンのCPUの性能が向上し，搭載されるメモリが増大していくように，発達においてもハードウェアの成熟が進み，情報の処理速度や，処理容量は増加していく（Kail, 1988; Pasucual-Leone & Baillargeon, 1994）．処理速度が遅いこと，処理容量が小さいことは，一般的には学習にとって不利だと考えられがちである．しかし，ハードウェアの未熟さが，かえって学習を容

易にするという説がある．

(2) 言語獲得の臨界期

言語獲得には臨界期があり，母国語についても，第二言語についても，その習得時期が遅くなればなるほど，言語習得は困難になる（Johnson & Newport, 1989; 内田，1999）．これに対する説明として，ニューポート（Newport, 1991）は，加齢に伴う情報処理容量の増大が言語学習能力の衰退をもたらすのではないかと述べている．たとえば，処理容量が限られていることは，音の取り出しに有利に働く．次の会話をみてほしい．

　　　6歳姉：ねえ，レインボーの折り紙で（飛行機を）つくろうか！
　　　3歳弟：えっ？びんぼうの折り紙？
　　　　　　……
　　　6歳姉：レインボーの折り紙ってさあ，きれいだよね．
　　　3歳弟：うん，びんぼうの折り紙だからね．

弟は「レインボー」から，強く発音される音である「インボー」だけを取り出している．情報処理容量の少ない子どもは，単語全体を保持しそこなう．しかしそのために，ひとつの単語は分割された複数の情報となるため，単語を構成する音を取り出しやすく，たとえば英語における動詞のアスペクトや複数形などの獲得には都合がよい（内田，1999）．

かつて人工知能研究では「知識は力である」と信じられ，性能の高いCPUと無限に知識を書き込めるメモリがあれば，人間の認知的振る舞いは機械において実現できると考えられていた（辻井・安西，1988）．その背後には，ハードウェアの性能が高くなるほど知的になるという考え方がある．しかし，発達においては，ハードウェアの未熟さが，いわば制約としての機能をもち，処理対象となる情報を限定することで，学習を効率的に進めるのである．

2.4　フィードバックに依存しない学習

こうした制約がかかることで，ことばに関しては，人間の学習は，効率的に進む．しかも学習過程においては，学習結果に対する外界からのフィードバックにあまり依存しない．このことを，文法の学習を例としてみていく．

(1) 文法の学習

表6-1に示したのは，幼い子どもと母親の会話である（大津，1989より引用）．子どもはしばしば文法的に不適切な文を産出する．

表中，①の子どもの発話は文法的に不適格だが，母親はそれを訂正せず，承認している．母親が承認を与えないのは，②のように意味的誤りをおかした場合である．あまり頻繁ではないが，③のように，文法的な誤りを訂正することもある．しかしその効果は少なく，子どもは訂正されたからといって，適格な文法をすぐに生成できるわけではない．

表6-1　母親は文法の誤りを訂正しない

① 子ども：Mama isn't boy, he a girl.
　　母親　：That's right.
② 子ども：What the guy idea.
　　母親　：No, that's not right. Wise idea.
③ 子ども：Nobody don't like me.
　　母親　：No, say nobody likes me.
　　子ども：Nobody don't like me.
　　（8回繰り返し）
　　子ども：Oh! Nobody don't likes me.

上記の発話例は，大津(1989)より抜粋．

(2) 食べ物の汚染原理の理解

外界から入力された情報と関わりなく学習が進むことを示す例をことば以外の領域からもう1つ示したい．食べ物の汚染は，汚染源と食べ物とが物理的に接触することによって生じる．床やテーブルに食べ物を頻繁に落とす幼児の食事場面では，食べ物が汚染される可能性は大きい．しかし，幼児は，食べ物がどこに落ちようと拾って食べようとするので，大人はしばしば注意しなければならない．

外山は，大人によるこうした規制が，実際の物理的汚染の程度とどれだけ符号しているのかを検討した（Toyama, 2000）．その結果，両者はそれほど関連していなかった．大人は，床に落ちた食べ物を，あるときには「汚いから」といって食べることを禁じ，またあるときには食べることを許し，時には自分で食べることすらある．さらに，子どもが食べ物をわざと落とした場合には，落ちた食べ物を子どもに食べさせる．汚染の原理に関する大人からのフィードバックは，とても煩雑である．しかし，4歳の子どもでも食べ物の物理的汚染の原理に気づいていることが，これまでに示されている（Springer & Belk, 1994; Toyama, 2000）．

このように，外界からのフィードバックはある種ランダムであるのに，子

どもは，それに惑わされることなく学習を進めていくのである．

2.5　外的制約

以上指摘してきたものは，人間というシステムの内にある制約だった．しかし学習を制約する要因は，システムの外にもある．たとえば，稲垣(1996)が「社会的制約」と呼ぶところの他者との相互作用や，属する社会集団の価値・規範，さらには物的環境のような「文化的制約」がそれである．

社会的制約は，生得的な学習機構の存在が強く示唆されている言語の学習にもみることができる．言語獲得の途上にある乳幼児に対するとき，母親は明快な概念構造をもつことばを使うことが多い．たとえば，「重い-軽い」，「広い-狭い」，「濃い-薄い」といった概念を，「大きい-小さい」ということばで表現する (Ninio, 1999)．入力されてくる情報が簡潔であれば，学習は容易になり，言語獲得の助けとなるだろう．

先に取り上げた，食べ物の物理的汚染の原則に関していえば，物理的汚染の原則は，現代日本においては西欧近代科学に裏付けられた合理的な知とされている．それゆえ大人は，その学習を奨励するというメッセージを，暗黙のうちにでも子どもに伝えている可能性がある (Toyama, 2000)．また，日本人は他に例をみないほどに清潔好きな国民であり，そこかしこに抗菌グッズが氾濫している．こうした環境が「文化的制約」として働き，食物汚染の物理的原則の学習を助けている可能性もある．

3　まとめ

3.1　機械の学習と人間の発達

知識はルールとして表現され，ルールを計算することが認知であるとする記号主義モデルにおいて，学習は，新たなルールを生成することである．しかし，記号処理モデルの代表であるプロダクション・システムでは，学習するほどにルールが膨大に増えてしまい，そこから適切なルールを取り出すことは容易なことではなかった．

脳に模したシステムである並列分散処理モデルにおいては，学習とは，経

験によって，システムの構造を変えていくことである．そこでは，経験の蓄積とフィードバックが学習の鍵を握っている．そのため，心理学サイドからは，「練習による遂行成績の向上といった，かつての行動主義的学習研究が形を変えて復活しつつある（波多野，1996）」という危惧も表明されている．

これに対して，認知発達研究では，近年の乳児研究の成果に基づき，人間というシステムには，ある特定の情報だけを処理対象に限定する制約が生得的に備わっているのではないかという議論が隆盛となっている．

3.2 生得的制約とは何か

では，生得的制約とは一体どのようなものなのだろうか．エルマンらは，「生得的である」ことにはいくつかのレベルがあり，発達心理学者はそれを最も強い意味のものとして，すなわち「表象レベル」のものとして捉えていると述べている（Elman et al., 1996）．表象レベルの制約とは，知識はあらかじめ配線されているというものであり，これは大脳皮質下のシナプスの結合パターンが遺伝的に規定されていることを意味する．しかし，エルマンらは，近年盛んな脳研究の諸成果，たとえば，脳におけるかなり大規模な構造的，機能的再編成はこの説を支持するものではないと指摘する．

さらに最近，エルマンらは，並列分散処理モデルの枠組みに立って発達の「生得性」を捉え直す試みの一環として，発達過程をシミュレートするプログラムの開発も行っている（Plunkett & Elman, 1997）．こうした動きは，「遺伝か環境か」という認知発達における古来からの謎に計算論的視点をもちこみ，理念レベルでの論争を，具体的なプロセスを想定した上での論争へと引き上げたという意義をもつだろう．

こうした試みが重ねられることによって，「制約とは何か」が徐々に解き明かされていくのではないだろうか．

【引用文献】

甘利俊一　1989　神経回路網モデルとコネクショニズム　東京大学出版会
Anderson, J. R.　1976　*Language, memory, and thought*. Lawrence Erlbaum.

Anderson, J. R. 1983 *The architecture of cognition*. Harvard University Press.

安西祐一郎 1987 認知科学と人工知能 共立出版

麻生英樹 1988 ニューラルネットワーク情報処理 産業図書

Astington, J. W. 1993 *The child's discovery of the mind*. Harvard University Press. 松村暢隆（訳）1995 子供はどのように心を発見するか 新曜社

Baillargeon, R. 1987 Object permanence in 3.5- and 4.5-month-old infants. *Developmental Psychology*, 23, 655-664.

Elman, J. L., Bates, E. A., Johnson, M. H., Karmiloff-Smith, A., Parisi, D., & Plunkett, K. 1996 *Rethinking innateness: A connectionist perspective on development*. 乾 敏郎・今井むつみ・山下博志（訳）1998 認知発達と生得性——心はどこから来るのか—— 共立出版

Fikes, R. E., Hart, P., & Nilsson, N. J. 1972 Learning and executing generalized robot plans. *Artificial Intelligence*, 3, 251-288.

Gelman, S. A. & Markman, E. M. 1986 Categories and induction in young children. *Cognition*, 23, 183-209.

Gelman, R. 1990 First principles organize attention to and learning about relevant data: Number and the animate-inanimate distinction as examples. *Cognitive Science*, 14, 79-106.

針生悦子 1997 語の学習における制約（原理）——どこまで生得でどこまで学習か—— 認知科学, 4, 99-111.

波多野誼余夫 1996 学習と発達（認知心理学5） 東京大学出版会

波多野誼余夫 1988 学習 土屋俊ほか（編） AI辞典 UPU Pp. 2.

今田 寛 1996 学習の心理学（現代心理学シリーズ3） 培風館

今井むつみ 1997a ことばの学習の制約の起源 認知科学, 4, 75-98.

今井むつみ 1997b ことばの学習のパラドックス 共立出版

Imai, M., Gentner, D., & Uchida, N. 1994 Children's theories of word meaning: The role of shape similarity in early acquisition. *Cognitive Development*, 9, 45-75.

稲垣佳世子 1996 概念的変化と発達 波多野誼余夫（編）学習と発達（認知心理学5） 東京大学出版会 Pp. 59-86.

Johnson, M. H., & Morton, J. 1991 *Biology and cognitive development: The case of face recognition*. Blackwell.

Johnson, J. S., & Newport, E. L. 1989 Critical period effects in second language learning: The influence of maturational state on the acquisition of English as a second language. *Cognitive Psychology*, 21, 60-99.

Kail, R. 1988 Developmental functions for speeds of cognitive processes. *Journal of Experimental Child Psychology*, 45, 339-364.

黒崎政男　1989　哲学における＜コネクショニズム＞　甘利俊一　神経回路網モデルとコネクショニズム　東京大学出版会　Pp. 175-194.

Leslie, A. M. 1994 Pretending and believing: Issues in the theory of Tomm. *Cognition*, 50, 211-238.

Markman, E. M. 1989 *Categorization and naming in children*. MIT Press.

Markman, E. M., & Wachtel, G. F. 1988 Children's use of mutual exclusivity to constrain the meanings of words. *Cognitive Psychology*, 20, 121-157.

Medin, D. L., & Atran, S. 1999 *Folkbiology*. MIT Press.

守　一雄　1996　やさしいPDPモデルの話　新曜社

守　一雄　1995　認知心理学（現代心理学入門1）　岩波書店

無藤隆　1994　赤ん坊から見た世界　講談社現代新書

中島義明・安藤清志・子安増生・坂野雄二・繁桝算男・立花政夫・箱田裕司（編）1999　心理学辞典　有斐閣

Newell, A. 1990 *Unified theories of cognition*. Harvard University Press.

Newell, A. 1981 Physical symbol system. In D. Norman (Ed.), *Perspectives on cognitive science*. Ablex Publishing Cooperation. 佐伯　胖（監訳）　1984　認知科学の展望　産業図書　Pp. 47-124.

Newell, A., & Simon, H. 1972 *Human problem solving*. Prentice-Hall.

Newport, E. L. 1991 Contrasting conceptions of the critical period of language. In S. Carey & R. Gelman (Eds.), *The epigenesis of mind: Essays on biology and cognition*. Hillsdale, NJ: Erlbaum.

Ninio, A. 1999 Learning from examples in syntactic development. Ininvited talk, Keio University and Ochanomizu Women's University, Tokyo, Japan, September 10.

大津由紀雄　1989　心理言語学　柴谷方良・大津由紀雄・津田　葵　英語学の関連分野（英語学大系第6巻）　大修館書店　Pp. 181-362.

大浦容子　1996　熟達化　波多野誼余夫（編）　学習と発達（認知心理学5）東京大学出版会　Pp. 11-36.

Pascual-Leone, J., & Baillargeon, R. 1994 Developmental measurement of mental attention. *International Journal of Behavioral Development*, 17, 161-200.

Plunkett, K., & Elman, J. L. 1997 *Exercises in rethinking innateness: A handbook for connectionist simulations*. MIT Press.

Pylyshyn, Z. W. 1989 Computing in cognitive science. In M. Posner (Ed.), *Foundations of cognitive science*. MIT Press.

Quine, W. V. O. 1960 *Word and object*. Cambridge University Press. 大出　晁・宮館　恵（訳）　1984　ことばと対象　勁草書房

Rumelhart, D. E., McClelland, J. L., & the PDP Research Group (Eds.) 1986 *Parallel distributed processing*, Vol. 1 & 2. MIT Press. 甘利俊一（監訳） 1989 PDPモデル——認知科学とニューロン回路網の探索—— 産業図書

Rumelhart, D. E., & Zipser, D. 1986 Feature discovery by competitive learning. In D. E. Rumelhart, J. L. McClelland & the PDP Research Group (Eds.), *Parallel distributed processing: Explorations in the microstructure of cognition*, Vol. 1. MIT Press. Pp. 318-362.

Spelke, E. S. 1994 Initial knowledge: Six suggestions. *Cognition*, 50, 431-445.

Spelke, E. S. 1991 Physical knowledge in infance: Reflections on Piaget's theory. In S. Carey & R. Gelman (Ed.), *Epigenesis of the mind: Essays in biology and knowledge*. Hillsdale, NJ: Erlbaum.

Springer, K., & Belk, A. 1994 The role of physical contact and association in early contamination sensitivity. *Developmental Psychology*, 30, 1-5.

鈴木宏昭 1996 説明と類推による学習 波多野誼余夫（編） 学習と発達（認知心理学5） 東京大学出版会 Pp. 149-179.

往住彰文 1991 心の計算理論（認知科学選書19） 東京大学出版会

Toyama, N. 2000 Young children's awareness of socially mediated rejection of food: Why is food dropped at the table "dirty"? *Cognitive Development*, 15, 523-541.

内田伸子 1999 発達心理学——ことばの獲得と教育—— 岩波書店

辻井潤一・安西祐一郎 1988 機械の知・人間の知（認知科学選書20） 東京大学出版会

【読書案内】

今井むつみ 1997 ことばの学習のパラドックス（認知科学モノグラフ5） 共立出版
　　語の獲得が，概念やカテゴリーの学習と密に関わりあいながら進んでいく様子を，著者自身のものも含めた最新のデータに基づきわかりやすく解説している．

波多野誼余夫（編）1996 学習と発達（認知心理学5） 東京大学出版会
　　認知心理学における学習の入門書．熟達化，状況論的認知といったトピックも収録．4章の「コネクションとしての学習」は，並列分散処理モデルの学習を，ミュウという小動物を使って実にユニークに解説している．

A．カーミロフ-スミス（小島康次・小林好和訳） 1997 人間発達の認知科学——精神のモジュール性を超えて——ミネルヴァ書房（Karmiloff-Smith, A. 1992 *Beyond modularity: A developmenal perspective on cognitive science*. MIT Press.）
　　「生得性」と，発達段階説で有名なピアジェの構成主義的発達観を再考し，発達を表象の書き換え（RR: representation redescription）によって，知識の柔軟性が高まる

過程だと議論している．

J. L. エルマンら（乾　敏郎ら訳）　1998　認知発達と生得性——心はどこから来るのか ── 共立出版

並列分散処理モデルおよび生物学の観点にたち，認知発達における「生得性」概念の再考を訴えた注目の書．制約には，「表象」，「アーキテクチャ」，「時間的タイミング」という3つのレベルがあると指摘している．

鈴木宏昭　1996　類似と思考（認知科学モノグラフ1）　共立出版

アナロジー（類推）の問題を，演繹推論，機能推論といった他の認知機能との関連で捉え直し，類推を思考の基盤として位置づける．「準抽象化理論」を展開している．

《コラム6》
乳児は物理的世界の基本原則に気づいている

1　馴化パラダイム

　ものを話すことのできない乳児でも，「馴化（habituation）」パラダイムという実験方法を使うことにより，その思考を調べることができる．

　馴化パラダイムでは，まず，子どもにAという刺激を提示する．子どもはその刺激に興味をもち，じっと見つめる．その後，何度もAという刺激を提示し続けると，子どもはだんだん飽きていき，刺激が提示されてもそれをちらっとしか見ないか，見向きもしなくなる（馴化：刺激に馴れること）．このときの子どもの注視時間の推移を，図6-4の(a)に示した．

　子どもが刺激Aに飽きてきたところで，刺激Bを提示する．もし刺激Aと刺激Bを別のものとみなしていれば，刺激Bが提示されたところで，びっくりして刺激Bを見つめる（脱馴化：刺激に対する馴れから脱すること）．この場合，図6-4の(b)にあるように，注視時間が伸びるはずである．一方，刺激AとBを別のものとして識別できなければ，「ああ，またさっきのアレか」（と子どもが思うかどうかは別として）ということになり，図6-4の(c)にあるように注視時間は伸びないはずである．

　馴化パラダイムでは，子どもが2つの刺激を区別できるかどうかを，刺激に対する注視時間や，おしゃぶりを吸う速度や強さ（興奮すればおしゃぶりを速く，強く吸う）を指標として調べるのである．

2　ピアジェによる「ものの永続性」

　1980年代前半まで，乳児は，「ものの永続性」の原則，すなわち，事物は移動されない限り，同じ場所に存在し続けるという物理的世界の基本原則を理解していないと考えられていた．

　ピアジェは，生後8ヶ月までの乳児は，おもちゃが見えている間はそれに手を伸ばして取ろうとするが，ハンカチなどでおもちゃを隠した途端，あたかもそのおもちゃがなくなってしまったかのように，手を伸ばすことをやめるという現象を見いだした．そしてこれは，生後8ヶ月までの乳児が「ものの永続性」の概念をもたないからであると結論づけた．

《コラム6》

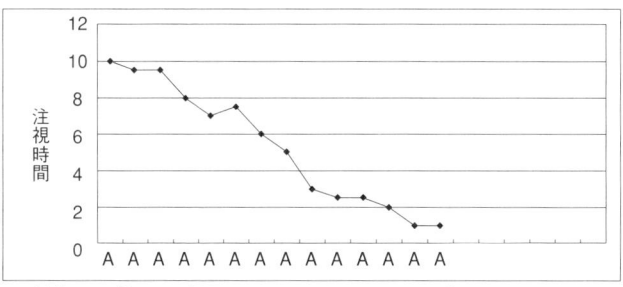

(a) 刺激をAを繰り返し提示すると，子どもはだんだん飽きてきて見なくなる．

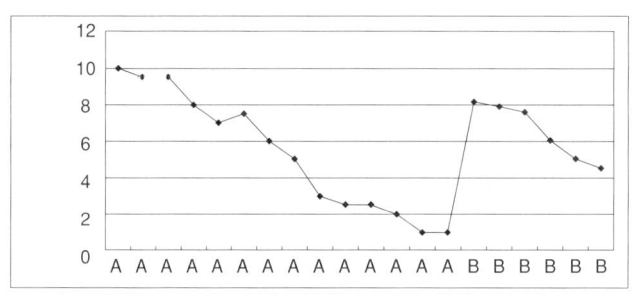

(b) AとBを区別していると，刺激Bが提示された際，注視時間が伸びる．

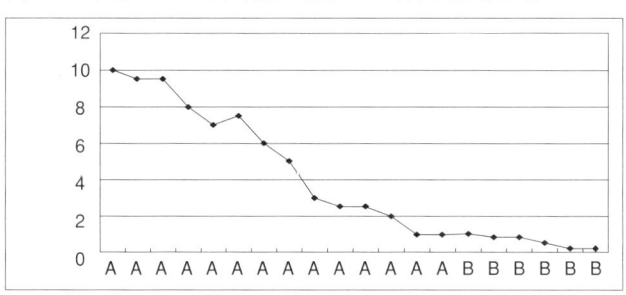

(c) AとBを区別していないと，AとBを同一とみなし注視時間は落ちていく．

図6-4　馴化実験における注視時間の推移

3　乳児が物理現象の不合理性に気づく

　ここ10年の間，アメリカのコーネル大学のスペルケ（Spelke），およびイリノイ大学のベイヤルジオン（Baillargeon）を中心とした研究グループによって，乳児が物理的世界の基本原則についてどのような理解を有しているのか

175

第6章　学習と認知発達

(a) 馴化事象：スクリーンが180度回転する

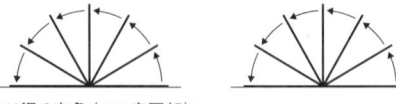

(b) あり得る事象（120度回転）：
スクリーンの後ろに置かれた箱の手前まで回転する

(c) あり得ない事象（180度回転）：
スクリーンの後ろに置かれた箱をすり抜けて180度回転する

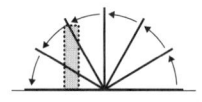

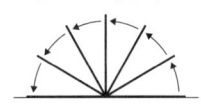

図6-5　ベイヤルジオン（Baillargeon, 1987）で使われた馴化実験の課題（著者改変）

という問題が精力的に検討されてきた．そしてその結果として，生後わずか3ヶ月の子どもが，ものの永続性の概念を保持していることが示された．

ベイヤルジオン（1987）では，まず，図6-5の「馴化事象」，すなわちスクリーンが子どもの側から反対方向に向かって回転する事象を繰り返し見せ，子どもをこの刺激に馴化させる．その後，子どもが見えるように，スクリーンの向こう側に箱を置き，2つの事象を見せる．第一の「あり得る事象」では，回転していったスクリーンは，後ろにおかれた箱が障害となり，途中で止まってしまう．これは物理的原則にかなった動きである．第二の「あり得ない事象」では，回転していったスクリーンは，箱があるにもかかわらず，それをすり抜けて，180度回転してしまう．もちろんこの地球上では，こうした事象はあり得ない．

では，この2つの動きを提示された生後3ヶ月の子どもは，どのような反応を示しただろうか．実験の結果，「あり得る事象」に対しては脱馴化が起きないこと，しかし「あり得ない事象」に対しては脱馴化が起きることが示された．つまり，生後3ヶ月の子どもでも，スクリーンが箱をすり抜けて移動すると，とてもびっくりするのである．生後3ヶ月でも，複数の物体が同じ空間に場所を占めるということはあり得ないこと，そして物体は，時間的に連続した軌跡を描いて移動すること，つまりSF小説にあるようにワープなどしないことに気づいているということができる．

第7章　感情と認知

　時間にうるさい先生の授業に遅刻してしまい，あわてて教室に入った．とりあえず空いている席に座ったら，隣は前から気になっていた人だった．思わず目を見開いて少し赤面してしまった．心臓はどきどきしていたが，なんだか恥かしいけれどうれしい気持ちになった．

　感情経験は，心拍，血圧の変化などとして生じる生理的反応，顔の表情や動作に表れる表出行動，恥かしい，嬉しいという自覚的に感じる主観的体験をともなったものである．感情にはこれら3つの側面があり，相互に複雑に絡み合って一つの経験を作り上げている．

　この章では，感情の機能，生理学的背景，喚起プロセス，表情認識，知識表現について，これまでに行われてきた研究と理論を紹介する．これらの研究は，進化生物学，心理学，神経生理学，コンピュータ科学などさまざまな領域で独立に研究が進められているが，認知科学の立場からそれぞれの知見をどのように統合していけるかについて考えながら学習してもらいたい．

1　なぜ感情があるのか——感情の意味論と生理的基盤

1.1　感情の機能

　多くの研究者によって，感情は進化の産物であり，適応的であると考えられてきた（たとえば，Tooby & Cosmides, 1992）．感情は，現在の我々ではなく我々の祖先が，外敵に対処したり同じ種の仲間と円滑な関係を築き維持できるように，つまり，生き残りのために，迅速で適切な行動をとることが可能になるように発達した評価と適応のシステムである（戸田, 1992）．

　たとえば怒りのあまり相手を殴りつけることは，自分に対してやってはいけないことを相手に知らせたり，上下関係の確認や，相互の距離を保つはた

第7章 感情と認知

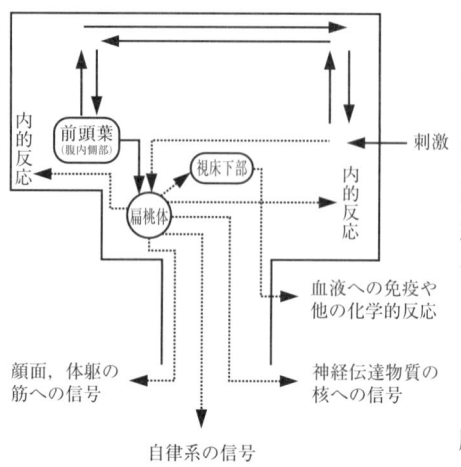

図7-1 中枢における感情情報の処理プロセス
実線は新皮質を経由した情報の処理を，破線は皮質下の情報の流れを表す．感情情報は直接扁桃体に達するか，皮質を経て扁桃体に達し，さまざまな感情反応が発動する（Damasio, 1992を改変）．

らきがあるし，深い悲しみに泣き崩れることは周囲からの援助行動を促す作用がある．このような機能は，かつての自然環境においてはうまく達成されていただろうし，現在の私たちの生活においても不可欠なものである．

1.2 感情の生理学的中枢

人間のあらゆる行動の背景には脳を中心にした制御システムのはたらきがある．大脳生理学の研究などによって，これまでに視床下部と大脳辺縁系（特に，中隔，扁桃体，海馬体，帯状回など）が感情を司る中枢であることが分かってきており（Damasio, 1994），喜びや悲しみといった個別の感情と中枢との対応についても検討が進められている（Buck, 1999）．

図7-1に，中枢における感情情報の処理プロセスを示した．感情情報の評価に際しては，辺縁系の中でも扁桃体が中心的な役割を果たしている．外界からこの部位への情報の入力は，皮質感覚野，皮質連合野など大脳皮質を介するもの（図中の実線矢印）と，視床の背側部を介するものに大別することができる（図中の破線矢印）．これらの入力については，前者よりも後者の方が時間的に早いことが分かっており，前者は新皮質を経てより高度な処理を受けた情報であるのに対して，後者は粗いがより早く外界に対応することができるように準備するためのものと考えられている．

このような中枢での連絡経路を考慮すると，感情は新皮質において処理されるとともに，それに先だって辺縁系であらかじめ作動し始めることが分かる．したがって，カッとなっていきなり相手に殴り掛かってしまうというように，私たちは生じた出来事の意味を十分認識する前に，何らかの感情的反

応を起こしてしまうこともありうる．

1.3 感情と認知

　感情と認知との関係はどのように考えられているのだろう．かつては両者の優位性をめぐって論争が繰り広げられたが，さまざまな研究者がそれぞれの立場から両者の関係について説明を試みている．大まかには2つの立場があり，進化生物学や神経生理学の知見を踏まえた立場からは感情の優位性が（Zajonc, 1980, 1984），認知的評価や情報処理モデルの視点からは認知の優位性が唱えられることが多い（Lazarus, 1984）．

　あらゆるプロセスは情報処理として捉えることができるので，認知を情報の処理と定義すれば，必然的に認知が優位といえる．ただし，もしそうするなら感情と認知という概念を区別することに本質的な意味はない．もちろん，より少ない概念で現象を説明できることが望ましいが，図7-1に示した生理学的中枢や進化論のようなより広範な視点から見た場合，両者を区別することに意味があると考えられる．先に述べたように，これまでの研究で感情システムが先行することが明らかになりつつあるが，同時に，2つのシステムは相互に影響しあっていることも明らかであり，このような前提で人間のモデルを作る必要があるだろう．

2　感情喚起プロセスのモデル

　感情がどのように生じるかという問いは，心理学では，その研究史の始めから取り上げられてきた問題であり，現在までにさまざまな立場から研究が行われ，いくつかの理論化が試みられている．ここでは，評価（appraisal）理論を中心に，そのパイオニアとなったシャクターら（Schachter & Singer, 1962）の2要因説と，最近の代表的な理論の1つであるシェーラー（Scherer, 1984, 1992, 1997）の要素処理モデル（components process model）を紹介する．

2.1　2要因説

　ジェットコースターに乗って楽しいという人もいれば，恐くて二度と乗り

たくないという人もいる．同じ刺激状況におかれても，その状況に対する個人の評価が異なれば喚起される感情も大きく変化する．シャクターらによると，感情を感じるためには，生理的な「覚醒」とその覚醒の原因を「評価」する認知過程の2つの要因が必要である．

2要因説によると，さまざまな刺激によって生理的な覚醒状態が引き起こされるが，この覚醒状態は感情的には中立である．ジェットコースターの振動やスピードの変化は，それが好きな人にも嫌いな人にも生理的な覚醒を引き起こすが，覚醒自体に質的な差はない．シャクターらによると，覚醒状態が引き起こされると，われわれはその原因を見つけようする．その結果，たとえば「自分は安全な乗り物に乗っていて，スピード感にスリルがある」と評価するか，「自分は揺れに弱いし，いつ事故が起こるか分からない」と評価するかによって，前者では楽しさを，後者では恐怖や不快を感じることになる．

このモデルでは感情を経験するために生理的覚醒と認知的評価の両者が必要条件になるが，その後の研究によって生理的覚醒は不可欠ではないことが分かってきた．実際に生理的に興奮状態が引き起こされていなくても，自分が興奮していると思い込み，その原因を認知的に評価することによっても感情が生じることがある．興奮していると思い込むことは一種の認知的評価であるから，2要因説は，実際には1要因説だとも言われている．

このように，現在では問題点も指摘されてはいるが，2要因説は感情経験における認知的評価の重要性を指摘し，その後の研究の契機となった．

2.2 刺激評価モデル

2要因説は認知的評価の重要性を指摘したが，その内容については明らかにしなかった．しかし，その後現在に至るまで，認知的評価についての研究は盛んに行われており，ある感情が喚起されるにはどんな要因がどのように評価されるのかが明らかにされつつある．

シェーラー（1984）は要素処理モデルを提案し，刺激状況についての情報（次元）を順次評価していく刺激評価照合（stimulus evaluation check）の結果，感情が生じると論じている（表7-1参照）．たとえば，友人と久しぶりに会

2 感情の喚起プロセスのモデル

表7-1 要素処理モデルに基づく刺激評価次元ごとの評価内容の予想と国際比較調査の結果

刺激評価次元	評価内容	喜び	恐れ	怒り	悲しみ	嫌悪	恥	罪悪感
新奇性・予期	予期性	- - (2.07)	低 (1.48)	- - (1.43)	- - (1.60)	- - (1.47)	- - (1.48)	- - (1.58)
本質的快	不快性	低 (1.02)	高 (2.88)	- - (2.90)	- - (2.87)	非常に高 (2.90)	- - (2.80)	- - (2.78)
目標・欲求への貢献	妨害性	非常に低 (1.17)	高 (2.32)	高 (2.55)	高 (2.48)	- - (2.33)	- - (2.33)	低 (2.32)
	(不公正性)	低 (1.05)	- - (1.92)	高 (2.52)	- - (2.05)	- - (2.25)	高 (1.73)	不明 (1.77)
対処の可能性	原因の外在性	- - (2.00)	外 (2.45)	外 (2.28)	- - (2.78)	外 (2.48)	内 (1.63)	内 (1.47)
	対処能力	中 (3.80)	非常に低 (2.63)	高 (3.23)	低 (2.53)	- - (3.13)	- - (3.13)	- - (3.25)
規範との適合性	反道徳性	- - (1.10)	- - (1.83)	高 (2.20)	- - (1.73)	- - (2.25)	- - (1.95)	非常に高 (2.05)
	自己一貫性	- - (2.90)	- - (1.77)	低 (1.77)	- - (1.63)	- - (1.82)	非常に低 (1.45)	非常に低 (1.43)

シェーラー(1997)に基づいて作成した．目標・欲求への貢献の「不公正性」については，シェーラー(1984)などに基づいて書き加えた．括弧内の数値は，37カ国，2,921人の評価の平均値である．原因の外在性は1から4の4段階評価，対処能力は1から5の5段階評価，その他の項目はすべて1から3の3段階評価で，数値が大きいほど評価内容が当てはまることを意味している．表中の横線（- -）は，一定の結果を予想できないこと，及び，さらに検討を必要とすることを示す．

って嬉しいという感情を感じるとすると，旧知の（新規性の評価），快（快-不快の評価）の刺激で，目標を妨害しない（妨害性の評価）ものが，喜びや嬉しさという感情を喚起すると説明することができる．

　生体が評価する刺激の性質は，生き残りのために重要と考えられるものであり，それを緊急度の高いものから次の順に評価していくと考えられている．①新奇性と非予期性，②快-不快の主要な性質，③目標との関連性，④対処の可能性と因果関係の帰属，⑤刺激状況の社会的規範や自己概念との比較．表7-1にも示したように，個別の感情はこのような階層的評価が行われた結果として生じると考えられている（すべての感情に全次元の評価が不可欠というわけではない）．

　シェーラー（1997）はこれらの次元が人類に共通して備わる普遍的な性質をもつか否かを確かめるため，喜び，恐れ，怒り，悲しみ，嫌悪，恥，罪悪感について，37カ国，2,921人の被験者を対象に国際比較調査を実施してい

第 7 章 感情と認知

表7-2 刺激評価の結果が生体のサブシステムへ及ぼす効果

評価結果	生体機能	社会的機能	支援システム	動作システム					
				筋の緊張	顔面	声	道具的行動	姿勢	移動
新奇性 新奇	方向付け 焦点付け	警戒	方向付け反応	局所的変化	眉, 瞼が上がる	中断 吸入	中断	真直ぐ伸びる 頭部をあげる	中断
旧知	平衡	再確認	変化なし	変化なし	口, 鼻孔が開く	変化なし	変化なし	変化なし	変化なし
本質的快 快	協調	推奨	感覚器の鋭敏化	わずかに低減	口, 鼻孔の拡大「甘い時の顔」	ゆったりした声	求心的な動き	拡大 開く	接近
不快	排除 拒否	警告 非推奨	防御反応:非鋭敏化	増大	口, 鼻孔の閉塞「酸っぱい顔」	窮屈な声	遠心的な動き	収縮 閉塞	回避 距離をとる
目標・欲求 一貫的	緩和	安定性の公表	栄養指向性への推移	低減	緩和状態	緩和された声	楽な姿勢	楽な姿勢	休息の姿勢
妨害的	活性化	活性化の公表	作業指向への推移	増大	皺鼻筋	緊張した声	課題に依存	課題に依存	課題に依存
対処の可能性 統制力なし	再調整	引き下がりを意味する	栄養指向が優位	低緊張	瞼が下がる	ゆるんだ声	活動がないか遅くなる	前かがみ	活動がないか遅くなる
強い統制力	目標主張	優位性の主張	作業・栄養均衡 ノルアドレナリン 呼吸容量	頭部と首にわずかに低減	歯をむき出す 口を緊張させる	大きい声	敵対的動き	身体をしっかり固定し, 前に傾ける	接近
弱い統制力	防御	従属を意味する	作業が優位 アドレナリン 末梢血管の収縮 吸収率上昇	移動関連領域に高緊張	口を開く	か細い声	防御的動き	移動の準備状態	素早い移動か,くぎ付け

シェーラー(1992)に基づく. 規範と適合性については省略されている. 対処の可能性については, 対処能力のみが取り上げられている.

る. 被験者は,それぞれの感情を経験した時のことを思い出し,表7-1に示された評価内容のそれぞれについて回答を求められた. この表には,要素処理モデルにおける予測と,調査の結果(全体の平均値)が示されている. シェーラーによると,さまざまな文化差があるものの,これらの評価次元が共通して重要であることが裏付けられた.

要素処理モデルの重要な点は,シェーラー(1992)がこれらの評価次元を単に認知的な側面にとどまらず,観察可能な行動をも説明の対象にしていることである. 表7-2に,刺激評価の結果から生体にどのような行動が生じるかを予測している. これらの予測については部分的にそれを裏付けるデータもあるが,今後のさらなる検討が待たれるところである.

3 表情と感情の認識

　感情が喚起されると，それは表情などさまざまな行動として表出され，公のものとなる．表出されることによって始めて，内的な感情を伝えることができるのだが，私たちは他者の感情をどのように読み取っているのだろう．ここでは，はじめに表情と表情から読み取られる感情の関係について概説し，感情認識の具体的なモデルとして，ニューラルネットワークと認知心理学的アプローチに基く研究を紹介する．

3.1 表情に表れる感情情報
(1) 感情と普遍的な表情

　感情を表す表情についての研究は数多く行われ，6種類程度の表情が文化に依存しない人類に共通の特徴を備えていると言われている．いくつの表情が汎文化的なものかについては現在も論争が行われているが，この分野で中心的な役割を果たしてきたエクマンとフリーセン（Ekman & Friesen, 1975）によると，幸福（喜び），悲しみ，怒り，恐れ，嫌悪，驚きの感情が普遍的な表情として表される（図7-3参照）．

　エクマンらは，このような表情の特徴を客観的に測定するために，FACS（facial action coding system: Ekman & Friesen, 1977）と呼ばれる表情の分析システムを提案した．FACS は，表情として顔に表れる動きを，表情筋などの解剖学的検討を踏まえて特定された44個の動作単位（AU: action unit）の組み合わせで記述しようとする記号化の体系である．FACS を用いることで，顔面に表れる任意の表情を記号化して記述できる．たとえば，幸福（喜び）と悲しみの表情はそれぞれ，AU6(頬が上がる) + AU12（口角が引かれる），AU1(眉の内側が上がる) + AU15（口角が下がる），などと表すことができる．

(2) 感情間の関係

　感情を表す表情は相互にどのように関係しているだろうか．シュロスバーグ（Schlosberg, 1952）は，感情を表した表情写真を分類させたり，尺度評定をさせたりして，6つのカテゴリーに分類した表情（愛・幸福・喜び，驚き，恐

れ・苦しみ，怒り・決意，嫌悪，軽蔑）が，快-不快と注目-拒否の2次元からなる平面上に円状に分布することを見いだした（図7-4参照）．このことから，相対的に近い位置に分布する感情カテゴリー間（たとえば，嫌悪と怒り）では相互に混同が起こりやすく，離れて位置するカテゴリー間（たとえば，愛と怒り）では混同が起こりにくいこと，個々の感情カテゴリーはより少数の次元に抽象して説明できることが示された．このような次元によって定義される平面や空間は，感情の意味空間と呼ばれている．

分布の詳細や見出される軸の種類や数には研究によって差があるが，このような結果は，シュロスバーグ以来繰り返し再現されている（たとえば，Russell & Bullock, 1985）．同様の結果は，感情語（幸福，悲しみ，のようなカテゴリー名など）を分類・評価させる実験においても見いだされている．また，評価者の人種や年齢が異なってもほぼ一貫してこのような結果が得られることから，感情の関係を規定している主観的評価にも人に共通の基盤があることがうかがわれる．

3.2 ニューラルネットワークによる表情の分析と合成

コンピュータに感情モデルを持たせ，ユーザ・フレンドリーなインタフェースを実現することを目標に掲げ，ニューラルネットワークを用いた表情の分析と合成を試みた研究がある（上木ら，1994）．

(1) **表情情報**

この研究ではエクマンらの分類に基いて，喜び，驚き，恐れ，悲しみ，怒り，嫌悪の6種類の表情を取り上げている．入力する情報は，表情ごとのFACSの動作単位であるAUの組み合わせとし，各AUで指定される顔面部位の変化量を最大100とした．

(2) **ニューラルネットの構造と学習**

入力層，隠れ層，中間層，隠れ層，出力層の5層構造からなるニューラルネットが用いられた（図7-2参照）．入出力層は，定量的に記述されたAUの値（0から1になるように正規化されたもの）をとり，そのユニット数は17個であった．AUは全部で44種類あるが，ここでは感情を表すのに必要な数のみを採用している．中間層ユニットは2個で，2次元の意味空間を定義する

3 表情と感情の認識

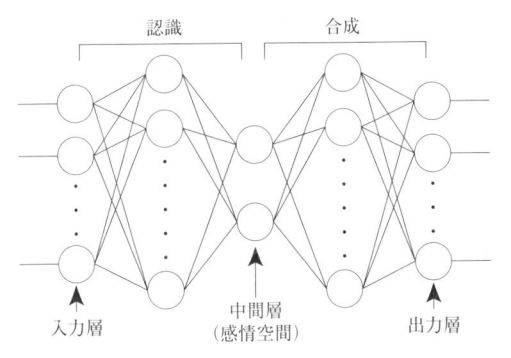

図7-2 表情認識・合成のためのニューラルネット
入力層17, 隠れ層19, 中間層2, 隠れ層19, 出力層17の5層構造からなる（上木・森島・山田・原島, 1994）．

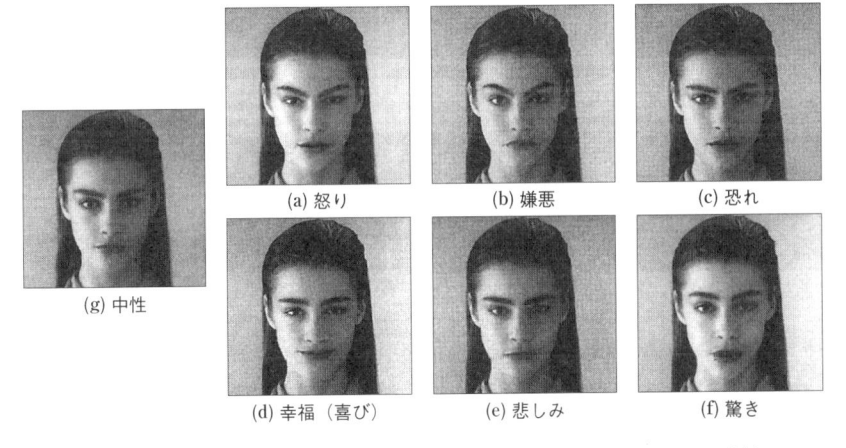

図7-3 ニューラルネットの学習用に用いられたAUに基いて合成された表情
（上木・森島・山田・原島, 1994）

(g) 中性
(a) 怒り
(b) 嫌悪
(c) 恐れ
(d) 幸福（喜び）
(e) 悲しみ
(f) 驚き

ものと見なすことができる．入力された表情に対応する中間層の出力は，感情の意味空間における表情の分布を示すものと考えられる．したがって，この意味空間における表情の分布が，先行研究に一貫するものであればこのニューラルネットの分析系としての入力層から中間層のはたらきは妥当なものと見なすことができる．

　ニューラルネットの学習は，誤差逆伝播（back propagation）アルゴリズ

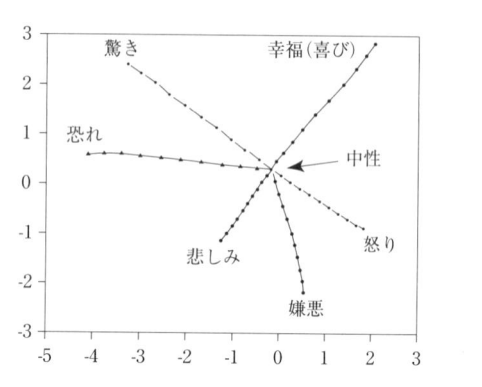

図7-4 ニューラルネットの中間層出力によって構成された感情空間（上木・森島・山田・原島，1994）

ムで行われた．第2, 4層の隠れ層については，学習の差異の誤差が最小になる時のユニット数19個であった．教師データとしては，それぞれの表情の度合いが100％のものと50％のものの2種類と無表情を使用している．ここで用いられた表情を図7-3に示した．

(3) モデルの評価

中間層で得られた出力に基いて生成された感情の意味空間を図7-4に示す．図中の線分は，各表情を表現するAU値の入力を1から100まで1％ずつ変化させたときの中間層出力の軌跡で，10％ごとにプロットされている．各表情に対応した線分が無表情を中心に空間内にバランスよく配置されていることが分かる．なお，学習のプロセスについては，1,000回程度の繰り返しでこの図のような空間の形状がほぼ決まり，その後の学習で誤差の最小化に向かうことが判明している．

表情の合成について評価するために，学習された感情空間を9×9の格子状に分割しその重心に位置する点の値を中間層に入力し，出力層の出力結果に基づいて表情を合成した．合成された表情を301名の女子大学生に分類してもらったところ，全体としては図7-4で示された感情空間上に位置する感情カテゴリーに対応する分類がなされていた．特に喜びと驚きについてはその傾向が顕著であったが，一方で，怒り，嫌悪，恐れなどの表情は必ずしも明確ではなかった．このような結果は先行研究の結果とも一貫するものであり，ここで用いられたニューラルネットが，人間の表情やその認識の仕組みを推測するためのモデルになりうることを示していると言えるだろう．

3.3 表情認識への認知心理学的アプローチ

先のニューラルネットを用いた研究では，顔面の動作単位を処理情報としたが，顔面の視覚情報の知覚特性から，表情が特定の感情を表すものとして読み取られるしくみはどうなっているのだろう．山田（1994）は，線画の顔図形という比較的単純な知覚刺激を用いてこの問題を検討している．

コンピュータの画面上に8つの特徴点をもつ標準図形を提示し（図7-5参照），36名の被験者に特徴点を動かして特定の感情を表す表情を作るように教示した．被験者が作成した表情の特徴点と標準図形の特徴点との差を求めて因子分析を行ったところ，2つの因子が抽出された．第一の因子は，目，眉，口の湾曲や開閉に関係しており，「湾曲性・開示性」と命名され，第二の因子は，眉や目の傾きに関係していたため，「傾斜性」と呼ばれた．

同様の結果は，この実験から得られた感情ごとの平均表情を，先ほどとは異なる被験者に提示し，感情カテゴリーの判断を行わせた実験でも再現され，さらに，人間の表情写真を用いた実験によっても確認されている．図7-6は，表情写真を用いて行われたカテゴリー判断の結果から得られた表情の分布を示したものである．この図では，表情が，「湾曲性・開示性」，「口部の傾斜性」，及び「眉と目の傾斜性」の3軸からなる3次元の空間に分布しており，「傾斜性」が口と，眉と目の2つの部分に分れているが，全体としては2つの視覚的特性に基いた空間に分布していることが分かる．

山田は，「湾曲性・開示性」や「傾斜性」のような視覚的特性を情報次元と呼び，これらの次元と，感情（意味）空間を定義する「快-不快」や「注目-拒否」のような次元との対応関係を指摘している．このような知見は，表情認識のプロセスにおいて，パターン認識のような低次元の情報処理と意味判断のような高次の情報処理がどのように関係しているかを解明する上で

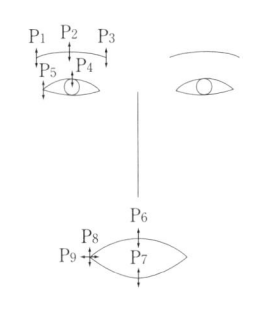

図7-5 実験で用いられた線画表情の標準図形
$P_1 \sim P_9$ までの特徴点とその移動方向（矢印）が示されている．表情ごとに，特徴点の移動量が計測された（山田，1994）．

第7章 感情と認知

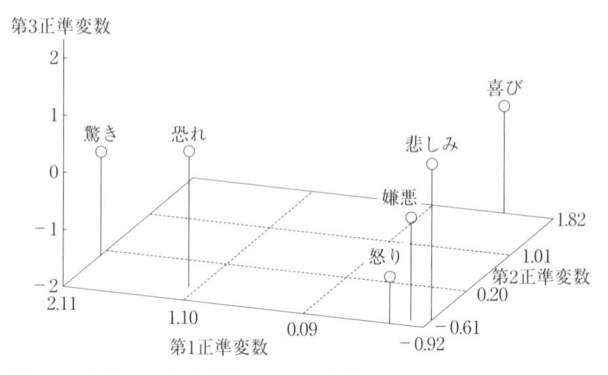

図7-6 表情の3次元空間における分布
第1正準変数「湾曲数・開示性」，第2正準変数「口部の傾斜性」，第3性準変数「眉と目の傾斜性」によって規定される空間に，6種類の表情の布置が示されている（山田，1994）．

重要な意味をもつだろう．

4 感情情報と知識構造

落ち込んだ時にはとことん悪いことを考えてしまったり，「ハムスター」と聞いただけでほのぼのしたような気がすることがある．このような経験は，感情が思考や推論のようないわゆる認知的プロセスと関係していることを示している．ここでは，知識構造の中で感情や感情に関する情報がどのように処理され，位置づけられるのかを説明するためのモデルを紹介する．

4.1 感情情報の記憶

感情は，他の一般的知識や記憶と同様に，スキーマやネットワークのノードとして表現されるとするモデルがある．バウアー（Bower, 1992）のネットワーク・モデルでは，図7-7に示したようにネットワークを構成するノード（図では楕円で示されている）の一種として，感情情報が他のさまざまな知識ノードと結びつき，関係しあっていると考えられている．このモデルでは，あるノードが活性化されるとリンクを介して他のノードに活性化が広がり，関連した記憶が活性化される．したがって，ある感情と結びついたノードが

ある閾値以上に活性化されることで，その感情の記憶が呼び起こされることになる．

このような仕組みは，楽しい時には楽しいことを思い出すような気分依存記憶と呼ばれる現象の説明に用いられるが，この効果は当初

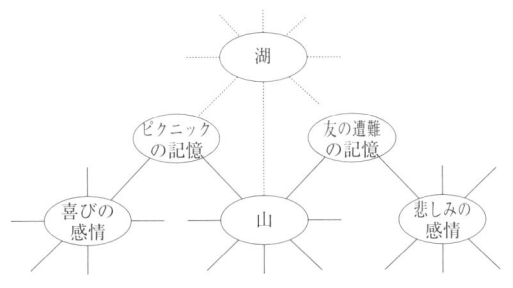

図7-7 記憶のネットワークモデル
ピクニックの記憶が活性化されることが喜びの記憶を活性化したり，悲しい気分の時に山を見ると友人が遭難したことを思い出しやすいというような現象を説明することができる．

考えられていたほど頑強で一般的なものではないことが分かってきた．具体的には，これまでの研究によって，悲しい気分より喜びの気分で，人工的な課題より実生活的な状況で，中立的な状態とある気分とを比べるより異なる気分間で比べる方が，穏やかな気分より強い気分の時の方が，気分に依存した記憶の効果が出やすいことが分かっている（Oately & Jenkins, 1996）．

このモデルでは感情や気分を他の知識と同等に扱うことで簡潔な説明が可能になるが，説明の対象が制限されることを考慮すると，さらに検討を進める必要があるだろう．

4.2 感情信号

オートリー（Oately, 1992）によると，感情に関係した情報としては，単純には，感情を引き起こした原因や感情が向けられている対象のような「何」に相当する情報と，そのような内容をもたない感情状態，つまり，「どのようであるか」についての情報がある．図7-8は，脳内のさまざまな機能モジュールが階層構造をもって相互に結びついている様子を示している．このモデルでは，「何」に相当する情報は(a)のような体系化されたシステムの中で順次処理され，適切な行動や意思決定に結びつくと考えられる．また，(b)は，特定のモジュールが感情状態に関係した制御信号を(a)とは異なる様式で発していることを説明したものである．この信号は，あるモジュールを感情に応じて決められた特定の状態に活性化させるはたらきをしている．

第7章 感情と認知

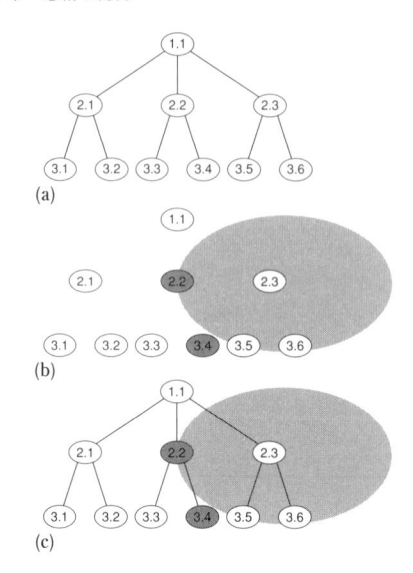

図7-8 感情情報の伝達モデル
感情に関する意味的情報の伝達と制御的情報の伝達は、異なる相補的な様式で行われていると考えられる (Oately & Jenkins, 1996).

これらの2種類の信号はそれぞれ系統的で逐次的なやり方、単純で並列的なやり方で処理されているという言い方もできよう。両者は通常は平行してはたらき(c)、ある対象にある感情を感じるという経験をしていると考えられる。ところが、ダマシオ(Damasio, 1994)によると、脳にできた腫瘍の切除手術のために自分の感情を認識できなくなった患者の中には、知能の面ではそれまでと全く変わらず、論理や記憶、注意力などには何の問題もないのに、ちょっとしたことが決められなくなり、身動きが取れなくなってしまうものがいる。たとえば次の診察の日時を決めるのに、いろいろな都合の善し悪しをきわめて論理的に述べることができるのに、その中のどれにするかを選ぶことができない。普通の人ならこのような場合、論理的に条件を検討するというよりは、単純に好き嫌いや善し悪しの判断をすることで対処している。

このような現象は、感情信号が制御的側面をもち、(b)に示されているような様式で伝達すると仮定することで、たとえば、(a)のやり方よりも大まかだがすばやい判断ができたり、(a)の信号系で葛藤を引き起こしてしまったようなケースを制御的な信号を送ることで解決するというように説明することができる。このような制御信号の特徴は、ダマシオの例にあるような感情の性質をよく反映しているといえるだろう。

5 今後の課題

　複雑系の研究で有名な米国サンタフェ研究所のキャスティ（Casti, 1998）は，今世紀半ばのイギリス，ケンブリッジでのディナーを舞台に，チューリング，ヴィトゲンシュタインをはじめ5人の知の巨人たちが，人工知能の可能性について白熱の議論を戦わせるという設定の小説を著した．その締めくくりで，チェスのコンピュータ・プログラムに初めて敗れた世界チャンピオンのカスパロフの言葉が紹介されているが，カスパロフは，IBMのプログラム，ディープ・ブルーIIの指し手に，異星人の知性を感じた，という．
　チェスのプログラムは人間の思考過程を解明する上では期待されたほどは役に立たなかったが，人間のやり方とは全く異なる手を打つプログラムが一種の知性を持つものと見なされたことになる．キャスティは，このカスパロフの言葉を引用し，このチェス・プログラムが，人工知能の妥当性を示す一種のチューリング・テストに合格したと考えている．
　知性を感じたというカスパロフは，果たして，そのチェス・プログラムが喜びや悔しさ，恐れや傲慢さを感じたと思ったであろうか．たとえ異星人のそれだとしても，何らかの感情を読み取ったであろうか．この章で紹介したものも含めて，さまざまな感情のモデルの中にはソフトウェアとしてコンピュータに実装されているものもある．そのようなシステムが感情を体現しているものとして見なされるかどうかは，やはり一種のチューリング・テストと言えるだろうか．言い換えれば，妥当な感情のシステムができるということはどういうことなのだろうか．
　アルゴリズムの重要性を説明するのによく引き合いに出されることだが，気象のシミュレーション・ソフトは，実際に雨を降らせたり嵐を引き起こしたりしなくても十分に意味がある．同様に，人工知能について考える時には，まさにこのアルゴリズムを特定することが重要であるという指摘がなされる．しかし，感情について理解するということは，どのように情報が処理され，引き起こされた感情がどのように表出されるかだけではなく，感情がどのように私たちに自覚的に経験されているかについて知ることでもある．これは，

感情の主観的体験と呼ばれ，意識とは何かという問いに答えることでもある．

この章では，残念ながらこのような視点から行われた研究やモデルを紹介できなかった．これは，現時点ではほとんど取り上げられていない研究テーマである．認知科学は，さまざまな分野の研究を表示や表象と呼ばれる記号とその操作，さらにはそれを実現するための物理的システムという共通の視点で捉え，統合した分野であり，感情のように，生理学的な実現のためのシステム，表出という行動のシステム，評価プロセスのような記号処理のプロセスなど，あたかも個別の現象のような側面で構成されているテーマについて研究するためには，最も適したアプローチの1つと考えられる．この章で紹介した個々の研究や理論をどのように統合的に位置づけていけるか，そのような試みを通してどのように私たちの主観的体験を説明できるかが今後取り組むべき重要な研究テーマであろう．

【引用文献】

Bower, G. 1992 How might emotions affect learning? In S. A. Christianson (Ed.), *The handbook of emotion and memory: Research and theory*. Hillsdale, NJ: Erlbaum.

Buck, R. 1999 The biological affects: A typology. *Psychological Review*, 106, 301-336.

Casti, J. L. 1998 *The Cambridge quintet*. Reading, MA: Addison Wesley Longman. 藤原正彦・藤原美子（訳） 1998 ケンブリッジ・クインテット 新潮社

Damasio, A. R. 1994 *Descartes' error: Emotion, reason and the human brain*. New York: Putnam's Sons. 田中三彦（訳） 2000 生存する脳——心と脳と身体の神秘——講談社

Ekman, P., & Friesen, W. V. 1975 *Unmasking the face*. Prentice-Hall.

Ekman, P., & Friesen, W. V. 1977 *Facial action coding system*. Consulting Psychologist Press.

Lazarus, R. 1984 On the primacy of cognition. *American Psychologist*, 39, 124-129.

Oately, K. 1992 *Best laid schemes*. Cambridge: Cambridge University Press.

Oately, K., & Jenkins, J. M. 1996 *Understanding emotions*. Cambridge: Blackwell.

Russell, J. A., & Bullock, M. 1985 Multidimensional scaling of emotional facial expressions: Similarity from preschoolers to adults. *Journal of Personality and Social Psychology*, 48, 1290-1298.

Schachter, S., & Singer, J. 1962 Cognitive, social and physiological determinants of emo-

tional state. *Psychological Review*, 69, 379-399.
Scherer, K. R. 1984 Emotion as a multicomponent process: A model and some cross-cultural data. In P. Shaver (Ed.), *Review of personality and social psychology*, 5. Beverly Hills, CA: Sage.
Scherer, K. R. 1992 What does facial expression express? In K. T. Strongman (Ed.), *International review of studies on emotion, 2*. New York: John Wiley & Sons. Pp. 139-165.
Scherer, K. R. 1997 The role of culture in emotion-antecedent appraisal. *Journal of Personality and Social Psychology*, 73, 902-922.
Schlosberg, H. 1952 The description of facial expressions in terms of two dimensions. *Journal of Experimental Psychology*, 44, 229-237.
戸田正直　1992　感情（認知科学選書24）　東京大学出版会
Tooby, J., & Cosmides, L. 1992 The psychological foundations of culture. In J. H. Barkow, L. Cosmides, & J. Tooby (Eds.), *The adapted mind: Evolutionary psychology and the generation of culture*. New York: Oxford University Press. Pp. 19-136.
上木伸夫・森島繁生・山田　寛・原島　博　1994　多層ニューラルネットによって構成された感情空間に基く表情の分析・合成システムの構築　電子情報通信学会論文誌（D-Ⅱ），J77-D-Ⅱ 3, 573-582.
山田　寛　1994　顔面表情認識の心理学モデル　計測と制御，33(12)，1063-1069.
Zajonc, R. B. 1980 Feeling and thinking: Preference need no inferences. *American Psychologist*, 35, 151-175.
Zajonc, R. B. 1984 On the primacy of affect. *American Psychologist*, 39, 117-123.

【読書案内】

戸田正直　1992　感情――人を動かしている適応プログラム――（認知科学選書24）　東京大学出版会
　　感情を適応と生き残りのための評価プログラムとしてとらえ，その機能や意味をアージというより包括的な概念と結びつけて説明しようとしている．
遠藤利彦　1996　喜怒哀楽の起源――情動の進化論・文化論――（岩波科学ライブラリー41）　岩波書店
　　感情の心理学的研究を，コンパクトにわかりやすく紹介している．進化論的研究と文化論的研究のそれぞれを解説し，両者の問題点を指摘するとともに新たな研究の可能性について論じている．
C. E. イザード（荘厳舜哉監訳）1996　感情心理学　ナカニシヤ出版
　　心理学における感情研究の第一人者である著者が，彼の感情分離理論を紹介するとと

第7章　感情と認知

もに，感情について包括的に解説している．

A. R. ダマシオ（田中三彦訳）　2000　生存する脳――心と脳と身体の神秘――　講談社

人間の行動や思考を支える論理や「理性」の背景で感情が重要な役割を果たしていることを，最新の大脳生理学の知見を踏まえて論じている．

伊藤正男・梅本　守・山鳥　重・小野武年・往住彰文・池田謙一　1994　情動（岩波講座認知科学6）　岩波書店

認知科学のシリーズのうちの一巻で，生理学，生物学，計算論，社会心理学の立場から，網羅的に感情研究を展望している．

土田昭司・竹村和久（編）　1996　感情と行動・認知・生理――感情の社会心理学――　誠信書房

本章では十分取り上げることのできなかったテーマを含め，表題にあるように心理学のさまざまな分野における感情研究を紹介している．

《コラム7》
《コラム7》
プロダクション・ルールとしての表示規則

　然るべきことがらについて，然るべきひとびとに対して，さらにまた然るべき仕方において，然るべきときに，然るべき間だけ怒る人は賞賛される．（アリストテレス『ニコマコス倫理学』高田三郎訳　岩波書店）

　これは，怒りに関する諸「状態」について論じた章の一文である．アリストテレスの時代から，如何に適切な感情を如何に適切に表現するかが，対人コミュニケーションや社会生活における重要な問題であると強く認識されていたこととともに，適切な表現がルールという形で明示的に記述できることが示されている．
　本文中でも述べたように，これまでの研究の結果，6種類程度の表情は国や文化に関わらず人間に共通に備わっていると考えられている．生後間もない新生児や，障害のため大脳新皮質をもたずに生まれた子供にも基本的な顔面動作が観察されることなどから，これらの表情は生物としての人間に生まれながらに備わった基盤の上に成り立つ，基本的な表情といってよいだろう．
　しかし同時に，わたしたちには学習能力に裏付けられた柔軟性が備わっており，物理的，社会的環境に適応して様々に行動を変化させることができる．表情もこの例外ではない．
　贈り物をもらったらうれしそうにしてありがとうと言いなさい，男の子は泣いてはいけない，女の子はにこやかでいるべきだ．喜怒哀楽の感情をそのまま表すのはごく幼い子供たちだけで，言葉を身につけるころからは社会的な環境に対応するために，表情についての様々な取り決め（因習，習慣）を教え込まれる．その結果，普通，小学校に入るくらいの年齢までには，場面に応じて自分の表情を制御できるようになる．このような取り決めは表示規則と呼ばれ，その内容は年齢や性別，社会的地位や役割によって異なるし，所属する文化によっても変わる．
　このような規則が異なることで，同じ表情が受け手によって異なる意味に解釈されることもある．たとえば，日本人同士では自然な笑顔が外国人には不可解な表情と見なされるように，特定の人々の間では当たり前の行動が，他の集団の成員には特異で時には気味が悪いものとみなされることがある．
　他文化に対するこのような否定的印象の背景には，「変な」時に，「普通と

違う」笑い方をしているというように，規則に反する行動が行われたという評価がある．通常このような規則は暗黙の前提として意識されることなく作用するので，異なる規則に従った表情はそれを評価する側からは逸脱した行動と見なされ，不可解さを感じさせることになる．

ただ，図7-9に示したようなプロダクション・ルールとも呼べる表示規則を仮定することで，どんな要因が規則を構成しているのか，文化差があるとすると要因の種類やその順位付けにあるのか，要因が取りうる最適値（然るべきと評価される状態）が異なるのか，というようなアプローチで研究を進めることができる．言うまでもなく，このような規則は相対的なもので，どちらがよりすぐれているというものでもない．異なる規則の存在を仮定することで，相手の行動を単に不思議で不可解なものとしてではなく，理解可能なバリエーションの1つと捉えることができるし，たとえば外国人に日本人の笑い顔にはこのような意味があるのだと説明することもできる．

表出ルール
　IF　感情が喚起されたか
　THEN　次のステップに進む　ELSE　今までのプランを継続
　IF　喚起されたのは怒りか
　THEN　次のステップに進む　ELSE　他の感情について検討する
　IF　刺激状況は然るべきものか
　THEN　IF　対象となる人は然るべき人か　ELSE　怒りを抑える
　　　　　　THEN　IF　怒りを表すのに然るべき時か　ELSE　を怒りを抑える
　　　　　　　　　　THEN　IF　自分がしようとしている表現の仕方は適切か　ELSE　怒りを抑える
　　　　　　　　　　　　　　THEN　怒りを表す　ELSE　表現の仕方について検討する

モニター・ルール
　IF　感情を表しているか
　THEN　IF　その長さは適切な範囲に収まっているか　ELSE　今までのプランを継続
　　　　　　THEN　感情表現を継続　ELSE　表現を中止する

図7-9　アリストテレスの怒りの表出についての文に基いて作成したプロダクション・ルールの一例

────────【特別コラム3】 脳と認知────────

　人間の行動は脳によって支配されている．私たちの日々の認知過程は脳の動作によって実現されている．この考え方は現在の認知科学及び脳科学の基本概念であり，肉体や環境も認知システムの範疇に含まなければならないという主張にもかかわらず，依然として揺るぎようの無い事実である．では，私たちが観測する認知行動と，脳を構成する神経細胞集団のあいだを関係付け，認知行動を脳動作として理解するためにはどのような方法があるのだろうか．

　結論を先に言えば，それはモデル化である．個々の行動を分析し，それをより抽象的な記述として表現し（願わくば内部構造と状態を表現する数式として），そのモデルを使用して考えることで認知行動と神経細胞の動作を相互に予測できるようになる．そのようなモデルが構築できたなら，認知行動は脳動作として理解できたといってもよいであろう．

　しかしながら，そのための道は平坦ではない．認知の脳モデルの開発には緻密な戦略が必要である．ここでは，認知活動の脳モデル化のためのモデルの階層について解説しよう．

1　モデルはいろいろ

　モデルといっても，その対象によっていろいろ性質が異なる．
　例えば行動実験や生理実験に基づく現象のモデル化では，何を入力として，何が出力であり，入力と出力の間にはどういう関係がある，という入出力関係の特定とその定性的・定量的な記述に重きが置かれる．モデルの検証は同一の実験パラダイムでの類似実験で行なわれることが多い．そのため，できたモデルは適用範囲が狭く，一般化は難しい．

【特別コラム3】

　一方の実験現象を内部メカニズムの記述によって説明しようとする認知モデルや計算モデルでは，個々の要素の抽象化，要素の組み合わせのシステム化，さらにその動作の背後にある計算原理や神経回路による情報表現方式の追求など，実物をはなれた抽象的な記述・数式による計算が研究の中心となる．モデルの検証は，同一実験だけでなく，同一のモデル原理に従う他の現象の説明によって評価される．そのため，できてきたモデルは行動データの記述とはおよそかけ離れた姿をとって実世界での対象をイメージすることは難しくなる一方で，抽象化されている分，その適用範囲は広く，新たな実験の予測範囲も広い．

　この2つのタイプのモデルは，対象とする現象は同じでも使う道具や手法が大きく異なり，その関係はわかりにくい．意味のある相互作用を実現するには，モデルの相互関係の理解が必要である．

2　モデルの相互関係

　認知行動にかかわる脳モデルとそれにかかわる実験的な研究の関係を図S3-1に示す．全体は対象のマクロさ（横軸）と抽象度（縦軸）に沿って大きく6つに分けることができる．そのうち3つは実験であり，人間・動物のマクロな行動と，脳のミクロな神経細胞の動作，計算モデルの数式の動作をそれぞれ対象とする．ほかの3つはモデルであるが，そのうち2つは行動実験データを説明可能にすることを目指す機能レベルのモデルと，神経活動データの説明を目指す素子レベルのモデルである．そしてモデルの3つ目は，他の2つのモデルを抽象化して個々のモデルをより一般化する計算モデルである．それらは以下(1)〜(3)のような関係にある（番号(1)〜(3)は，図S3-1中の番号①〜③に対応）．

(1) 生理実験と生理モデル

　実際の脳で何が起きているかを神経細胞レベルで計測し，その機能を明らかにしていくのが神経科学，特に生理学の役割であるが，その機能の理解にはどうしても細胞の活動データを理解するための解釈概念，すなわちデータに密着した生理モデルが必要である．生理モデルは，神経細胞という演算素

【特別コラム3】

子が多数接続されて超並列的に機能しているシステムで，システム全体のまとまった動作が個々の計測データにどう反映されるかを予測し，結果として測定データが目指すシステム動作の発生を検出できたことを保証する．もちろん，モデル構築の途中段階ではデータからモデルそのもの

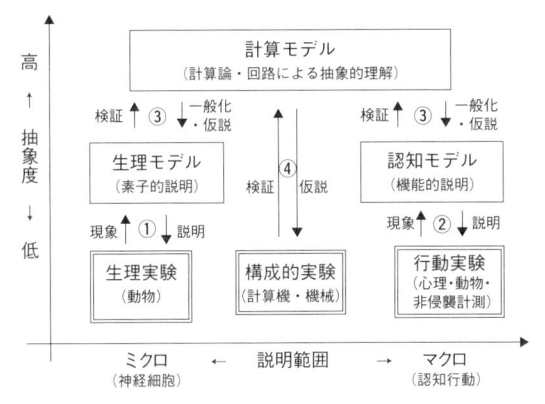

図S3-1 行動実験，生理実験，レベルの異なるモデルの関係

図の横軸は対象のサイズを表す．左側は神経細胞レベル，右側は行動レベルであり，モデルによるシミュレーションなどはその中間に入る．計算モデルは抽象度が高いためカバーする範囲が広い．縦軸は対象の抽象度を表し，下ほど具体的／即物的で，上に行くほど抽象度が高くなる．計算モデルはいくつかありうる理論的な仮説を実際に工学的な装置として作ることでその妥当性を評価することで頑強な理論を構築し（いわゆる構成的研究），その結果を生理モデル，認知モデル，さらには実験にまで反映させる．

を推定する，さらにシステム動作を推定するという段階があるが，モデルそのものの存在理由はデータの解釈概念の提供である．しかし，モデル化の材料は特定の実験パラダイムによる測定データであり，そこからより抽象化されて他に転用可能な計算モデルを作り出すのは難しい．

(2) 行動実験と認知モデル

人間を対象とする心理実験や動物の行動実験，さらに最近の脳の非侵襲計測といった実験は，1つの認知行動をそれを構成する個別要素の集団に分解し，さらに個々の要素の機能の特定と要素群の相互作用の分析を行うことで，マクロな立場からの脳の機能ブロックの特性を解明していく．認知モデルはその結果を受けて，機能ブロックまたはその集団をモジュール化し，モジュール間の相互作用を規定することでシステムとしての脳の動作を説明する．たとえば，脳は個々のタスクに応じて使用するモジュール群の組み合わせを切り替えていることは非侵襲計測の結果からして明らかであるが，具体的にどの機能モジュールを使っているか，その個体差は，などといったことが明

【特別コラム3】

らかになっている．しかし，この方法では個々の機能モジュールの内部の具体的な情報表現や計算過程については分からない．

(3) 生理モデル・認知モデルと計算モデル

既知のデータを説明して新たなデータの予測を行う生理モデルと，行動の背後の機能モジュールをシステム化する認知モデルの間のギャップはまだ大きく，生理モデルの延長に認知モデルの姿を見通すことは容易ではない．両者の間により抽象性の高いモデルを介在させ，両者をつなぐ必要がある．それが計算モデルである．たとえば統計を基礎とする学習理論は，神経細胞集団の学習能力を説明することによって認知レベルの概念形成まで説明しようとする．同様に，連想記憶の理論は相互結合する神経細胞集団の記憶動作を解析することで，脳感覚系における細胞群の低い発火率を説明すると同時に，認知レベルの推論動作も説明しようとする．このようにもとの現象から抽象化された計算理論は，生理モデルと認知モデルの相互作用を実現するほどの一般性を持っているケースが出始めている．

計算モデルのもう1つの利点は，個々のブロックの内部構造を計算論の立場から規定することができる点である．各ブロックの持つミクロな構造を前提とした場合にどういう情報の表現と計算が可能であり，それはマクロな機能としては何に対応するか．逆にマクロな機能を実現するには，ミクロな構造上にどういう符号化方式を用いてデータを表現し，さらにその符号化方式ならどういう計算が可能か，などの情報表現と計算にかかわる項目は抽象的な表現をとる計算モデルでなければ議論できない．そして，その議論は計算機上のシミュレーション実験によって検証される（図S 3-1 ④），その結果は，仮説として生理モデルや認知モデルにフィードバックされて実験データの解釈に翻訳され，実験によってさらに検証される．これこそ，計算モデルという考え方の根底にある「情報表現とその表現に対する操作」という基本原理の顕われである．

3　モデルの役割

生理モデル，認知モデル，さらにそれらを抽象化した計算モデルを媒介と

【特別コラム3】

することで，一見してまったく別物に思える生理実験と行動実験をつなぐことが可能となる．現時点ではそのような事例はまだ少ないが，実験研究者，モデル研究者がこのようなモデル間の関係を意識することで，より高度な脳の理解が可能となろう．

モデル構築においては，計算モデルを作ることが目的ではな

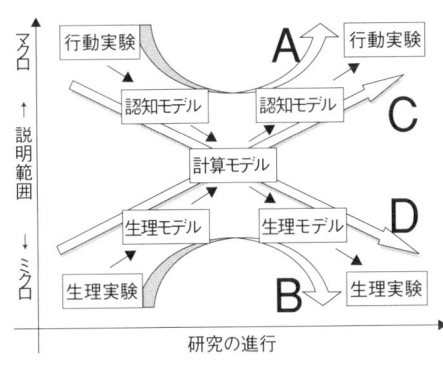

図S3-2　実験・モデルの4通りの相互作用の流れ

い．モデルはあくまでも現実の現象を説明する道具であり，実験データの予測につながらなければ意味はない．その際，実験とモデルのつながりは4通りが考えられる．1つは，行動実験からモデルに入り，モデルから再び行動実験を予測するつながり（図S3-2 A）．次は生理実験からモデル，そしてモデルから生理実験へのつながりである（図S3-2 B）．しかし計算モデルというものを考えることの意義は，生理実験 → モデル → 行動実験，あるいは行動実験 → モデル → 生理実験 というクロスした予測ができうることである（図S3-2 C，D）．この効果は目覚しいものがあるが (Gomi et al., 1998; Kobayashi et al., 1998)，まだ研究事例が少なく，これから実績を積んでいく必要がある．

4　認知過程の脳モデル化への戦略

まがりなりにも，認知科学の戦略として行動実験と神経科学をモデルを媒介としてつなぐ可能性は見えてきた．これからの認知科学には脳の視点が不可欠であり，実験データの背後にある制約としての脳という計算媒体の理解は必須である．モデルの重要性はますます大きくなっている．

しかし，それだけではまだ神経科学と行動科学の相互作用は容易ではない．なぜなら，脳は巨大なシステムであり，実験的にその構成要素を分離することは容易ではないからである．計算モデルを用いてもどう表現してよいか判

【特別コラム3】

らない実験データはたくさんあり，計算可能なものだけが取り上げられてモデル化されているというのが現実である．

【引用文献】

Gomi, H., Shidara, M., Takemura, A., Inoue, Y., Kawano, K., & Kawato, M. 1998 Temporal firing patterns of Purkinje cells in the cerebellar ventral paraflocculus during ocular following responses in monkeys. I.simple spikes. *Journal of Neurophysiology,* 80, 818-831.

Kobayashi, Y., Kawano, K., Takemura, A., Inoue, Y., Kitama, T., Gomi, H., & Kawato, M. 1998 Temporal firing patterns of Purkinje cells in the cerebellar ventral paraflocculus during ocular following responses in monkeys. II.complex spikes. *Journal of Neurophysiology,* 80, 832-848.

第8章 社会的認知

たとえば，会うたびに微笑んで挨拶をしてくれる人がいるとする．その人は，同じアパートに住む隣人で，どういう職業の人かよく分からないし，込み入った話をすることもないが，彼から受ける印象はとてもよい．一方，このアパートには，誰だか分からないけれど，いつもゴミ出しの規則を守らない人がいて，住人は困っていた．ある時，真夜中に，あのいつも微笑んで挨拶をしてくれる人が，規則違反のゴミを出しているのを目撃したとする．さて，今度この男性と会う時に，いつもと同じように挨拶を返すべきだろうか．それとも，少し態度を変えて彼に接するべきだろうか．

私たちは社会生活を営む上で，他者の内面の安定的な特徴を知ろうとする．自分の周りの人間は，どのような性格を持った人で，自分に対してあるいは物事に対してどのような態度を取る人なのかを理解しようとする．そうすることによって，複雑な人間関係や因果関係を読み解くときに，その負担がいくらかでも軽減するからだ．この章では，他者から受ける印象や態度といった事柄に関連する社会的認知の問題について述べる．

1 印象形成

1.1 印象形成の古典的理論

ある人物に関する断片的な情報から，その人に対してのまとまりのある全体像を作り上げる過程を印象形成（impression formation）と呼ぶ．印象形成の古典的理論として2つのものを挙げることができる．

1つは，ゲシュタルト心理学の立場をとるアッシュ（Asch, 1946）の理論である．アッシュは，ある人の全体的な印象は，個々の特性の単なる合計ではなく，個々の特性を超えた，それらを統合する全体（ゲシュタルト）がまず

成立し，その全体が個々の特性の意味を規定していくのだと主張した．彼はその考え方を裏付けるある実験を行った．実験では，2種類の特性語のリストを用意し，被験者に「このリストはある人物の性格特性です」と話し，どちらか一方のリストを順に読み聞かせた．その後，被験者にこの人がどのような人であるか，その印象を記述させた．

この2つのリストでは，あたたかい（リストA）とつめたい（リストB）の部分が違っているだけなのに，被験者によって記述された印象は大きく異なった．リストAを聞かされた被験者の方がこの人物に対して，はるかに好意的な印象を形成していた．つまり，「あたたかい」か「つめたい」かという特性語が，核となり，これを中心として他の特性語が体制化されて，全体的な印象が形成されると考えたのである．

つまり，ある人に対する全体的な印象の形成には，各特性語が均等に寄与するのではなく，「あたたかい」「つめたい」のように印象形成に大きな影響を及ぼす中心特性とそうではない周辺特性があると解釈できる．

印象形成に関する第二の理論は，アンダーソン（Anderson, 1974）による情報統合理論である．彼は，印象形成は，ゲシュタルト的な「統合された全体」という概念で説明されるものではなく，個々の特性が加算されたものに過ぎないと主張し，複数の数理モデルを提案した．最も単純なモデルでは，他者に対する印象（R_n）は，個々の特性の尺度値（s_i）にその重要度（w_i）を掛けた積の和として定義される．

$$R_n = \sum w_i \times s_i$$

R_nは，n個の特性に基づいて評価される最終的な印象
s_iは，i番目の特性の尺度値，w_iはその重み（重要度）

ただし，私たちは社会生活の中で目にするあらゆる他者に対して印象形成を行っているわけではない．道を歩いている時や電車に乗っているときなどは，通常，相手に対する意識的な情報処理を行わない．一方，特定の状況では，相手がどのような個性を持った人であるかを探ろうとし，積極的に印象形成を行おうとする．このように，対人情報処理を使い分けるプロセスを連続体モデル（continuum model）と呼ぶ（Fisk & Neuberg, 1990）．このモデルは，対人認知が幾つかの段階を経て処理されると仮定している．初期段階で

は，性別，年齢，人種といった相手の特性に対する自動的な認識である．この処理はほとんど意識することなく行われ，自分の置かれている状況や相手との関係の中で，さらに詳しい情報処理が必要ではないと判断されると，そこで情報処理は終わる．しかし，さらに相手に対する詳しい情報処理が必要であると判断すると，カテゴリーに基づく対人情報処理のプロセスへ進む．カテゴリーに基づくプロセスでは，さまざまなカテゴリーに特有の印象やステレオタイプ的な知識が活用される．私たちは職業や身体的特徴から相手をさまざまなカテゴリーに分類することができ，認知しようとする相手がそのカテゴリーに当てはまるような典型的な特徴を備えているかどうかが考慮される．もしそのカテゴリーが当てはまらない場合は，さらに別のカテゴリーを用いたチェックを行う．そして，認知者と相手との関係によってはカテゴリーに基づくプロセスの段階から，さらに精緻な情報処理が必要となる．この情報処理プロセスは個人化と呼ばれる段階であり，相手に関する情報を1つ1つ精密に吟味し相手の印象を形成していくのである．

このように，連続体モデルでは，初期段階からカテゴリーに基づく処理，さらには個人化というように，対人認知や印象形成のプロセスは，連続的に情報処理が進むとみなしている．

1.2 ネガティビティ・バイアス

ポジティブ（肯定的）な特性よりも，ネガティブ（否定的）な特性の方が，印象形成において重視されることを示す研究がある．たとえば，ハミルトンとザンナ（Hamilton & Zanna, 1972）は，中立的な特性と望ましい特性を組み合わせた仮想人物Aと，中立的な特性と望ましくない特性を組み合わせた仮想人物Bを，被験者に示し，両者の印象を尋ねた（望ましい特性と望ましくない特性は，中立点からの距離が等しいものが用いられた）．その結果，望ましくない特性を持つ仮想人物Bの印象は，望ましい特性をもつ仮想人物Aよりも，大きくネガティブな方向にずれた（図8-1参照）．

このように，対人認知において，社会的に望ましくない情報を重視し，その方向に重みがかかった印象を形成する傾向は，ネガティビティ・バイアス（negativity bias）と呼ばれる．ネガティブな情報が重視されるという傾向は，

第8章 社会的認知

特性語の印象
望ましくない ─────── 中立 ─────── 望ましい
　　　特性語B ←――→ ←――→ 特性語A
　　　　　　　中立からの距離は対称

仮想人物の印象
望ましくない ─────── 中立 ─────── 望ましい
　　　特性語B ←―――→ ←―→ 特性語A
　　　　　　　中立からの距離は非対称

図8-1　ネガティビティ・バイアス

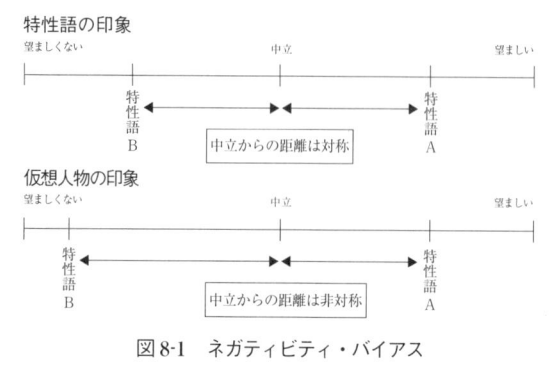

人間の意思決定の際にもみられる．たとえば，経済的な意思決定を行う際に，多くの人は，利得に関する情報より損失に関する情報に敏感に反応することが知られている．

ネガティビティ・バイアスという現象は，2つの立場から解釈できる．1つは，ポリアンナ仮説（Matlin & Stang, 1978）によるものである（ポリアンナとは，アメリカの小説における，物事を常に楽天的にとらえる主人公の名前）．人間は基本的に自分の存在している世界は，悪いことより良いことの方が多いと信じている．また，対人認知に関しても，基本的に他者を肯定的に認知する傾向がある．人間のもつこうした性質から，望ましくない他者の行動は注意を引くと考えられる．

もう1つの説明は，進化適応論の観点に基づいている．ネガティブな特性は，将来，個体に不快な事態をもたらす可能性がある．したがって，これに注意を向けることは，自身の適応上有利だからというものである．

1.3　プライミング効果

印象形成において，意識的努力を必要とせず，知識やスキーマが自動的に利用されることがある．たとえば，先行課題で特定の性格特性語を処理していると，その後の印象形成課題で，行動を意味付ける際にその特性語や関連語が用いられやすくなることが見出されている（Heggins et al., 1977）．このように先行する刺激の処理が後続刺激の処理に影響を与える現象を，プライミング効果（priming effect）と呼ぶ．

これは，先行課題における言語刺激が，被験者の記憶内にあるスキーマや連想ネットワークを活性化し，特定の性格特性語が用いられやすくなる（接近可能性が高くなる）ためである．たとえば，先行刺激として攻撃性に関する言葉が提示されると，後続する行動の印象形成課題で，攻撃性に関する印

象評定が高くなる．逆に，先行刺激として友好性に関する言葉が提示されると，友好性に関する行動の印象評定が高い結果となる (Srull & Wyer, 1979)．

　また，私たちは，人種的ステレオタイプに基づく対人認知や印象形成を行いやすい．こうした傾向は，プライミング効果を用いた実験によって確かめられている．ドヴィディオら (Dovidio et al., 1986) は，白人，黒人といったそれぞれの人種に典型的と考えられる性格特性から，白人の好ましい特性，好ましくない特性と黒人の好ましい特性，好ましくない特性を2項目，テスト刺激として用いた．さらに，人種に関するテスト刺激以外にも家に関する特性を8項目用意した．実験では，まず白人，黒人，家という言葉をプライムとして提示し，その後，各人種と家の特徴を表すテスト刺激を掲示する．被験者は，提示されるテスト刺激がプライムの特徴を表すものであるかどうかに関する判断を求められた．判断に要した反応時間を分析すると，白人という言葉をプライムとする場合は白人の性格特性を表すテスト刺激への反応が速く，黒人がプライムとなる場合も黒人に典型的と考えられるテスト刺激への反応が速いという結果が示された．つまり，既存の知識の中に白人や黒人といった人種的カテゴリーと結びついたステレオタイプ的な知識が存在し，それがプライムによって活性化することで反応時間が速くなると考えられる．

　さらに，特性関連語（敵意語・友好語）は，知覚できないほど短時間提示してもプライミング効果が認められる（池上・川口，1989）．この現象は，特に閾下 (subliminal) プライミングと呼ばれている．デヴァイン (Devine, 1989) は閾下プライミングの手法を用いて，無意識にステレオタイプが利用されることを示唆する研究を行った．この実験で，被験者は，人種が明らかにされていないある架空の人物の行動を記述した文章を読んで，印象を形成する．先行課題として黒人関連語 (nigger, poor, aflo など) を被験者の閾下に呈示すると，その人物の攻撃性に関する評定が高いものになった．この結果は，被験者が「黒人」に関連する特性語を無意識に認知することによって，「攻撃的」な特性を連想していたことを意味している．つまり，人種に関するステレオタイプが自動的に活性化され，被験者は無意識のうちにその影響を受けることが示唆される．このように，自分で意識することなく，ステレオタイプを用いて何らかの印象を形成する傾向をインプリシット・ステレオタイピ

ング (implicit stereotyping) と呼ぶ．

社会生活の中では常に，客観的に他者を評価することが求められる．しかし，上のステレオタイプとプライミングに関連した実験からも明らかなように，意識的か無意識的かにかかわらず，対人認知の際には相手の属するカテゴリーに基づいたステレオタイプが強い影響を及ぼし，それが相手の認知を歪めてしまうことがある．特に，人種的ステレオタイプは偏見へと変わりやすい．1992年のロサンゼルス暴動は，黒人に暴行を加えた白人警官に無罪判決が下されたことを契機に発生した．こうした社会問題も，その背景には人種的ステレオタイプに基づく偏見が存在していることがうかがわれ，客観的な対人認知やそれに基づく正確な状況判断といったものがいかに難しいものであるかを物語っている．

2 帰属理論

人間は，何らかの事象を観察すると，その事象の背後にあって，事象を生起させる原因を探り当てようとする．ある事象の原因を知ることによって，初めてその事象を理解できたと実感できる．こうした心的プロセスを帰属 (attribution) と呼び，数多くの研究が積み重ねられてきた．

2.1 共変モデルと因果図式モデル

対応推論モデルはハイダーの指摘する内的帰属を主に説明する理論である．行為者の要因（内的帰属）だけではなく，環境の要因（外的帰属）も含めた包括的な帰属を説明する考え方を提示したのがケリーであった（Kelly, 1967）．このモデルを共変モデル (covariation model) と呼び，このモデルは共変原理という概念によって特徴づけられる．共変原理とは「ある効果をもたらす原因は，その効果が観察されるときには存在し，その効果が観察されないときには存在しない」とする考え方である．共変原理に示される帰属の条件として，ケリーは実体（行為の対象），人（行為の主体），時・様態（状況）の3つを指摘している．この3つを立方体の各辺に結びつけた説明図式を，図8-2に示す．

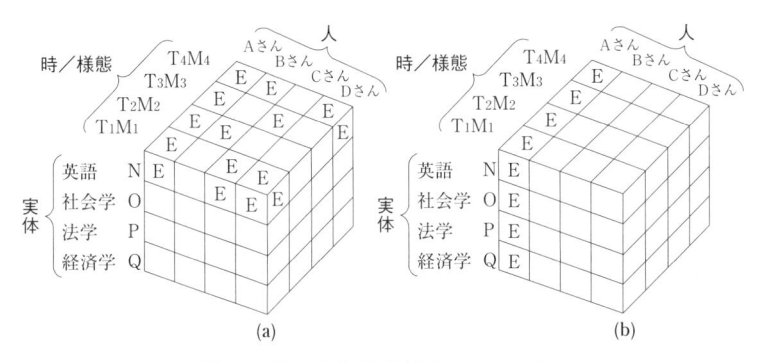

図8-2 ケリーの共変モデル(Kelley, 1967)

この立方体でEと書かれている箇所は，その組合せで結果が生じたことを表している．この3つの原因の組合せで原因帰属がなされるが，その際の基準は，(1)一貫性（反応はどのような状況でも変わらないか），(2)弁別性（反応は当該対象に限って起っているのか），(3)一致性（反応は他の人々と一致しているか）の3つである．

たとえば，Aさんが英語の試験で不可を取ったとする．この場合，(a)のパターンでは，Aさんの英語の不可は，英語の試験の難しさ（実体）に帰属される．なぜなら，Aさん以外の人も不可を取っており（一致性），他の科目では不可を取っていないからである（弁別性）．しかし，これが(b)のパターンでは，英語の不可はAさんの能力の低さ（人）に帰属される．なぜなら，英語で不可を取っているのはAさんだけであり，Aさんはそれ以外の科目でも不可を取っているからである（一貫性）．

共変モデルの場合は，広範囲にわたる情報を収集しなければ，その原因帰属を行うことができない．しかし，私たちは，そうした広範囲にわたる情報がない場合でも帰属を行っている．通常は生活の中で，どのような結果はどのような原因によって引き起こされるのかを経験的に知っている．それは因果図式と呼ばれるものあり，私たちはそれを日常的な出来事に当てはめて物事を見ている．

図8-3に示した因果図式の中のEは，何らかの事象の結果の生起を示す．たとえば，安易な課題に成功した場合には，(a)多重十分条件図式が適用される．

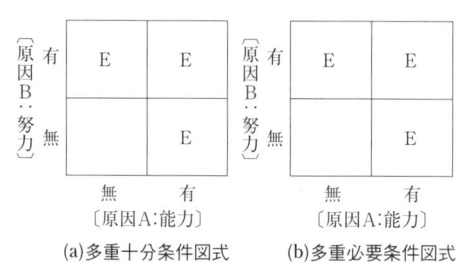

図8-3 因果図式

(a)多重十分条件図式　(b)多重必要条件図式

この図式では，複数の要因のうち，どちらか1つでもあれば，課題に成功することが因果図式から読み取れる．したがって，行為者がその結果Eを得るために，努力（原因B）をしていないとすれば，能力（原因A）がもともと高かったと推測できるし，行為者の能力が低いことがあらかじめ分かっていれば，努力をしたのだと推測できる．一方，(b)多重必要条件図式は，非常に困難な課題を遂行する場合などに適用される図式であり，2つの要因とも満たしていたから成功したと解釈する．

2.2 スクリプトと自動的特性推論

私たちが，特定の場面に関する常識的な知識の枠組みであるスクリプト（script）に基づく原因推論を行っていることを示す研究がある（Read, 1987）．この研究では，ある行動が生じた前後の文脈や，その行動がどのような目標や計画に基づいてなされたものかに関する知識が考慮されて，行動の原因が推測されることを示している．たとえば，表8-1にある夫婦の合議を示す．

このシナリオを読むと，最後にデイヴは電話帳を取りに行ったと記されている．ここにはなぜデイヴが電話帳を取りに行ったのか記述されていないが，私たちは，デイヴが叔父さんに金銭的な援助を頼む電話をかけるために，電話帳を取りに行ったのだと解釈する．つまり，共変性や対応性に関する情報が提示されなくても，私たちはその事象や出来事に特有の常識的知識（スクリプト）を用いることで，行動の説明をすることができる．そして，私たちが日常的に行う原因帰属は，共変性などを考慮するよりも，こうしたスクリプトを用いる場合の方が多いはずである．

また，共変モデルでは，人はまずある行動の原因を吟味して，そこから行為者の内的属性を推論していくと仮定している．しかし，属性の推論に関して，必ずしもそうした行為と原因の吟味が行われる訳ではなく自動的に特性

表8-1　夫婦の会話のシナリオ (Read, 1987; 池上・遠藤, 1998)

> アンが玄関に入るとデイヴが迎えに出てきた.
> 「お医者さんの話だと手術にはかなり費用がかかるらしいわ」とアンは言った.
> 「大丈夫だよ. ヘンリー叔父さんがいるじゃないか」とデイヴは答えた.
> デイヴは, そこで電話帳を取りにいった.

の推論が行われることを示す研究がある (Smith & Miller, 1983). この実験では, 人の行動を記述した短文を提示し, その行動の原因と行為者の特性に関する質問に「はい」か「いいえ」で答えることを求めた. その結果, 被験者は行動の原因について答えるより, 行為者の特性について答える方が, 反応時間が短いことが明らかになった. この結果は, 人は原因帰属を行うことなく (つまり行為と原因を吟味することなく), ある行動からその行為者の属性を推定していることを意味している. 他にも, 原因帰属なしで行動と属性が結びついていることを示す実験がある (Winter & Uleman, 1984). この手がかり再生の実験では, 行動文における行為者の「特性語手がかり」を与えられた方が, 行動文に関連した「単語手がかり」を与えられるよりも, 行動文の再生率が高いことが示された. 被験者が行動文を学習する際に, 特性語が与えられているわけではないので, 被験者は行動文を与えられた時, 自動的にその行為者の特性を推測していたことになる. つまり, 人は他者の行動を見ると, 行動と原因の吟味から属性を推測するといった過程を経ることなく, 自動的にその属性を推測する傾向があると考えられる.

　初期の帰属研究では, 共変モデルや因果図式モデルのように, 人々はある行為の原因と結果を吟味することで, 原因帰属を行うと仮定していた. しかし, 近年の認知心理学的アプローチを取り入れた帰属研究では, 情報処理の役割が強調されている. 私たちは, 幼年時からさまざまな事象に関する原因帰属を行い, 事象の因果関係に関する知識を蓄積していく. その結果, 生起した事象の原因帰属を行う際にも, 最初から原因と結果を吟味することなく, スクリプトやスキーマといった既存の知識を用いた原因帰属を行うのである. そして, 近年の帰属研究においても, 帰属過程における既存の知識の情報処理の流れを詳細に記述する研究が注目を集めている.

3 態 度

　日常生活の中で私たちは「あの人は態度が良い（悪い）」といった形で態度という言葉を頻繁に用いる．これに対して社会心理学における構成概念である態度（attitude）は認知，感情，行動という3要素から成る．態度を構成する認知要素には，対象に対する知識や信念が含まれる．感情要素は，交感神経系の反応や「好き-嫌い」といった対象に対する表現である．行動要素は，対象に対する接近・回避傾向を指す．たとえば，「遺伝子組み替え食品」に対する態度を例に取ると，「遺伝子組み替え食品の摂取は何らかの障害をもたらす」という信念や知識が認知要素に当たり，「遺伝子組み替え食品は嫌だ」という気持ちが感情要素，「遺伝子組み替え食品は買わない・食べない」ということが行動要素になる．そして，これらの要素は相互に整合性を保った状態にあり，3つの要素のうち1つでも変化すると，他の要素にも変化を及ぼす（Breckler, 1984）．

3.1 認知的一貫性

　態度を構成する3要素が，整合性を保とうとすることからも分かる通り，人間には，態度あるいは認知の一貫性を求める基本的性質が備わっている．この問題を考察する際に重要なのは，認知的均衡理論（cognitive balance theory）と認知的不協和理論（cognitive dissonance theory）である．

(1) 認知的均衡理論

　ハイダー（Heider, 1958）が提唱した認知的均衡理論は，バランス理論やP-O-X理論とも呼ばれる．これは，ある人（P），他者（O），事物（X）といった3者関係を，人がどのように認知するのかを扱う理論である．この3者の関係が均衡していれば認知は安定し，それが不均衡であれば均衡する方向への変化が促されるとしている．

　3者の関係は8通りの組み合わせが考えられるが，図8-4にはそのうちの4通りが示されており，本人(P)，対象(X)，その対象に関連した別の人物(O)の間の心情関係を表している．もし，あなた(P)と親しい友人(O)が，捕鯨(X)に関

して，どちらも賛成（＋）であれば，3者の関係は均衡する．しかし，友人が捕鯨に反対していれば，ストレスを感じて，あなたの意見も変化していく可能性がある（上段の①，②は均衡状態，下段の③，④は不均衡状態を示している）．

(2) 認知的不協和理論

フェスティンガー（Festinger, 1957）が提唱した認知的不協和理論では，さまざまな対象に対して私たちが持っている知識や信念を認知要素と呼ぶ．そして，そうした認知要素の間に生じる矛盾や食い違いを不協和と名づけた．この理論では，認知的不協和が生じると，人は不快な緊張状態に陥るため，それを解消して矛盾のない協和な状態に変化させ，不協和を積極的に回避するよう動機づけられると仮定している．

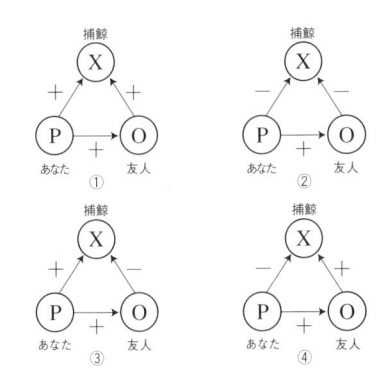

図8-4 均衡状態（上段）と不均衡状態（下段）の例 (Heider, 1958)

フェスティンガーとカールスミス（Festinger & Carlsmith, 1959）は，この理論を以下のような実験によって検証した．退屈な実験課題を行った被験者が，別の被験者（実は実験協力者）に，(a)「実験は面白かった」と嘘をつくように要請され，報酬として1ドルが与えられるグループと，(b)嘘をつくことを要請されないグループの2つに分けられた．両グループとも後で実験課題の評価を行ったが，嘘をつかないグループの被験者は，概ね課題を面白くないと評価し，似たような実験には参加したくない，と答えたのに対して，嘘をつくように依頼されたグループの被験者は，その多くが，実験課題を面白いと評価し，似たような実験にもまた参加したいと答えた．

本来，退屈な実験課題を面白いと評価したのは，報酬をもらって嘘をつくよう依頼された被験者が，内心で感じているやましさを解消するための方略だったと考えられる．つまり，客観的には退屈であっても，面白いと感じることによって，別の被験者に「実験は面白かった」と伝える行為は，単純に自分の気持ちを伝えていることになり，嘘をつくことにはならないからである．

認知的不協和に関する研究は数多く行われ，不協和が態度変化をもたらす例として，他にも様々な条件がある（安藤ら，1995）．

(1) 正当な理由がないのに自分の態度に反する行動を行うと，その行動に合致した方向に態度が変化しやすい．
(2) 複数の選択肢の中から1つを選択した場合，選ばれた選択肢の魅力は高くなり，選ばれなかった選択肢の魅力は低くなる．
(3) もともと興味がある事がらの実行を制止される場合，制止する圧力が弱いと，その行動に対する興味が減じる．
(4) ある目標を達成するために大きな努力を払った場合は，そうでない場合よりも，その目標の魅力を高く評価するようになる．

3.2 説得的コミュニケーションと態度変容

人々の態度を変化させようとする試みの1つに説得（persuasion）がある．説得的コミュニケーションは(1)情報処理要因，(2)送り手・受け手要因，(3)メッセージ要因，(4)状況要因から影響を受ける．それぞれの要因に関して，主要な知見を紹介する．

(1) 情報処理要因

態度を形成したり，変容させたりする際に，人間は何らかの情報処理を行っているはずである．ただし，そうした内部の情報処理には2通りのルートが存在し，一方は，情報を十分に吟味し考慮するものであり，もう一方は，迅速で安直な処理（たとえば，「新聞に出ている話だから本当だろう」など）であると考えることができる．ペティとカシオッポ（Petty & Cacioppo, 1986）は，精緻化可能性モデル（elaboration likelihood model）を提起し，態度変容をもたらす情報処理のルートとして，前者を中心ルート，後者を周辺ルートと名づけた（図8-5）．

中心ルートでは，メッセージの内容に関して入念な吟味（精緻化）がなされる．メッセージの情報を処理する能力と動機づけが十分あれば，精緻化可能性が高くなり，中心ルートを通じた態度変容が生じる．その過程で，メッセージの内容に対して好意的な判断が行われれば，肯定的な態度変容が生じ，逆に非好意的な判断が行われれば，否定的な態度変容が生じる．一方，メッ

セージを処理する動機づけや能力が低い場合には，周辺ルートで処理がなされる．つまり，議論の本質とは関係ない周辺的な手がかり（たとえば，情報の送り手の専門性）に基づいて短絡的に判断される．そして，中心ルートを経た場合，周辺ルートを経た場合よりも，変容した態度が安定的で長続きすると仮定されている．

(2) 送り手・受け手要因

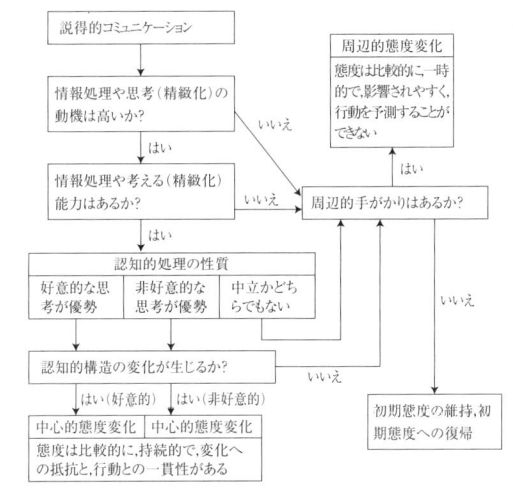

図8-5　精緻化可能性モデル (Pretty & Cacioppo, 1986)

　送り手の要因としては信憑性（credibility），魅力（attractiveness），勢力（power）などがあるが，この中でも重要なのは信憑性である．信憑性は送り手が専門的知識を持っていると見なせるかといった専門性（expertise）と，情報を誠実に伝達しているかといった信頼性（trustworthiness）の2つからなる．内容が同じメッセージでも，通常信憑性が低い送り手よりも，信憑性が高い送り手の方が，説得効果が増す．しかし，1ヶ月程度の期間が経過すると，信憑性の低い送り手からのメッセージによる説得効果は相対的に増加し，逆に信憑性の高い送り手による効果が減少する傾向があり，スリーパー効果と呼ばれる（Hovland & Weiss, 1952）．これは，時間の経過によって送り手が誰であったかというメッセージの情報源に関する記憶が，内容に関する記憶と分離するためであると解釈できる．

　送り手の信憑性によって説得効果に差が生じるのは，その情報が周辺ルートで処理されているためと考えることができる．しかし，メッセージが中心ルートで処理される場合には，内容が十分に吟味されるため，送り手の信憑性はあまり影響を及ぼさなくなる（Petty et al., 1981）．

　また，受け手の内的要因も，説得効果や説得過程に影響を及ぼす．受け手要因として重要なのは，自我関与（ego involvement）の程度である（Sherif

& Cantril, 1947).つまり,自分の価値体系の中核にかかわるような案件は,中心ルートで処理され,態度は簡単には変化しない.他の受け手要因として,受け手の感情状態をあげることができる.一般に,受け手の気分が良いときの方が説得は受け入れられやすいことが知られている.気分の良い時には,システマティックな情報処理の度合いが低下し,送り手の信憑性といった周辺的な手がかりの影響を受けやすいためである (Worth & Mackie, 1987).

(3) メッセージ要因

ふつう,コミュニケーションで示される論拠が優れていれば,説得は成功する.ただし,受け手がそのメッセージの論旨を理解できなければ,効果も減少してしまう.たとえば,メッセージの中に,主張する内容を支持する論拠だけではなく,反対の立場の論拠も含め,議論を全体的に公平にすると,説得効果が高まることもある(両面呈示の効果).しかし,この効果は受け手の教育程度が高い場合に限られる(Hovland et al., 1949).つまり,受け手が,メッセージの中身を入念に吟味するだけの能力と動機がなければ,強力な論拠も意味をなさないのである.

また,メッセージの中に修辞疑問文(「～ではないだろうか」)を挿入することによって,説得効果が高まることを示す研究がある(Burnkrant & Howard, 1984).被験者は,卒業試験を実施すべきであるという意見文を読み,賛否を尋ねられる.その際に,修辞疑問文(「卒業試験の実施は教育の質を向上させるのではないだろうか」)か,または陳述文(「～である」)を多用する2種類の意見文が用意された.

その結果,強力な論拠が示されている意見文に,修辞疑問文が含まれていると,意見書に賛成する度合いが高いことが見出された.修辞疑問文は,情報の提示の仕方としてはあまり威力や訴求力を持たないが,受け手の自発的な思考を誘発させる.その結果,中心ルートを経た処理がなされ,強力な論拠に賛成する度合いが高くなると解釈できる.

また,メッセージの内容が受け手に恐怖心を引き起こすかどうかも,重要な要因の1つである.相手の恐怖や不安を喚起させる説得的コミュニケーションは,特に恐怖訴求と呼ばれる.通常は恐怖感を与えることで説得効果は増すが,あまりにも強い恐怖感を与えると,受け手は説得に対して回避的に

なり，効果が減少することが知られている（Janis & Feshbach, 1953）．他にも，メッセージに高圧的な文言（たとえば，「私の主張に間違いはない」など）が含まれていると，受け手は意見を選択する自由を脅かされたと感じる．その結果，リアクタンス（心理的反発）が生じ，脅かされた自由を取り戻そうとするため，議論の中身に関係なく送り手の意見を拒否しようとする（Worchel & Brehm, 1970）．

(4) 状況要因

どのような文脈や状況で説得的コミュニケーションが行われるかによって，受け手に与える影響は異なる．たとえば，説得を行う前に，あらかじめ予告をしておくと，説得の効果は低減する（McGuire & Papageorgis, 1962）．つまり，事前に予告があると，受け手は説得に対する反論を考える余裕があるため，説得への抵抗が増すと考えられる．

しかし，こうした説得への抵抗は，社会生活を営む上で重要な意義もある．簡単にキャッチセールスやカルト教団からの勧誘に説得されてしまうようでは困りものである．あらかじめ説得があることを予告するだけではなく，説得の内容や論点を示し，それに対する反駁を準備することによって説得への抵抗力をつけられることが知られている．これは予防接種によって免疫力を高めることとのアナロジーから接種理論（inoculation theory）と呼ばれる．

接種理論に関する実験として以下のものがある．被験者は，「結核の早期発見のためには毎年X線検査を受けるべきである」という至極もっともな文を読む．その後で，被験者はこの説を攻撃する主張を読まされるのだが，先の文を支持する意見をあらかじめ読んだり書いたりしておく（支持的防御）より，それに対する反論とその反論を論破する意見を読んだり書いたりする（反駁的防御）方が，後の攻撃的な説得に対してよく抵抗できることが明らかになっている（McGuire & Papagerogis, 1961）．

4　コネクショニスト・モデルと社会的認知

コネクショニスト・モデルは，神経細胞を模倣した処理ユニットの人工的なネットワークを用いて，人間の知能を理解しようとするアプローチである．

第8章 社会的認知

近年では，社会的認知や社会的推論といった領域においても，コネクショニスト・モデルを導入した研究が行われ，新しいアプローチとして注目を集めている（Read & Miller, 1998）．

社会的認知や社会的推論の基本的な性質は，短い時間的制約の中で，多数の情報の断片を統合していく過程であると把握することができる．たとえば，態度は認知要素，感情要素，行動要素から構成され，これらが統合された結果，態度として表出される．それぞれの情報の断片は，相互に影響を及ぼし合い，お互いを制約するような関係にある．また，その要素間で，常に一定の均衡を保とうとする力が働く．つまり，社会的認知・社会的推論の過程は，多数の要素が並列的に生起し，相互に制約し合いながら最適な解を求めてる過程とみなすことができる．

こうした多重の制約を充足する解を求めることはコネクショニスト・モデルに適した課題の1つであり，近年では社会的認知や社会的推論に関して，コネクショニスト・モデルを適用した研究が数多く行われるようになってきている．たとえば，Kunda & Thagard（1996）は，印象形成に関して，個人の特性・行動情報と社会的ステレオタイプ情報が処理され，印象が自動的に形成される過程を，信念や命題を局所的に表現し，それらの制約関係を並列的に充足する過程としてモデル化している（parallel constraint satisfaction model, 並列制約充足モデル）．従来の認知的一貫性理論では，どのようにして一貫性が保たれていくのかといった認知要素間のダイナミズムを探ることは困難であり，実験的手法の制約から，扱える認知要素の数も限られていた．しかし，並列制約充足モデルを導入することによって，認知要素間の内的な一貫性がどのように達成されるのかを表現することができ，また多数の要素からなるネットワークを扱うことも可能となる．

並列制約充足モデルでは，知識，信念，行為といった個々の要素はユニットで表現される．もし，2つの要素が肯定的な制約関係にあれば，ユニットは双方向の興奮性結合をもち，否定的な制約関係であれば，双方向の抑制性結合をもつ．そして，ネットワークを構成するユニット間で，活性化の拡散を繰り返すことにより，さまざまな制約を並列的に充足させることができる．通常，数回から数十回の活性化拡散サイクルの後，すべてのユニットは安定

した活性値（漸近値）に収束する．パラメータを変化させて，こうしたシミュレーションを繰り返すことにより，モデルの評価を行うのである．

図8-6では，大企業からベンチャー企業への転職に賛成するかというジレンマ課題の文を読んだとき，被験者が頭の中に構成すると仮定したネットワーク構造の例が示されている（実線は興奮性結合，破線は抑制性結合：都築・木村, 2001）．ここでは，1つの知識を1つのユニットの活性化で表す局所表現によるネットワーク表象を用いている．大企業に関連した情報は，安定，給料・中，年金の3つであり，ベンチャー企業に関連した情報は，不安定，給料・高，（会社の）所有権の3つである．さらに，図8-7は，3人グループによる集団意思決定をシミュレートするために，個々人の賛成・反対意見のユニット同士を結びつけ，個人間のコミュニケーションをネットワークでモデル化したものである（都築・木村, 2001）．

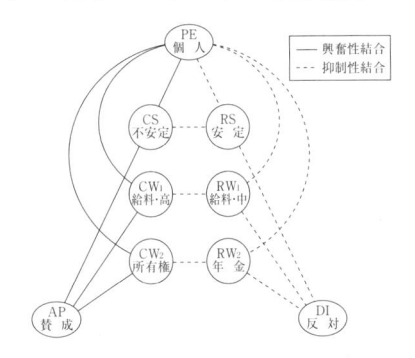

図8-6　課題文に対する個人内ネットワーク表象（都築・木村, 2001）

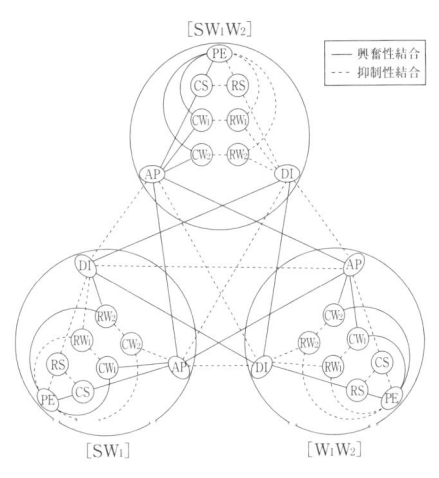

図8-7　メンバー間ネットワーク構造の例（都築・木村, 2001）

このようにコネクショニスト・モデルは，社会的認知やグループダイナミクスなどの研究領域に，認知心理学的研究と直結した新しいアプローチを提供する可能性を有している．

第8章　社会的認知

【引用文献】

Anderson, N. H.　1974　Information imtegration theory: A brief survey. In D. H. Krants, R. C. Atkinson, R. D. Luce, & P. Suppes (Eds.), *Contemporary developments in mathematical psychology,* Vol. II. San Francisco, CA: Freeman. Pp. 236-305.

安藤清志・大坊郁夫・池田謙一　1995　社会心理学　岩波書店

Asch, S. E.　1946　Forming impressions of personality. *Journal of Abnormal and Social Psychology,* 41, 258-290.

Breckler, S. J.　1984　Empirical validation of affect, behavior, and cognition as distinct components of attitude. *Journal of Personality and Social Psychology,* 47, 1191-1205.

Burnkrant, R. E., & Howard, D. J.　1984　Effects of the use of introductory rhetorical questions versus statements on information processing. *Journal of Personality and Social Psychology,* 47, 1218-1230.

Devine, P. G.　1989　Stereotypes and prejudice: Their automatic and controlled components. *Journal of Personality and Social Psychology,* 56, 680-690.

Dovidio, J. F., Evans, N., & Tyler, R. B.　1986　Racial stereotypes: The contents of their cognitive representations. *Journal of Experimental Social Psychology,* 22, 22-37.

Festinger, L.　1957　*A theory of cognitive dissonance.* Evanston, IL: Row, Peterson.　末永俊郎（監訳）　1965　認知的不協和の理論——社会心理学序説——　誠信書房

Festinger, L., & Carlsmith, J. M.　1959　Cognitive consequences of forced compliance. *Journal of Abnormal and Social Psychology,* 58, 203-201.

Fisk, S. T., & Neuberg, S. L.　1990　A continuum of impression formation, from category-based to individuating processes: Influences of information and motivation on attention and interpretation. In M. P. Zanna (Ed.), *Advances in experimental social psychology,* Vol. 23. New York: Academic Press. Pp. 1-74.

Hamilton, D. L., & Zanna, L. J.　1972　Differential weighting of favorable and unfavorable attributes in impressions of personality. *Journal of Experimental Research in Personality,* 6, 204-212.

Heider, F.　1958　*The psychology of interpersonal relations.* New York: Wiley.　大橋正夫（訳）　1978　対人関係の心理学　誠信書房

Higgins, E.T., Rholes, W. S., & Jones, C. R.　1977　Category accessibility and impression formation. *Journal of Experimental Social Psychology,* 13, 141-154.

Hovland, C. I., Lumsdain, A. A., & Sheffield, F. D.　1949　*Experiments on mass communication.* Princeton, NJ: Princeton University Press.

Hovland, C. J., & Weis, W.　1952　The influence of source credibility on communication effectiveness. *Public Opinion Quarterly,* 1, 635-650.

引用文献

池上和子・遠藤由美　1998　グラフィック社会心理学　サイエンス社

池上知子・川口　潤　1989　敵意語・友好語の意識的・無意識的処理が他者のパーソナリティ評価に及ぼす効果　心理学研究, 60, 38-44.

Janis, I. L., & Feshbach, S.　1953　Effects of fear-arousing communication. *Journal of Abnormal and Social Psychology*, 48, 78-92.

Kelley, H. H.　1967　Attribution theory in social psychology. In D. Levine (Ed.), *Nebraska Symposium on Motivation*, Vol. 15. Lincoln, NE: University of Nebraska Press. Pp. 192-238.

Kunda, Z., & Thagard, P.　1996　Forming impressions from stereotypes, traits, and behaviors: A parallel-constraint-satisfaction theory. *Psychological Review*, 103, 284-308.

Matlin, M., & Stang, D.　1978　*The Pollyanna principle: Selectivity in language, memory, and thought.* Cambridge, MA: Schenkman.

McGuire, W. J., & Papageorgis, D.　1961　The relative efficiency of various types of prior belief-defense in producing immunity against persuasion. *Journal of Abnormal and Social Psychology*, 62, 327-337.

McGuire, W. J., & Papageorgis, D.　1962　Effectiveness of forewarning in developing resistance to persuasion. *Public Opinion Quarterly*, 26, 24-34.

Park, B., & Rothbart, M.　1982　Perception of out-group homogeneity and levels of social categorization: Memory for the subordinate attributes of in-group and out-group members. *Journal of Personality and Social Psychology*, 42, 1051-1068.

Petty, R. E., & Cacioppo, J. T.　1986　*Communication and persuasion: Central and peripheral routes to attitude change.* New York: Springer-Verlag.

Petty, R. E., Cacioppo, J. T., & Goldman, R.　1981　Personal involvement as a determinant of argument-based persuasion. *Journal of Personality and Social Psychology*, 41, 847-855.

Read, S. J.　1987　Constructing causal scenarios: A knowledge structure approach to causal reasoning. *Journal of Personality and Social Psychology*, 52, 288-302.

Read, S. J., & Miller, L. C.　1998　*Connectionist models of social reasoning and social behavior.* Mahwah, NJ: Lawrence Erlbaum Associates.

Sherif, M., & Cantril, H.　1947　*The psychology of ego-involvements.* New York: Wiley.

Smith, E. R., & Miller, F. D.　1983　Mediation among attributional inferences and comprehension processes: Initial findings and a general method. *Journal of Personality and Social Psychology*, 44, 492-505.

Srull, T.K., & Wyer, R. S. Jr.　1979　The role of category accessibility in the interpretation of information about persons: Some determinants and implications. *Journal of Personality and Social Psychology*, 37, 1660-1672.

Taifel, H., Billig, M. G., Bundy, R. P., & Flament, C.　1971　Social categorization and intergroup behavior. *European Journal of Social Psychology*, 1, 149-178.

都築誉史・木村泰之　2001　集団意思決定におけるコミュニケーションモードとリスキーシフトに関する並列制約充足モデル　守　一雄・都築誉史・楠見　孝（編）コネクショニストモデルと心理学　北大路書房　Pp. 119-133.

Winter, L., & Uleman, J. S.　1984　When are social judgments made? Evidence for the spontaneousness of trait inferences. *Journal of Personality and Social Psychology*, 47, 237-252.

Worchel, S., & Brehm, J. W.　1970　Effect of threats to attitudinal feedom as a function of agreement with the communicator. *Journal of Personality and Social Psychology*, 14, 18-22.

Worth, L. T., & Mackie, D. M.　1987　The cognitive mediation of positive affect in persuasion. *Social Cognition*, 5, 76-94.

【読書案内】

池上知子・遠藤由美　1998　グラフィック社会心理学　サイエンス社
　社会的認知に関して認知心理学的視点から問題を詳細に捉えている良書．社会的認知だけではなく社会心理学の入門書としても最適である．

山本真理子・外山みどり（編）　1998　社会的認知　誠信書房
　社会的認知の問題に絞ってトピックがまとめられている．情報処理的観点が数多く導入されている．

亀田達也・村田光二　2000　複雑さに挑む社会心理学——適応エージェントとしての人間——　有斐閣アルマ
　適応やミクロ対マクロといった視点から，既存の社会心理学的な問題をとらえ直している意欲作である．

《コラム8》
集団の認知

　私たちは，性別，世代，業種や趣味といったさまざまなカテゴリーに属している．そして，社会生活のさまざまな場面において，自分が含まれるカテゴリーで構成される集団を内集団，自分が属していない集団を外集団として区別し，その観点からものごとを認知する傾向がある．こうしたカテゴリー分けは，大きな枠組みばかりではなく，たとえば，あるスポーツチームを応援している場合に，自分が応援しているチームとそのファンは内集団になり，相手チームやそのファンは外集団になるといったことも起こる．

　人間の持つこうした傾向が，ステレオタイプや偏見につながることがある．

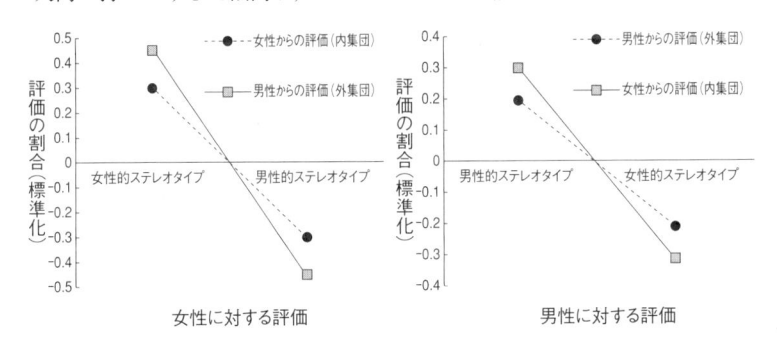

図8-8　内集団と外集団に対する評価の違い（Park & Rothbart, 1982）

　たとえば，他者を見るときに，その人の性別や年齢，学歴や職業といったカテゴリーに基づいて判断するということを頻繁に行う．「女性」だから「感情的になりやすい」とか「有名企業に勤めている」から「信用できるだろう」といった具合である．ステレオタイプとは，こうした特定のカテゴリーに属する人々に対して，一般的に抱かれている固定観念のことを指す．そして，こうした固定観念が，憎悪や敵意といった悪感情と結びついている場合，それは偏見と呼ばれる．

　ステレオタイプや偏見は，しばしば歪曲的で何の合理的な根拠もない場合もある．それにも関わらず，私たちは無意識のうちに，ステレオタイプを用いており，偏見もなかなか解消しない．人はなぜステレオタイプを持つようになるかに関してさまざまな説明があるが，その1つとして，人間の持つ「外集団均質化傾向」をあげることができる．これは，自分が属していない外

第8章　社会的認知

集団の人の特徴は，均質だと思ってしまう傾向を指す．

外集団均質化傾向は，数多くの実験で確認されている．たとえば，パークとロスバルト（Park & Rothbart, 1982）による実験では，性別による外集団均質化効果を調べている．この実験では，ランダムに半分の被験者に対しては男性に対する評価を，残りの半分の被験者には女性に対する評価を求めた．評価する項目は，男性的，女性的，中性的なステレオタイプの特徴から構成されている．たとえば，女性的ステレオタイプの特徴としては「ヘビ，ネズミ，クモが苦手である」などが用意された．これらの評価項目が，男性または女性にどの程度当てはまるかを 0 ～100％の割合で回答してもらった（図8-8参照）．

図8-8を見ると，自分の属する同性集団（内集団）に対する評価と異性（外集団）に対する評価では，ずれが生じている．異性（外集団）を評価した場合の方が，その性に対するステレオタイプ特徴が当てはまると評価される割合が高く，自分の属する性に対するステレオタイプ特徴が当てはまると評価される割合は低い．つまり，内集団は外集団よりも多様性があると認識されており，その一方で外集団は内集団に比べステレオタイプ的，つまり均質であると認識されていると解釈できる．

さらに，内集団に属するメンバーを無意識のうちに好意的に見る傾向があり，「内集団偏好（ingroup favoritism）」と呼ばれる．この内集団偏好傾向は，たまたま割り当てられて内集団を形成した集団メンバーに対しても生じる．たとえば10代の男子生徒を被験者とし，視覚の実験だと偽って行われた研究では，先にスライドを見せて，そこに映された点の数を多めに見積もった人と，少なめに見積もった人の2つにグループ分けをした（Taifel et al., 1971）．その後，スライドとは関係のない簡単なゲームを行い，他者を採点する作業を行ったところ，自分の属するグループの生徒の方に，高い点数をつける傾向が見られた．この実験で形成された集団は，それまでまったくつき合いのなかった人々の集まりであったが，そのような集団においてさえ，内集団偏好が生じることは興味深い．

内集団偏好は，自尊心を高く持っていたいという人間の欲求と関係があると考えられる．人は自分の自尊心を高めるために，自分が所属する集団を高く評価しようとするのであろう．しかし，内集団を高く評価することは，往々にして他の集団を低く評価することにつながる．民族紛争や人種差別といった問題も，外集団を低く評価する内集団偏好のマイナスの側面に由来すると考えられる．

第9章　電子ネットワーキングとコラボレーション

　現在，組織や集団が，何らかの課題を遂行する際に，電子メールやメーリングリストなどのコンピュータ・コミュニケーション（computer mediated communication，以下CMCと略記）を用いることは，すでに当たり前のこととなっている．しかし，そうしたCMCが，仕事を遂行する上で，集団のパフォーマンスにどのような影響を与えているのかは定かではない．

　スプロールとキースラー（Sproull & Kiesler, 1992）は，次のような事例を紹介している．7つのソフトウェア開発チームが，新しい情報システムを設計する期限付きの競争を行った．すべてのチームはデータベースやプログラミング・ツールを用いるために，コンピュータ・ネットワークを使ったが，幾つかのチームは，メンバー間のコミュニケーションにもコンピュータを活用した．コミュニケーションにコンピュータを使ったチームは，メンバーが離れた場所にいるため，全員が集まる会議を頻繁に行うことができなかった．それにもかかわらず，プロジェクトが終了した時点で，CMCを活用したチームの方が，よい製品を作ったのである（Sproull & Kiesler, 1992）．

　この章では，CMCには，一般にどのような特徴があり，また，組織や集団が，コラボレーションや意思決定を行う際に，CMCを取り入れることが，その集団のパフォーマンスにどのような影響を及ぼすのかを考察する．

1　コンピュータ・コミュニケーションの特徴

　一口にコンピュータ・コミュニケーションといっても，電子メール，メーリングリスト，電子掲示板，一般にはチャットと呼ばれる電子会議システムなど多様なコミュニケーションのスタイルが存在する．CMCにはどのような性質があり，集団意思決定の場にCMCを導入することで，どのような変化

が生じるかについて,数多くの研究が行われてきた.そうした研究の中で明らかにされてきた CMC が持つ特質を,以下に簡単にまとめる.

1.1 情報濾過機能

通常の対面コミュニケーションでは,視線,表情,身振り,服装,といった非言語的情報や,声の大きさ,抑揚,沈黙,言い間違いなどのパラ言語と呼ばれる情報が伝達される.しかし,CMC において,人々は文字だけを用いてコミュニケーションを行い,対面状況では多次元的に構成されていた情報は,文字という1次元の形態のみで伝達される.対面であれば伝わる非言語的情報やパラ言語が欠落してしまうことを,CMC の情報濾過(cue filtered out)機能と呼ぶ.これは,CMC の持つ大きな特徴の1つと考えられている(Kiesler et al., 1984).

対面コミュニケーションにおいて,相手の態度やパーソナリティを推定する場合,話し手の言葉によって判断されるのは7%,声の調子や話し手の身体的特質が38%,顔の表情によって判断されるのは55%であることを示す研究がある(Meherabian, 1971).つまり,話し手の伝達する情報のうち,93%が,声の調子や顔の表情といった非言語的情報で占められていることになる.対面状況であれば,伝達される情報の大部分を占めるはずの非言語的情報やパラ言語が濾過されてしまうことにより,CMC では,コミュニケーションをとる相手の存在感を,希薄に感じてしまう傾向が見られる.

また,メディア・リッチネスという観点からも CMC をとらえることが可能である(Daft et al., 1986).メディア・リッチネスとは,あるメディアが,コミュニケーションに用いられる際に,個人の感情やフィードバック,社会的文脈といった情報を,メディアを通じてどれほど伝達することができるかを示す尺度である.このメディア・リッチネスが一番高いのが,対面によるコミュニケーションで,次に電話,CMC,公式文書といった順番になる.CMC は,メディア・リッチネスが低いメディアであると位置づけられる.

1.2 立場の平等化

通常の対面状況で行われる集団意思決定では,多くの発言をするメンバー

とあまり発言をしないメンバーに分かれるのが普通である．こうしたコミュニケーションの場における発言量の違いは，メンバーの持つ個人的な資質とともに，メンバーの持つ社会的評価や地位といったものが関係している．つまり，社会的地位の高い者は，社会的地位の低い者に比べて，より多く発言し，その集団での議論を支配し方向づける傾向にある．しかし，CMCで集団意思決定を行う場合は，発言量の違いが，メンバー間で均一化・平均化する傾向が見られる．たとえばシーゲルら（Siegel et al., 1986）は，対面，電子メール，電子会議という3つのコミュニケーション・モードで，それぞれ集団意思決定の実験を行った．その研究によると，電子メールや電子会議などのCMCでは，対面に比べメンバー間の発言量のばらつきが少なく，メンバーが均等に発言することが示された．

また，デュブロスキーら（Dubrovsky et al., 1991）は，MBAの大学院生と学部の新入生という社会的地位の異なる集団で，新入生が取るべき授業のカリキュラムと，職業選択の問題について話し合う実験を行った．授業のカリキュラム構成に関しては新入生の方が詳しく，職業選択の問題に関しては大学院生の方が詳しい．しかし，対面状況では大学院生は，職業選択の問題と同様に，授業選択の問題に関しても新入生より多く発言している．しかし，CMCでは，その発言量の差が縮まり，新入生はより多く発言するようになり，職業選択の問題に関しても積極的に発言を行う傾向が見られた．

このように，CMCにおいては，社会的地位の相違が意識されにくくなり，発言に対する抑制や規範の影響が希薄になる．そのため，コミュニケーションにおける立場が平等化し，社会的地位の相違に関係なくメンバー間の発言量は均一化する傾向がある．

1.3 リスキーな意思決定

個人で，特定の意思決定を行い，同じ課題を今度は集団で行った場合，個人の意思決定よりも集団での意思決定の方が，リスクの高い（成功する確率の低い）決定結果を示すことがある．こうした現象を，リスキーシフト，あるいは集団極性化現象と呼ぶ．集団極化は，リスキーな方向（低い成功確率の選択）に集団の意見がシフトするだけではなく，慎重な方向（高い成功確

率の選択）に意見のシフト（コーシャスシフト）が見られることもある．従来，集団極化に焦点をあてて，CMCと対面の集団意思決定を比較する研究が行われてきた．集団極化の実験では，選択ジレンマ課題を用い，集団議論の前の個人意思決定と，集団での意思決定を比較した場合，リスク水準がどのように変化するかを検討する．

　選択ジレンマ課題では，2つある選択肢の可能性や確率の程度に応じて，行動選択を迫られる．たとえば，「捕虜収容所にいるBさんが，脱走するか，その収容所に留まるかの2者択一の問題に悩んでいる．被験者はBさんの友人として，その脱走の成功する確率が何％であれば，Bさんに脱走を勧めるか」といった問題が出され，被験者は成功確率のリスク水準を，個人と集団のそれぞれで決定しなければならない．個人と集団の意思決定を比較すると，通常集団での方が，よりリスクの高い意思決定を下す傾向があり，これをリスキーシフトと呼ぶ．

　リスキーシフトは，対面よりもCMCで生じやすいことが知られている．木村・都築（1998）は，選択ジレンマ課題を用いて，対面（face to face, FTF）の場合とCMCの場合で，どの程度集団極化が生じているかを検討している（図9-1参照）．この図では，意見がリスキーであるほど，高い得点を示している．図から明らかなように，CMCにおいて，議論前の個人決定が，集団意思決定になるとリスキーな方向へシフトしており，その差は有意であった．対面で，個人決定と集団決定を比較すると，慎重な方向へのシフトが見られるが，差は有意ではなかった．CMCでは，対面に比べてリスキーな意思決定結果となりやすいことが，他の研究でも示されており，これはCMCの持つ頑健な性質の1つである．

　CMCで生じる集団極化は，CMCでの集団意思決定が課題指向的（task oriented）になりやすく，情報的な影響力が強まるため生じている，と説得的論拠理論によって説明することができる（Siegel et al., 1986）．最近では，説得的論拠理論だけではなく，メンバー間での比較や競合によって極化が生じるという社会的比較理論や，集団内の同調圧力によって極化が生じるとする社会的アイデンティティ理論など，幾つかの理論が提起されており，こうしたさまざまな要因が複合的に作用していると考えられる．

さらに、これらの理論の他にもCMCで生じる集団極化を説明することは可能である。たとえば、CMCでは情報濾過機能により脱個人化が進み、コミュニケーションをとる相手の存在感が希薄に感じられる。議論の場において、相手の発言や存在感は、リスキーな意思決定に対する抑止力として

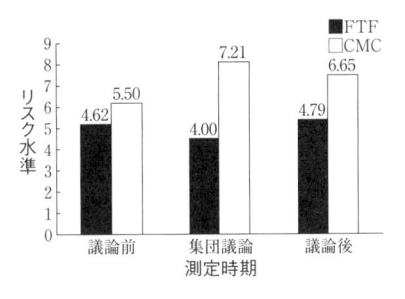

図9-1 対面とCMCの集団極化（木村・都築, 1998）

働くが、CMCでは、そうした抑止力が失われていくことにより、集団での議論が非現実化しやすくなり、容易にリスキーな方向へ議論が流れていく。しかし、CMCの集団極化では、常にリスキーな方向での意見のシフトが観察されている。こうした研究結果から、CMCの集団極化を、抑止力の欠如とそれに伴う議論の非現実化というCMCの持つ性質から説明することもできる（都築・木村, 2001を参照）。

1.4 フレーミング

電子メールや電子掲示板、あるいは電子会議システム（チャット）などで、相手の些細な言葉尻をとらえて非難をしたり、お互いが誹謗や中傷を繰り返すという現象がよく観察される。こうした現象は、燃え上がるように攻撃的になるという意味で、フレーミング（flaming）と呼ばれる。

川浦（1993）は、CMCにおいてフレーミング現象が生じる背景を図9-2の形にまとめている。このモデルによれば、先にも述べたようにCMCは文字を主体としたコミュニケーションであり、課題指向的であることから、非言語的情報などの社会的手がかりが失われる。そのため、メンバー間の平等感覚や匿名性が顕在化するとともに、人格意識が後退し、社会的抑制が解除され、フレーミングが生じると説明される。

実際に、シーゲルら（Siegel et al., 1986）は、対面とCMCで、抑制されていない発言が、どの程度異なっているのかを比較している。それによると、対面では抑制されていない発言がほとんど見られないのに対して、CMCではそれが数多く観察されている。通常の対面であれば、発言に対する相手の何

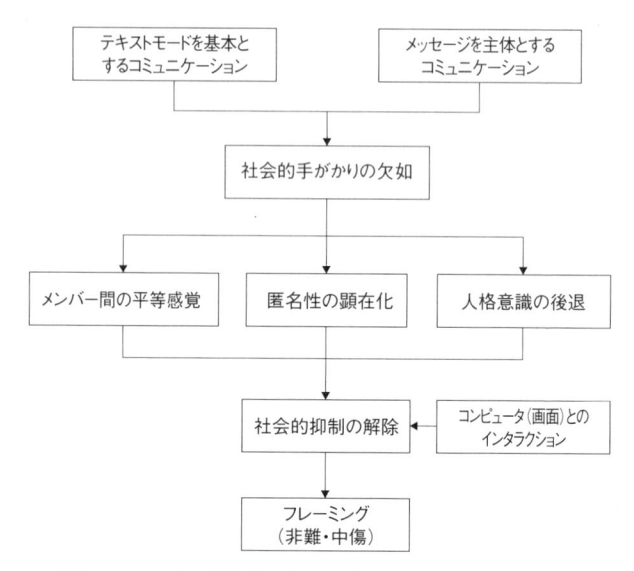

第9章　電子ネットワーキングとコラボレーション

```
┌─────────────────┐      ┌─────────────────┐
│テキストモードを基本と│      │メッセージを主体とする│
│するコミュニケーション│      │  コミュニケーション  │
└────────┬────────┘      └────────┬────────┘
         │                        │
         └───────────┬────────────┘
                     ▼
            ┌─────────────────┐
            │  社会的手がかりの欠如  │
            └────────┬────────┘
      ┌──────────────┼──────────────┐
      ▼              ▼              ▼
┌───────────┐ ┌───────────┐ ┌───────────┐
│メンバー間の │ │ 匿名性の顕在化 │ │ 人格意識の後退 │
│ 平等感覚  │ │           │ │           │
└───────────┘ └───────────┘ └───────────┘
                     │
                     ▼
            ┌─────────────────┐   ┌──────────────┐
            │  社会的抑制の解除   │◀──│コンピュータ(画面)との│
            └────────┬────────┘   │ インタラクション  │
                     ▼            └──────────────┘
            ┌─────────────────┐
            │   フレーミング    │
            │  （非難・中傷）   │
            └─────────────────┘
```

図9-2　フレーミング発生の概念モデル（川浦, 1993 を一部改変）

らかの反応を見て，自分の意見を調整したり，また話のトーンをコントロールするといったことが無意識に行われている．そうした調整は，相手からのフィードバックがあるからこそ成立するものである．しかし，CMCでは，相手から適切なフィードバック情報を得ることができず，微妙なニュアンスなどを伝えることも難しい．そのため，相手と自分との適切な関係を維持することができなくなり，抑制を欠いた発言やフレーミングが生じると考えられる．

　CMCでは情報濾過機能によって，相手の存在感が希薄に感じられ，社会的な抑制が解除される．こうした性質は，一方ではCMCにおける立場の平等化という現象をもたらす．さらに，社会的抑制が解除されることによって，初対面同士であっても，CMCでは，より自由で気楽なコミュニケーションをとることができる．近年では，電子メールやチャットが頻繁に用いられるようになっているのを見ても分かる通り，こうした性質は，CMCが広く一般に浸透する要因にもなっている．しかし，社会的抑制の解除というプラスにも作用するCMCの性質が，他方では，フレーミングといったネガティブな現

象をもたらしている，とまとめることができる．

1.5 意見の発散

CMC で何らかの集団意思決定を行う場合，その意思決定に要する時間は，対面での意思決定に比べて有意に長いという結果が報告されている．こうした意思決定に

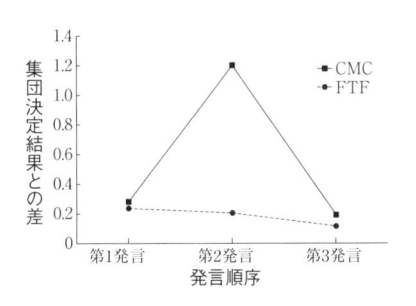

図9-3　CMC における発言の発散傾向（木村・都築, 1998）

要する時間が, CMC で有意に長いという傾向は，多くの研究で共通に見出されている．

対面では，話すことでコミュニケートするが, CMC ではキーボードから文字を打ち込むことによってコミュニケートしなければならず，話すこととキーボードによる文字の打ち込みの差が，意思決定時間の相違をもたらすと考えられている．確かに，そうしたコミュニケーション手段の相違によって，意思決定に要する時間の差異が，もたらされる側面もあるが，それ以上に，CMC では対面に比べて意見が発散しがちで，合意が得にくいという性質も関係している．

たとえば，先にも引用した木村・都築（1998）の研究では，対面と CMC を比較し，ジレンマ課題を用いて，それぞれ確率を伴った 1 から11までの選択肢のうち，どれか 1 つを選ばせる実験を行っている（図9-3参照）．図では，議論の中で最初に提案された選択肢から 3 番目に提案された選択肢まで，それぞれの集団で最終的に決定された選択肢との差が示されている．対面では，議論が進むにしたがって，提案される選択肢と最終的に選ばれる選択肢との差が縮まり，集団はその意見を 1 つの方向へ収束させ，最終的な決定に至る．しかし, CMC では, 2 番目の発言でその差が大きくなっている．これは，最初に提案された意見とは反対の意見が提案されたことを示している．CMC では一方向的に意見が収束して行くのではなく，発散する傾向があるということは他の研究でも確認されている（Weisband, 1992）．

対面状況では，誰かの意見に対して反対意見を述べることは，かなりの心

理的負担や抵抗を感じるものである．しかし，CMCでは社会的抑制が解除されるため，対面状況に比べて，比較的楽に反対意見を述べることができる．そのため，CMCでは意見がなかなか1つの方向へ収束することがなく，錯綜しがちになり，最終的な同意が得にくい．つまり，CMCでの議論が対面での議論に比べ，長い時間を要するのは，コミュニケーション手段の相違とともに，意見が発散しがちで合意が形成されにくいという性質によると考えられる．

2　コンピュータ・コミュニケーションとコラボレーション

2.1　集団思考

　意思決定を行う集団は，客観的な事実に基づく意思決定を行うのではなく，集団内の規範や斉一性への圧力に応じた意思決定を行いやすい．全員一致が強く求められるような雰囲気の中で，主観的な思い込みによって現実を吟味したり，道徳的な判断を誤ったり，バランスの取れていない精神状態で意思決定を下したりする．このような集団意思決定の質の低下は，集団思考（Janis, 1982）と呼ばれる．この集団思考は，内閣などで下される政治的な意思決定から，企業の経営陣よる集団意思決定においても観察される．たとえば，アメリカのキューバ侵攻やベトナム戦争のエスカレーションなどにおいて，大統領やその補佐官などの政策決定者の間で，集団思考が生じたと考えられている．

　このような集団思考が生じる背景として，幾つかの要因が考えられる．つまり，(1)集団の凝集性が非常に高い場合，(2)非常に強い指導力が発揮される場合，(3)集団が他の集団との違いを強調されたり，社会的な隔離状態にある場合，(4)メンバーの持つイデオロギーや社会的背景が同質的な場合などである．こうした背景のもとで，危機的状況における問題解決や，判断や認知の葛藤に関わる課題などを処理する際に，集団思考が生じやすい．

　CMCでは，こうした集団思考が発生しにくい，あるいは，集団思考が生じる程度を弱める効果があることが指摘されている（Miranda, 1994）．たとえば，CMCにおいて匿名性が保証されている場合，メンバーは，よりオー

プンで率直な議論を行うことができる．また，CMCにおいては，相手の存在感が弱まることから，集団の凝集性が低下し，全員一致を求めるような同調圧力が低下する．同調圧力や規範の作用が低下するため，そうした圧力にさらされないで，より公平な意思決定を行うことが可能である．更に，CMCの課題指向的な性質により，議論の場に提示されるアイデアと，そのアイデアの発案者との結びつきが弱まる．集団思考が生じる場合，集団のメンバーは，議論の場に提示される情報やアイデアよりも，それを提示する個々人の性格や社会的地位に影響を受ける．その結果，対面集団では議論の性質が歪むことがある．しかし，CMCは，そうしたバイアスの影響を比較的受けにくいと言える．

2.2 コラボレーションにおける課題の種類

集団のパフォーマンスが低下する集団思考を避ける上で，CMCが有効であることを見たが，これは常にあてはまるのだろうか．つまり，集団で何らかの課題を遂行したり，コラボレーションを行う上で，CMCが，常に良好な結果をもたらすと言えるのだろうか．以下では，コラボレーションにおけるCMCの有効性を検討する．

CMCを用いたパフォーマンスと，その集団が取り組む課題の種類には，強い関連がある．つまり，電子会議システムを用いて議論を行うことが適切な課題と，そうではない課題が存在する．そのため，まず集団で遂行する課

討議課題	実行課題
葛藤解決（conflict resolution） 相互依存・強 ■観点の興味の衝突・葛藤の解決 ■社会的ジレンマの解消	■メンバー間の勢力の調整 ■課題実行における競争・競合 ■スポーツなどの物理的課題
選択課題	生成課題
調整（coordination） 相互依存・中 ■正解を伴った知的問題の解決 ■正しい選択肢への同意	共同（collaboration） 相互依存・弱 ■行動を指向する計画の作成 ■創造的アイデアの生成

図9-4　**課題の種類**（McGrath, 1983を一部改変）

題には，どのような種類があるのかを説明する．

マッグラス（McGrath, 1983）は，一般的な集団が遂行する課題を，4つに分類している（図9-4参照）．図にあるように，課題は，実行課題，討議課題，選択課題，生成課題の4つに分類されている．ただし，ここで挙げられている実行課題とは，メンバー間の勢力の調整や，関係性の維持などの問題を意味しており，実際の行動上の課題である．そのため，以下の分析ではこの課題を省略する．

4つある課題のうち，3つは，その課題を遂行するために必要な，集団メンバー間の相互依存の程度によっても，特徴づけることができる．つまり，討議課題，選択課題，生成課題という順番で，メンバーに必要とされる相互依存の程度は弱まる．そして，その相互依存の程度に応じて，3つの課題を，それぞれ葛藤解決（conflict resolution），調整（coordination），共同（collaboration）に関する課題としてとらえることができる（Straus et al., 1994）．

(1) 討議課題（葛藤解決）

討議課題において，集団はメンバー間の意見や好みの調整を行わなければならない．この課題では，相手を説得したり，妥協を迫ったり，相手の反応を吟味したりする必要がある．集団は，問題に対する最適解を見つけるというよりは，メンバーの選好に沿った意思決定を行わなければならない．こうした際のコミュニケーションでは，相手からの適切なフィードバック，表情，声の調子といった非言語的な情報の占める役割が大きい．したがって，非言語的情報やパラ言語を伝達しないCMCで，討議課題を遂行する場合，対面に比べて，集団のパフォーマンスは，低下すると考えられる．

たとえば，ある企業の2つ（AとB）の部門間で，いくつかの物資の伝送コストを決定しなければならない，という実験が行われた（Arunachalam et al., 1995）．被験者は，仮想的に各部門の責任者として振舞い，対面とCMCの2つのコミュニケーション・モードで，物資の輸送コストを決定した．この課題では，AとBの部門間で，それぞれの物資のプライオリティが異なる．したがって，A部門の要求のみを通せば，A部門の利益は上がるが，B部門の利益は少なくなり（逆も同様），会社全体としての収益は落ちる．集団のパフォーマンスは，会社全体としての収益がどの程度であるかによって測定

される．実験の結果，対面でのパフォーマンスの方が，CMCより優れていた．つまり，対面でこの課題を処理した方が，会社としての利益は向上したのである．またCMCでは，決定に用いられる個々人の判断が不正確になるという結果も示された．

一方，授業のティーチングアシスタントが，あるバスケットチームのスター選手から，試験の点数を変えるように依頼されたという仮想的な課題を，集団で討議する実験が行われた（Straus et al., 1994）．授業の単位が取得できなければ，その選手はバスケットチームでプレーすることができず，チームの成績は下落する．しかし，学部としては授業のレベルを保つ必要がある．集団は，こうした戦略的な課題を，対面とCMCの2つのコミュニケーション・モードで解決するよう依頼された．集団のパフォーマンスは，チーム，学部，学校それぞれの運営を，メンバー各々が，満足する程度で測定され，実験とは関係のない，第三者によって評価された．結果は，やはり対面でのパフォーマンスの方が，CMCでのパフォーマンスよりも優れていた．つまり，対面の方が，CMCに比べて，メンバーの満足度が高い結果を示している．更に，実験後のメディア評価においても，CMCは非効率的であるという，否定的な反応が強かった．また，CMCにおいては抑制されない発言も多く観察された．

他にも，予算割り当て問題（$500,000を6つのボランティア団体に振りあてなければならないが，被験者の価値体系によってプライオリティは異なる）といった葛藤解決問題をCMCと対面で比較する実験が行われたが，やはり対面でのパフォーマンスが優れているという結果が示されている（Poole et al., 1993）．以上の結果から，集団メンバーの選好を調整したり，意見や動機の葛藤を解決するために妥協や説得を要するコミュニケーションを，対面ではなく，CMCで処理するのは，困難であることが示された．

(2) 選択課題（調整）

選択課題では，知的判断を要する問題解決において，集団は，正しい答えに到達することを求められる．選択課題では，討議課題のように，集団メンバー間で，意見の調整があまり必要ではない．集団が取り組む課題には，必ず正しい答えが存在する．そのため，選択課題では，メンバーの社会的文脈

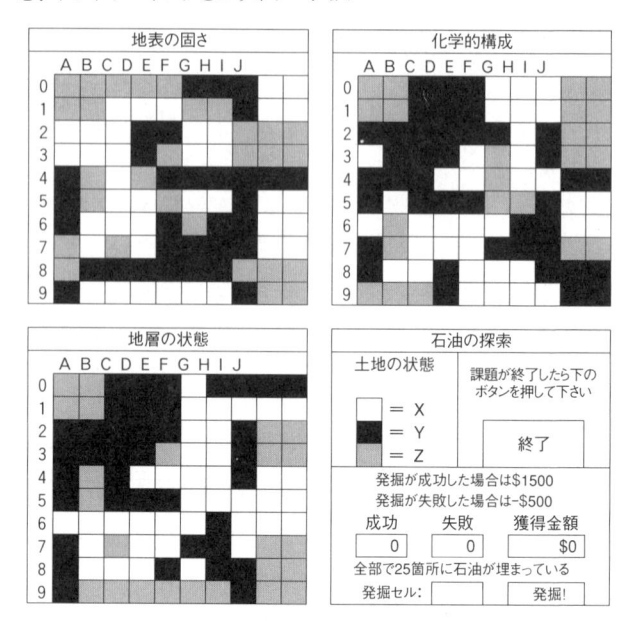

図9-5　概念学習課題の例(Farmer et al., 1994)

における情報や，微妙なニュアンスといった情報を，あまり交換する必要がない．また，集団のうち誰か一人でも正しい解答に到達できれば，それが集団のパフォーマンスとなる．こうした課題の性質から，CMCは対面と比べても，同等かそれ以上のパフォーマンスを達成することが期待される．

　たとえば，3つの地質学的な情報を元に，石油やガスが埋まっている場所を探し出すという課題がある（図9-5参照）．これは別名，概念学習課題（concept learning task）とも呼ばれるが，被験者は3つの地質学上の状態（XYZ）の組合せから，石油やガスが埋蔵されている場所を探し出す．たとえば，XXXやYYYあるいはZZZとアルファベットが重なる地点に石油が埋まっているとする．被験者は，そのアルファベットの配列規則を探し出し，10×10の配列の中で出来るだけ多くの埋蔵場所を指示しなければならない．

　石油を発掘できれば，それに応じた金額が加算されるが，失敗した場合，発掘にかかる費用が差引かれる．集団のパフォーマンスは，実験が終了した時点で，集団が獲得した金額の合計によって評価される．この課題を用いて，

CMCと対面の比較が行われた (Farmer et al., 1994)．対面では，図9-5に示されている情報が1枚のシートとして配られ，CMC条件では同じ図がスクリーン上に表示される．結果を見ると，CMCと対面では集団のパフォーマンスに違いは見られなかった．つまり，CMCは対面でのパフォーマンスと同等の成果を上げたことになる．ただし，石油埋蔵の配列規則が複雑になった場合 (たとえば，XZYとかZZXなど)，対面の方がCMC条件に比べ，より多くの金額を獲得した．

他にも，ある一定の規則にもとづいて被験者に提示されるトランプのカードから，その配列の規則を推測するという課題がある．例えば，トランプの番号が偶数でスペードだけの並びである，といったものが規則に相当する．集団は，実験者が規則を知らせずに提示するカードの並びから，その配列の規則やルールを協調的に探索しなければならない．こうした帰納的判断の課題を，CMCと対面で比較する実験が行われた (Laughlin et al., 1995)．その結果，9つある問題のうち対面では全問で正解に達し，CMCでは8つの問題で正解に到達した．つまり，CMCは対面とほぼ同等のパフォーマンスを発揮したと言える．しかも，この課題においては，配列規則の複雑さが増しても (たとえば，スペードとダイヤで番号は10以上など)，CMCは対面と変わらないパフォーマンスを示した．

また，大学院の入試問題に相当するような課題が提示され，それをCMCと対面コミュニケーションで解くことを求める実験が行われた (Straus & McGrath, 1994)．その結果，CMCと対面で有意差が見られず，CMCは対面とほぼ同等のパフォーマンスを達成した．ただし，メディア評価としては，CMCは対面に比べやや非効率であると判定されている．以上の結果から，知的判断が必要な選択課題において，CMCを用いる集団は，対面集団とほぼ同等のパフォーマンスを達成することが示された．

(3) **生成課題（共同）**

生成課題において，集団メンバーは，それぞれ独立に，新奇なアイデアや解決策を提示することが求められる．これはブレインストーミングとして知られる課題であり，集団での創造性を高めるために使われる意思決定技法である (Osborn, 1953)．このブレインストーミングを実施するにあたって，4

つの規則がある．それは，(1)アイデアの数は多ければ多いほどよい，(2)アイデアが新奇なものであればあるほどよい，(3)すでに提示されたアイデアの結合と改良が望ましい，(4)他者の出したアイデアを批判してはならない，といったものである．

　ブレインストーミングを行うことによって，集団は，より新奇で多くのアイデアや，問題に対するさまざまな解決策を得ることができると期待された．しかし，集団と名義集団によるブレインストーミングを比較した研究の結果，集団によるブレインストーミングの有効性が疑問視されるようになった．名義集団では，実際には集団にはならず，それぞれ一人で作業を行い，後で実際の集団の人数分だけ作業量を加算する．実際の集団と名義集団の比較では，名義集団でブレインストーミングを行った方が，より多くのそして独創性に富むアイデアが提示されることが分かった．

　こうした結果は，ただ乗り，生産マッチング，評価懸念，生産妨害といった観点から説明できる．ただ乗りとは，他のメンバーの貢献に期待して，自分が努力を行わないことである．生産マッチングとは，自分の考えを他人に合わせてしまうことである．評価懸念とは，他者からの評価を勘案して，独自で新奇なアイデアの提示を恐れることである．生産妨害とは，集団での議論では一度に一人しか話すことができず，誰かが話している時，他の者は黙っているしかなく，その間に自分の考えを失念したり，話すタイミングを失ってしまうことを指す．こうした要因によって，集団よりも名義集団の方が，ブレインストーミングの質的・量的なパフォーマンスが優れていることを説明できる．

　上記の阻害要因を克服する目的で，CMCを用いた電子ブレインストーミングの研究がなされてきた．それらの研究から，CMCでブレインストーミングを行った場合，対面だけでなく名義集団でのブレインストーミングよりも，そのパフォーマンスが優れているという結果が示された (Valacich et al., 1994)．CMCを用いてブレインストーミングを行う場合，先述したブレインストーミングの阻害要因を克服することができる．たとえば，CMCでは誰かが自分のアイデアや解決策の表明を行っている際にも，自分のアイデアや解決策を提示することが可能であり，生産妨害は生じない．またCMCの情報

濾過機能により，コミュニケーションを取る相手の存在感認知が希薄になるため，自分のアイデアを他者から評価される懸念が軽減される．また自分のアイデアを他人に合わせてしまうような斉一性への圧力も，CMCでは生じにくい．こうした妨害要因が克服されることによって，CMCで生成課題のパフォーマンスが向上すると解釈できる．ただし，こうした妨害要因は，名義集団においても克服されている．そのため，名義集団の方が，実際の集団よりもブレインストーミングの質的・量的な成果が，優れているのである．しかし，CMCで行われるブレインストーミングでは，この名義集団よりも優れたパフォーマンスが見出されている．

この理由として，CMCでは他者の出したアイデアや解決策を閲覧できる点をあげることができる．名義集団では，個々人で作業するため，自分の発想だけにとらわれがちである．これに対して，CMCでは他者の提示するアイデアをまとめて閲覧できるため，そこから新しく刺激を受けて，アイデアを発展させたり，他のアイデアを結合したりすることが可能になる．つまり，CMCでは，対面の集団と名義集団の抱えるマイナス面を軽減し，プラスの側面を利用できるため，両集団よりも優れたパフォーマンスを達成することができると考えられる．

さらに，CMCでは集団の人数が多くなるほど，パフォーマンスが向上することが知られている（Valacich et al., 1995）．通常の対面であれば，人数が多くなるほど，生産妨害や評価懸念が生じて，全体のパフォーマンスは低下する．しかし，CMCでは，そうした妨害要因の作用が低下し，人数の増加によるプラスの面を活用できるため，パフォーマンスが向上するのである．このように，生成課題においては，CMCは極めて有効であることが示された．

3 まとめ

本章では，CMCの持つ特質と，そのCMCがコラボレーションに用いられる際に，集団のパフォーマンスに及ぼす影響について説明した．CMCには情報濾過機能という性質があり，非言語的情報やパラ言語が伝達されないため，社会的手がかりが喪失する．そのため社会的抑制が解除され，立場の平等化，

集団極化，フレーミング，意見の発散といった CMC における多様な特質が生じてくる．

また，CMC には集団思考などを妨げ，集団の意思決定の質を向上させる働きがある．ただし，電子メディアと組織集団で行われる課題の種類には，最適な組合せがある．CMC の場合，討議課題ではパフォーマンスが低く，選択課題では，対面とほぼ同等の成果を上げる．そして，生成課題において，CMC は，非常に有効であり，効率的なメディアであることが見出されている．

ただし，実際の組織や集団が直面する課題は，決して単一の性質だけが含まれているのではなく，討議，選択，生成といったさまざまな側面から構成されている．そのため，組織集団の中のあらゆる場面で CMC を用いることは必ずしも有効ではなく，さまざまな局面に応じて，CMC と対面コミュニケーションを使い分けていくことが望まれる．

【引用文献】

Arunachalam, V., & Dilla, N. W. 1995 Judgment accuracy and outcomes in negotiation: A causal modeling analysis of decision-aiding effects. *Organizational Behavior and Human Decision Processes*, 61, 289-304.

Daft, R. L., Lengel, R. H., & Trevino, L. K. 1986 Organizational information requirements, media richness and structural design. *Management Science*, 32, 554-571.

Dubrovsky, V. J., Kiesler, S., & Sethna, B. N. 1991 The equalization phenomenon: Status effects in computer-mediated and face-to-face decision-making groups. *Human-Computer Interaction*, 6, 119-146.

Farmer, S., & Hyatt, W. C. 1994 Effects of task language demands and task complexity on computer-mediated work groups. *Small Group Research*, 25, 331-366.

Kiesler, S., Siegel, J., & McGuire, T. 1984 Social psychological aspects of computer-mediated communications. *American Psychologist*, 39, 1123-1134.

川浦康至 1993 社会生活とコミュニケーション 飯塚久夫・川浦康至・小林宏一・徳永幸生（編） コミュニケーションの構造 NTT 出版 Pp. 26-34.

木村泰之・都築誉史 1998 集団意思決定とコミュニケーション・モード——コンピュータ・コミュニケーション条件と対面コミュニケーション条件の差異に関する実験社会心

理学的研究—— 実験社会心理学研究, 38, 183-192.

Janis, I. L. 1982 *Groupthink: Psychological studies of policy decisions and fiascoes.* Boston, MA: Houghton Mifflin.

Laughlin, R. P., Chandler, S. J., Shupe, I. E., Magley, J. V., & Hulbert, G. L. 1995 Generality of a theory of collective induction: Face-to-face and computer-mediated interaction, amount of potential information, and group versus member choice of evidence. *Organizational Behavior and Human Decision Processes*, 63, 98-111.

McCarthy, C. J., Miles, C. V., Monk, F. A., Harrison, D. M., Dix, J. A., & Wright, C. P. 1993 Text-based on-line conferencing: A conceptual and empirical analysis using a minimal prototype. *Human-Computer Interaction*, 8, 147-183.

McCarthy, C. J., & Monk, F. A. 1994 Measuring the quality of computer-mediated communication. *Behaviour & Information technology*, 13, 311-319.

McGrath, E. J. 1983 *Groups: Interaction and performance.* Englewood Cliffs, NJ: Prentice-Hall.

Meherabian, A. 1971 *Silent message.* CA: Wadsworth.

Miranda, M. S. 1994 Avoidance of groupthink: Meeting management using group support system. *Small group research*, 25, 105-136.

Osborn, A. F. 1953 *Applied imagination.* NewYork: Scribner.

Poole, S. M., Holmes, M., Watson, R., & DeSanctis, G. 1993 Group decision support systems and group communication: A comparison of decision making in computer-supported and nonsupported groups. *Communication Research*, 20, 176-213.

Safayeni, F., Lee, E., & Macgregor, J. 1988 An empirical investigation of two electronic mail systems. *Behaviour and Information Technology*, 7, 361-372.

Siegel, J., Dubrovsky, V., Kiesler, S., & McGuire, T. W. 1986 Group processes in computer-mediated communication. *Organizational Behavior and Human Decision Processes*, 37, 157-187.

Sproull, L., & Kiesler, S. 1992 *Connections: New ways of working in the networked organization.* Cambridge, MA: MIT Press. 加藤丈夫（訳）1993 コネクションズ——電子ネットワークで変わる社会—— アスキー

Straus G. S., & McGrath, E. J. 1994 Does the medium matter?: The interaction of task type and technology on group performance and member reactions. *Journal of Applied Psychology*, 79, 87-97.

都築誉史・木村泰之 2001 集団意思決定におけるコミュニケーションモードとリスキーシフトに関する並列制約充足モデル 守 一雄・都築誉史・楠見 孝（編） コネクショニストモデルと心理学 北大路書房 Pp. 119-133.

Valacich S. J., Dennis, R. A., & Connolly, T.　1994　Idea generation in computer-based groups: A new ending to an old story. *Organizational Behavior and Human Decision Processes*, 57, 448-467.

Valacich S. J., Wheeler, C. B., Menneche, E. B., & Wachter, R.　1995　The effects of numerical and logical group size on computer-mediated idea generation. *Organizational Behavior and Human Decision Processes*, 62, 318-329.

Weisband, P. S.　1992　Group discussion and first advocacy effects in computer-mediated and face-to-face decision making groups. *Organizational Behavior and Human Decision Processes*, 53, 352-380.

【読書案内】

松尾太加志　1999　コミュニケーションの心理学――認知心理学・社会心理学・認知工学からのアプローチ――　ナカニシヤ出版
　　コミュニケーションの問題をさまざまな角度からとらえ，より大きな文脈から，コンピュータ・コミュニケーションの問題を記述している．

金子郁容・松岡正剛・中村雄二郎ほか　1997　電縁交響主義――ネットワークコミュニティの出現――　NTT出版
　　電子会議室を1つのコミュニティとしてとらえ，電子会議室上における人間関係やコミュニケーションの成立特性などを分析している．

坂本　章（編）2000　インターネットの心理学――教育・臨床・組織における利用のために――　学文社
　　教育・臨床・組織といった幅広い視点から，インターネットの利用に関する心理学的側面をとらえている．

川上善郎・川浦康至・池田謙一・古川良治　1993　電子ネットワーキングの社会心理――コンピュータ・コミュニケーションへのパスポート――　誠信書房
　　コンピュータ・コミュニケーションに関する社会心理学的な検討を行っている．

池田謙一（編）　1997　ネットワーキング・コミュニティ　東京大学出版会
　　調査に基づいて，パソコン通信やインターネットで行われているコミュニケーションのメカニズムを検証している．

《コラム9》
ソフトウェアのインタフェース

　コンピュータを仲介させてコミュニケーションを行う場合，当然，そのためのソフトウェアが必要となる．電子メール用ソフト，電子掲示板用ソフト，電子会議（チャット）用ソフトなど，その目的と用途に応じて，さまざまなソフトウェアが存在する．本章で述べたように，文字だけを通じてコミュニケーションを行うということが，集団のパフォーマンスに与える影響は大きい．しかし，それと同時に，用いるソフトウェアのデザイン，インタフェースが，CMCによる集団のパフォーマンスに影響を及ぼすことが知られている．
　たとえば，銀行のホールを再設計するという課題において，2つの電子会議用ソフトウェアの比較が行われた（McCarthy et al., 1994）．一方の集団は，電子会議で他のメンバーと共有する画面が大きいソフトウェアを用いた．もう一方の集団は，共有画面が小さいソフトウェアを用いた．共有画面の大きいソフトウェアでは，会話の記録として残るログの量が多いが，小さい共有画面ではログの量も少ない．実験の結果，共有画面が小さいソフトを用いた集団は，直前に出た話題を参照しやすいことが分かった．これは通常の対面での会話において，しばしば観察される傾向であり，対面集団は，以前出た話題を改めて話し合うということをせず，直前の話題を参照する傾向にある．つまり，共有画面の小さなソフトウェアを用いる集団は，そのコミュニケーション・パターンが，対面での会話と似たものになる．それに対して，共有画面が大きいソフトを用いた集団は，かなり以前に出た話題にも，改めて言及することが多かった．こうした違いは，保持できるログの量の多寡によって説明することができる．つまり，共有画面が小さいと，記録できる会話のログが少ないので，以前に出た話題を画面上に保持できない．そのため，以前の話題を改めて参照することがなく，画面に残っている直前の話題を参照しやすくなる．これは，ソフトウェアのインタフェースがCMCにおける会話のスタイルを変容させる例である．
　CMCにおいてソフトウェアが果たす役割の重要性は，電子会議用ソフトウェアに限ったものではない．たとえば，高機能電子メール用ソフトと，機能を限定した電子メール用ソフトの2種類を用いて調査が実施された（Safayeni et al., 1988）．この調査では，ある会社組織の中で，高機能版と機能限定版

第9章 電子ネットワーキングとコラボレーション

の2つの電子メールソフトを，一定期間，別々の組織集団に利用してもらい，使用後の印象を測定している．高機能版のメールソフトには，同報機能，送受信メールの無制限の保持，相手がメールを読んだか否かの確認機能などが備っていたが，機能限定版にはそうした機能が付加されていなかった．使用後のメディア評価では，どちらのメールソフトに対しても満足度は高いが，高機能版メールソフトの方が，業務の生産性に対するインパクトが強いと評価された．また，肯定的なコメントも，高機能版メールソフトの方が多かった．さらに，高機能版を使った組織集団の方が，メモの使用頻度も，より減少している．このように，ソフトウェアのデザインだけではなく，機能の多寡によっても，利用者の行動パターンやメディア認知が大きく異なってくる．

このようにソフトウェアの機能がCMCに及ぼす影響は大きく，ソフトウェアを改良することによって，CMCで生じる問題点の幾つかが改善される可能性がある．たとえば，CMCでは，話者交代の混乱がしばしば観察される．CMCでは，相手の発言が終わりきらないうちに，発言したりする現象が数多く見られる．対面では，たとえば声のトーンが落ちることが，話の終わるシグナルだったり，相手の視線を見て話者交代のタイミングをつかんだりする．しかし，CMCではそのような情報が伝達されないため，話者交代の混乱が生じる．他にも，集団のメンバー全員が，沈黙してお互いの発言を待っていたり，その逆に，全員がいっぺんに発言してしまうこともある．

こうしたCMCの問題点を解決するため，相手が何をしているのか，という情報チャンネルをソフトウェア上に付加することが提案されている．（McCar-

図9-6　新しい情報チャンネルイメージ（McCarthy et al., 1993）

《コラム9》

thy et al., 1993)．たとえば，図9-6に示したように，相手が，意見の編集をしているのか，何もしないで待っているのか，会話のログをスクロールしているかといった情報が，ソフトウェア上に表示されれば，CMCにおける話者交代の混乱などもかなり軽減されると期待できる．

第10章　ヒューマン・インタフェース
——人とモノの相互作用を考える

　ここまでの章で，人の認知活動・認知過程について多くの知見が語られてきた．これらの知見において，主として対象となってきたのは「人の頭の中はどうなっているのか」という問題である．また，ともすれば，認知科学研究で対象としているのは「頭の中」と考えがちである．しかし，実際のところ，私たちの頭の中は「頭の中」だけで独立しているのだろうか．ノーマン(Norman, 1980)は認知科学が追究すべき12の対象の中に，「相互作用」という領域を含めている．これは，まさに頭の中と頭の外，すなわち「世界」がいかに相互作用をしているのか，それによって「頭の中」はどのような変化を見せるのかをとりあげているものである．

　くしくもノーマンはその後，コンピュータや日常的な身の回りのモノのデザインを，人の認知的側面から評価・検討していく「認知工学（cognitive engineering）」という研究領域を提言した．すなわち，彼自身の手で，モノと人との相互作用を認知科学の一領域として確立したのである．ここでは，1980年代以後に発展してきた，人とモノとの相互作用に関する認知科学的研究を紹介しよう．

1　認知科学の成果の「応用」としてのモデル化

　ノーマンが認知工学を提唱する以前から，人とモノとの相互作用を研究対象としようとする動きは始まっていた．人とモノとの相互作用の研究は，1970年代に，まずコンピュータを対象とした研究から始まった．それは，コンピュータが「専門家が，その計算結果を必要としているユーザのために操作してあげるもの」から「ユーザが自分のほしい結果のために自分で道具と

第10章　ヒューマン・インタフェース

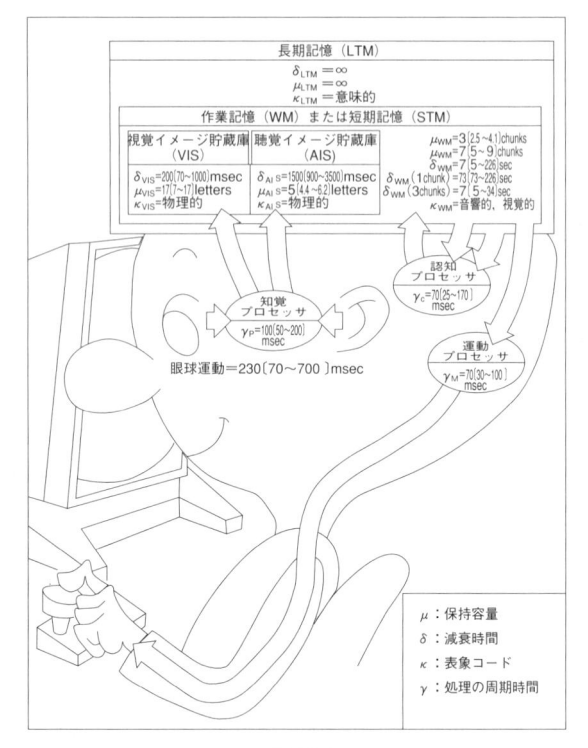

図10-1　人間情報処理モデル

して使うもの」へと変化しつつあった時代背景を反映している．代表的なものが，カードらによる研究（Card, Moran, & Newell, 1983）である．彼らは，人とコンピュータとの相互作用（human-computer interaction, HCI）を規定する「人」の側のモデルとして「人間情報処理モデル（model human processor）」を提案した（図10-1）．その根幹にあるのは，人の認知的過程を情報の流れとしてとらえ，箱型のモデルとして表した記憶の多重モデル（Atkinson & Shiffrin, 1971 ほか）と同じ発想であるが，各処理段階について処理時間，処理容量，対象とする情報特性などの細かい記述を行っているところにその特徴がある．その結果，情報がどのような順路で処理されるのかが明らかにされれば，その処理に必要な時間が推定できると考えられる．これを，彼らはキーストロークレベル・モデル（key stroke level model, KLMモ

デル)として定義し,モノのデザインの使いやすさに関する評価基準の1つとして提案した.

KLMモデルの例を示そう.表10-1に示すように,人が個別の要素的情報処理を行うために必要な時間を定義・測定することができる.その中にはKのように各個人の技能レベルによって大きく異なる場合もあれば,Pのようにマウスを動かす距離と標的の大きさといった外的な条件(値)によって一定の計算式(ここではフィッツ[Fitts]の法則)から算出されるものもある.実際にインタフェース・デザインのシステムがあるとき,そこで1つの操作をするまでに必要な操作をリストアップしていき,その1つ1つに操作時間を表10-1から割り当てることによって,そのインタフェースでの操作に必要な時間を推定することができる.たとえば表10-2では,メニューバー(プルダウンメニュー)から「印刷」を選んで実行する場合の計算例を示している.仮にあるシステムがポップアップメニュー(「マウスの右ボタンクリック」などの操作によって,マウスが現在位置している場所にメニューが表示される機能)に印刷の項目を含めているならば,表10-2の操作系列の内,2番目のP(「マウスをメニューバーの該当項目まで移動する」)は不要となり,KLMではポップアップメニューの方が「よりよいデザイン」と評価されることとなる.

しかし,この操作列はどのようにして「頭の中で」リストアップされるのか.また,KLMモデルのような「もっとも直接的にシステムを操作する部分」だけが「デザインのよさ」の決め手ではなく,もっと上位の概念レベルでの考え方や全体的な構造もデザイン評価の対象とするべきではないか.そこで,これらの「様々なレベルの操作(情報処理)系列を明らかにし,評価対象としていくための記述法」として彼らが提言したものがGOMSモデルである.GOMSとは,目的(goal),操作子(operator),方法(method),選択方法(selection-rule)の4つの頭文字であり,あるレベルでの「目的」から,そこで利用可能な「方法(操作子の系列)」を列挙し,いくつかの方法がある場合にその「選択方法」を明らかにするものである.表10-3が示すような,かなり抽象的な単位課題レベル(unit task level)から最も詳細なKLMレベルまで,4つのレベルでの「ユーザが行いうる操作」をGOMSモデルによって書き表すことができる.これによって,操作の一貫性や下位目的への入れ

第10章 ヒューマン・インタフェース

表10-1　KLM モデルの各構成要素

オペレータ	説明	時間(秒)
K	キー打鍵またはマウス等のボタン押下に要する時間。 ・シフトキーやコントロールキーの打鍵も同様。 ・タイプ入力の技能により時間は異なる。 　　　最高水準のタイプスト 　　　腕のいいタイピスト 　　　平均的なタイピスト 　　　ランダムな文字のタイプ入力 　　　キーボードに不慣れな人	 0.08 0.12 0.20 0.50 1.20
P	画面上の目標をマウスでポイントするのに要する時間。 ・フィッツの法則で予測される0.8 〜1.5 秒の平均。 ・ボタンを押す時間は含まない。	1.10
H	手をキーボードや各種装置に移動する時間。	0.40
$D(n_D, l_D)$	全長l_Dの線分をn_D本だけ描画する所要時間。	$0.90n_D +$ $0.16l_D$
M	精神的準備時間。 ・実験データから推定した平均値。 ・操作手順の中でMをどの位置に入れるかについては、別途規則が設定されている。それによると、最初はすべてのKの前にMを入れ、Mが十分に予測可能である等の例外規定によって取りはずし可能なMを除去する。	1.35
R(t)	システムの応答時間	t

(Card et al., 1983 にもとづく)

表10-2　KLMモデルの例：プルダウン・メニューから「印刷」を選択

事　例	プルダウンメニューから「印刷」項目を選択する場合	
手　順	マウスに手を伸ばす マウスをメニューバーに移動する マウスボタンを押し下げる →メニューが表示される メニューの中の「印刷」の位置を確認する マウスを「印刷」に移動する（ボタン押したまま） マウスボタンから指を離す →「印刷」が選択され、メニューは消去される	H[mouse] P[menu-bar] K[button] M[element] P[element] K[button]
時　間	T 実行 $= T_H + 2\,T_P + 2\,T_K + T_M = 4.35$（秒）	

1 認知科学の成果の「応用」としてのモデル化

表10-3 GOMSモデルによる単位課題レベルの分析の例：ワードプロセッサでの編集

```
GOAL：原稿を編集する
・GOAL：編集の単位作業を行なう（これを単位作業が無くなるまで繰り返す）
・・GOAL：単位作業の目標を獲得する
・・・次のページに進む（もし編集対象のページの末尾なら）
・・・次の作業目標を獲得する
・・GOAL：単位作業を実行する
・・・GOAL：適当な行位置に移動する
・・・・［SELECT：1行ずつ移動する方法を使う
              指定文字列を含む行を見つける方法を使う］
・・・GOAL：テキストを修正する
・・・・［SELECT：置換コマンドを使う
              修正コマンドを使う］
・・・・編集結果を確認する
```

子の深さなど，より上位レベルでのデザインのよさを評価・比較することも可能になった．

このカードらのアプローチは，特に工学的なユーザインタフェース研究者から高い評価を得た．このモデルの最大のメリットは，毎回実際の人を対象とした実験を実施して測定することなしに，人に関するデータを得る（推定する）ことができる点にある．すなわち，各モデルに基づくシミュレーションによって人間の認知的行動を予測できる理論であり，それによってあらかじめ特定のインタフェースの評価・比較が可能になることが，「実際にモノを作る」立場から歓迎された．

しかし，それを可能にするために，カードらのモデルの適用には厳しい制約条件が課せられている．それは(a)ユーザはすでにそのシステムの利用方法を学習し，熟知している，(b)ユーザは疲労や忘却などの影響を受けず，システム利用時にエラーを引き起こすことはない，という2点である．この2条件が整っているときに，KLMモデルやGOMSモデルによる推定値は妥当であり，比較評価の対象とすることができる．ここで注意しておくべきことは，これらの条件下で記述・推定されているのは，実際のユーザがそのシステムをいかに利用したかという認知過程ではなく，「そのシステムが最もうまく利用されたとしたら，その利用されるときに人の認知過程とどのように組み合わされた形で動くか」というシステムの側の記述である，という点である．すなわち，人の認知過程については固定的に扱われており，モノ（システム

のデザイン）によって規定された「人とモノとの相互作用」を，人の認知過程の形を取って記述したものといえる．そこには，「モノとの相互作用で人の認知過程がどのように変化するか」という認知科学研究としての相互作用の視点は含まれていないことに留意しておきたい．

　このモデルが，モノのデザインに人間の認知過程がもつ（最低限の）制約条件を組み込むことの重要性とその方法を提起した価値は大きい．しかし，人とモノとの相互作用において，頻繁かつ日常的に感じられるトラブルは，使い方がわからなかったり，間違った使い方をして元に戻せなかったり，何回聞いても使い方が覚えられなかったり，といった問題である．たとえば上の事例で述べたように，KLM評価においてポップアップメニューはプルダウンメニューよりも評価が高くなるが，実際にはポップアップメニューの存在を「あらかじめ知っていない」場合にユーザはこの機能を利用することができない．もし，ポップアップメニューだけが印刷に到達する唯一の方法であるシステムがあったときに，「どうすれば印刷できるの？どうやってメニューを出せばいいの？」とユーザがとまどってしまう，という問題点は，このカードらの理論・モデルでは記述できないのである．そこで，これらの「人とモノとの相互作用過程の中で生ずる問題点を記述する」モデルが次に提案されてきた．

2　相互作用過程を「対話」としてモデル化する

　人とモノとの相互作用過程について，2つのシステム間の対話（情報のやりとり）と考え，「その対話上の失敗（breakdown）」を記述するモデルを提唱したのが，ノーマンの最初の論文である（Norman, 1986）．彼はまず，人とモノとの相互作用が「心的世界と物理的世界という2つの（決して直接は結びつかない）世界を，淵を超えてやりとりする」ことである（図10-2）とし，その淵を超えていくための対話が「モノとの相互作用」であり，その対話をできるだけスムーズに行うことができるように，橋をかけることが「モノのデザインである」としている．

　その橋を構成する要素を時系列順に書き出したものが，図10-3に示した

2 相互作用過程を「対話」としてモデル化する

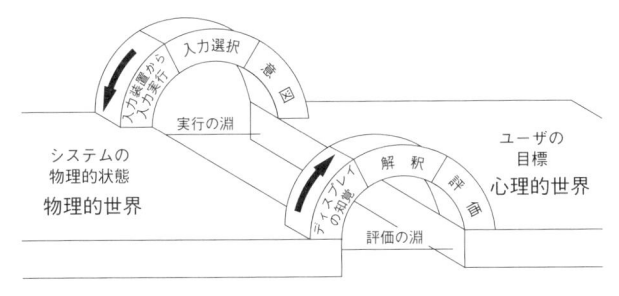

図10-2 ノーマンの淵モデル

「行為の7段階モデル」である．いわば，人-モノ間の対話における情報の流れの系列モデルである．一般に人が，何かをしたいと思い[目的]，それを具体的な意図として形成する[意図]．その意図を実行するための方法について，何をどうすればよいのかを決定し[入力選択]，それを実行する[実行]．それが「実行の淵」を越えて，物理的な世界にあるシステムに伝えられ，何らかの変化が生ずる（あるいは生じない）ことになる．その結果は，「評価の淵」を越えて心的世界に伝えられるが，その際にはその変化に気づく[知覚]，それが何を意味するのかを理解する[解釈]，そしてそれが自分の目的・意図に合ったものであるかどうかを評価する[評価]といった段階を経る．これでよいという評価が得られた場合は次の目的に向けて移行し，意図した結果が得られなかった場合は，もう一度やり直す，あるいは目的を変更するといった行動が起こる．

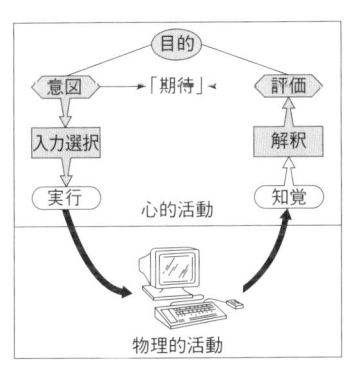

図10-3 ノーマンの行為の7段階モデル

このモデルに沿って，実際に人がモノと相互作用をするときに起こすエラーや「どうすればよいのかわからない」と立ち止まってしまう状態を記述すると，そのモノのデザインのどこに問題があるのかが明らかになる．いま立ち止まっているのは，モノがどんな状態かがわからない（評価の淵の問題）からなのか，どうすれば自分のやりたいことが伝えられるのかがわからない

253

のか（実行の淵の問題）．また，何かがおきたのはわかるけど何が起きたのかがわからないのか（解釈の問題），何かが起こっていることに気づかないのだろうか（知覚の問題）．

　特にこのモデルで有用なのは，人がおかすエラーについての示唆である．このモデルにしたがって考えると，私たちがエラーと呼ぶものには2種類あることがわかる．1つはプランや入力の方法決定自体が間違っているミステイク（mistake）であり，その他にもう1つ，プランの立て方（入力選択）や意図は間違っていなかったのに，実行の段階でやり損ねるスリップ（slip, もしくは lapse）があると考えられる．同様に，評価の淵でも，それらの結果・表示を知覚の段階で受け取り損ねるスリップと，その意味（解釈・評価）を取り間違えるミステイクとがありうる．

　この違いをサイモン効果と呼ばれる実験場面で説明しよう．この実験では「右あるいは左」という言葉が画面の右ないしは左に表示され，被験者は「表示された言葉にしたがって，左右のボタンを押すように」と指示される．この教示を被験者が誤解して「表示の言葉が表示された側のボタンを押す」と考えているとしたら，これはミステイクである．しかし，多くの被験者が教示を正しく理解しているにもかかわらず，多くのエラーを起こす．それは，「右」という言葉が画面の左側に表示されると，反射的に左のボタンを押すためである．これらのエラーを起こした被験者は「右ってわかっていたのに左を押してしまった」というコメントを残す．これがスリップである．

　モノのデザインでの2種類のエラーも同様である．たとえば，洗面台で水を出そうとして，右側にある円筒形の蛇口を右にひねる，蛇口は回るが水が出ないので左にひねる，左にも回るけれども水は出ない．実は，このような丸い蛇口は「押すと一定時間水が出る」ようにデザインされていることがあり，なまじ「円筒形で，ちょうど手のひらで握りやすく出来ている」ために，多くの人が何度も回してみて，首をひねり，回りの人が使う様子を見るまで「押す」という行為を思いつかない．これは，[入力選択]のところで「対話が停止した」ために生ずるエラーであり，ミステイクである．しかし，このようなデザインでは，そのミステイクに気づいた後，すなわち何度もその洗面台を使っていて「ここの蛇口は押す」とわかっているのに，つい回してし

まって「あ，また間違えた」と思うときのエラー，すなわちスリップも起こりやすい．このような蛇口に対して，もし「押す」という操作方法そのものが変更できないのであれば，使い手が「もって回す」という操作方法を思いつかず，「ごく自然に」押す行為が引き出されるような（アフォードするような）蛇口のデザインに変更していく必要がある．このように，人とモノの実際の相互作用を見て，トラブル（問題）を引き起こすデザインを変更していくことによって，よいデザイン，すなわち人とスムーズな対話ができるシステムに近づいていくことができると考えられる．

　淵モデルあるいは行為の7段階モデルは，前章までに紹介されてきた様々な認知モデルに比べ，単純である．人間の認知過程がこんなにシンプルであるはずがないと思う人もあるだろう．それはノーマン自身も承知しており，彼はこれを近似モデル（approximate model）として定義している．すなわち現実場面で生じている問題を分析・解決するために必要な部分だけを「とりあえず」モデル化して利用していこう，という考え方である．人の認知過程のすべてを詳細にモデル化する（そしてそれが完全な形となってから現実場面での利用を考える）ことよりも，今，とりあえず実際の現場で役に立つ近似モデルでよいのではないか，とノーマンは問いかける．

　実際，このモデルはこれだけで「このデザインの何が，ユーザにエラーを引き起こしているのか」を知るための枠組としてかなり有力である．私達の日常生活の中で何らかの「使いにくさ」を感じたり，自分以外の人が思いがけない間違いを起こして「なぜそんな間違いをしたのだろう？」と思ったりする場合，人（ユーザ）の能力を責める（使えないのは知識がないから，注意力が低下していたから，など）前に，この7段階のモデルのどこで，人とモノの対話がブレイクダウンしたのかを分析してみていただきたい．そして，それがどうしてブレイクダウンしたのかを考えたとき，「その部分をどのようにデザインし直せば」もっと使いやすく，あるいはエラーを防ぐことが出来るのかが見えてくるはずである．

　このように，ノーマンのモデルは，使いやすさを，人がモノと相互作用するときの，エラーやとまどいといった人にとってのトラブル（問題点）という視点から検討するという，新たな視点を示した点で大きな意義がある．し

かし，その問題点はユーザが「何をしたいのか」が明確になった時点からでなければ明らかに出来ない．そのため，より大きなシステム全体での人－モノ間相互作用を分析する際に，人が何をしようとするかという「目的の生成」段階が扱えない．加えて，ともすればこのモデルでは，ユーザは「そのモノを使うためにそのモノと相互作用している」という枠にとらわれてしまうという弱点をもつ．すなわち，私たちは本来，何らかの目的のためにそれらのモノを道具として使っているにもかかわらず，このモデルでは人とモノとの「対話」として考えることにより，モノとの相互作用自体が人にとっての目的であるかのように誤解されがちである．それでは，人が本来やりたいと思っていることを分析の枠組みに含めるにはどうすればよいのであろうか．

3　相互作用過程と問題解決——媒体としてのモノ

　人が何かをするための道具としてモノを利用することを明確に位置付けたのは佐伯（1988）の二重のインタフェース・モデルである（図10-4）．本来インタフェースとは，異なるシステム間でデータの受け渡しがなされる接触面（接面）を指す．ここでの第一インタフェースは，人というシステムとモノ，第二インタフェースはモノと物理的世界がデータの受け渡しを行う接触面を指す．
　このモデルにおいて，ノーマンの淵モデルで扱ってきたインタフェースは，ここでの第一インタフェースにあたる．すなわち，人が何かをするために直接的に働きかける面が第一のインタフェースである．しかし，そのモノ自体は人が何かを行いたい最終的な対象目的ではなく，そのモノは人が外的な物理的世界に対して働きかける際の媒介（メディア）になっていると考え，モノの向こう側に，モノと物理的世界との間に第二のインタフェースがあると考える．たとえば，人は手に握った鉛筆に力をかけることによって，鉛筆の先と接触している紙の表面に黒鉛の軌跡を残すことができ，「書く」ことができる．このときの手と鉛筆の関係が第一インタフェース，鉛筆と紙の関係が第二インタフェースである．同じように，コンピュータ上のファイルを印刷する場合にも，印刷という機能を選んで実行するのが第一インタフェース，

実際にコンピュータがプリンタに印刷の命令を出して紙に印字されたものが出てくるのが第二インタフェースである．

このモデルによって明らかにされた重要なことがいくつかある．1つは，このようにモノを道具として位置付けることによって，コンピュータであれ鉛筆であれ，人が何らかの目的を果たすために用いる道具は本質的に同じであることを示した点である．すなわち「使いやすさ」が問題となるのはコンピュータや巨大システムのユーザインタフェースだけではなく，たとえばCDケースの「開けにくさ」も人の認知的な側面から検討をすることができる．逆に鉛筆やはさみが「なぜ，こんなに使いやすいのか」を考えることによって（たとえば，Petroski, 1989），「使いにくいのが当たり前」のようになっている様々なシステムのデザインのあり方を考え直すこともできるであろう．

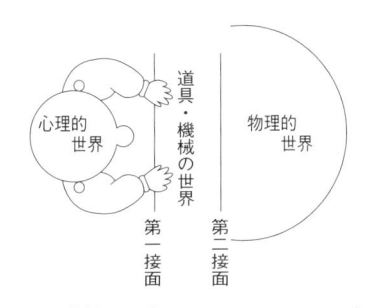

図10-4　佐伯の二重のインタフェース・モデル

その際の「使いやすい」「よりよいデザイン」の評価基準として，透明性あるいは直接操作性という次元を提言していることが，このモデルのもう1つの重大な示唆である．透明性あるいは直接操作性とは，何かをしたいと思っている人にとって，道具あるいはメディアとなるモノは，その存在が意識されず，あたかも自分が直接に対象となる物理世界を変えているかのような感覚が持てることである．たとえば成人にとって，鉛筆を使っているという感覚を持たない（だからこそ「手書き」ということばが用いられる）ほどその存在が透明になっている．あるいは「車を右折させる」とき，操作しているのはハンドルであるが，車の運転に慣れた人にとって自分が今ハンドルを切っているということはほとんど意識されない．いずれの場合も，自分自身が「紙の上に黒鉛の軌跡を残す」「シャフトの向きを変えた」，すなわち自分の目標をモノを介さずに行っているかのように感じられるとき，道具としてのモノは最も「よいデザイン」となる，といっても過言ではない．これに対して「使いにくい」デザインの代表例であるコンピュータは，しばしば人の前に「立ちはだかる」存在となっている（コラム10参照）．また直接性という考え

方は，行為の7段階モデルでは「対話が壊れない丁寧な対話デザイン」がよいデザインと考えられがちであるのに対し，新たな次元を示す．たとえば，あなたが「この紙くずを捨てたい」と思ったときに，ベルを鳴らすと執事（あるいは執事風ロボット）が出てきて「ご用でしょうか，ご主人様」「このゴミを捨ててくれたまえ」「はい承知いたしました，ご主人様，シュレッダーをかけたほうがよろしいですか，それとも普通の紙ゴミといっしょにリサイクルに出してもよろしいでしょうか」「じゃ，念のためシュレッダーにかけてくれ」「承知いたしましたご主人様，もうすぐにシュレッドしてよろしいですか，それとも数日は念のためにとっておきましょうか」...というやりとりが必要となると，それは「よいデザイン」であろうか．確かに間違いは少ない．しかし毎回これを繰り返されると面倒になるのは明らかである．それよりは，紙リサイクル箱とシュレッダーの絵が描かれた箱に直接紙くずを自分の手で入れる方が簡単だと思うのはごく自然である．

　この直接性・透明性は，モノを使うことが何らかの形で学習を必要とすることを示唆する．すなわち，自分が行う操作（第一インタフェースへの働きかけ方）とその結果生ずること（第一インタフェースへの操作と第二インタフェースで生ずること）との対応関係を学ぶ必要があるのである．たとえそれが鉛筆で書くことであっても，どのように握り，どのように力をかけ，どのように動かすとどういった軌跡が得られるのかを人は学び，その結果として，意識せずともモノを「使いこなす」ことができるようになる．まさに「透明になる」のである．そして，この学習の過程を容易なものにする（容易に透明になる）のが「よいデザイン」であるということもできよう．

　このようにして獲得された透明性・直接操作性は，必要な場合（何か障害が起きた場合など）にはいつでも媒体の存在を意識する状態に戻すことができる．こういった学習は，ノーマンの行為の7段階モデルと相似形のラスムッセンのモデル（Rasmussen, 1986）とも対応している（図10-5）．そこでは，当初，知識をベースとして，すなわち第一インタフェースでの操作が何を意味するのかを明確に意識しながら，第二インタフェースでの効果を目指して操作される．その過程が学習されてくると，規則ベースの段階となり，状況の認識，すなわち何が必要であるかという第二インタフェースの意識だけで

第一インタフェースの操作は（規則に基づいて）自動的に行われるようになる．それがさらに熟達してくると，第二インタフェースも第一インタフェースも意識することなく，必要なときにシグナル（信号）に対して自動的に対応できるようになってくる技能ベースの段階になると考えられる．そうして，この3つのベースの間を自由に往き来できるのが熟達者（エキスパート）であるということがいえよう．

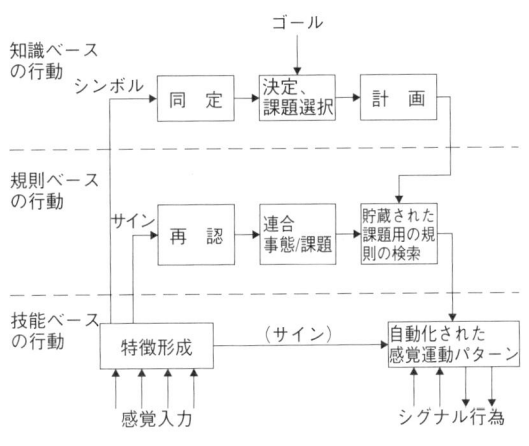

図10-5　ラスムッセンの3層の行為モデル

4　パーソナルビューからみた相互作用——ユーザビリティテスト

このように，二重のインタフェースを考えたとき，人が感じるモノの使いやすさや認知的な意味でのデザインのよさは，問題解決を行おうとしている人の視界に映る，そのモノの自然さや邪魔をしない度合い，それが与える新しい可能性などに大きく依存していることがわかる．これをノーマン（Norman, 1991）はパーソナルビュー（personal view）として表現した．図10-6に示すように，通常，工学的には道具やモノの効果や問題点の評価は，人，モノ，そして実際におこなわれる課題（タスク）のすべてを外から観察する視点から評価が行われ，これはシステムビュー（system view）と呼ぶことができる．しかし，システムビューからは，人（ユーザ）が感じるモノの使いにくさや問題点を明らかにしていくことはできない．なぜならば，モノのデザインに関する問題点は，あくまでもユーザの視点からみたときの問題であり，そこで最も大きな問題は，そのモノの存在がユーザ自身の問題解決過程をどのように変化させてしまうのかという点だからである．

第10章　ヒューマン・インタフェース

(a) システムビュー

人工物を使わない作業者　　人工物を使う作業者

(b) パーソナルビュー

人工物を使わない作業　　人工物を使った作業

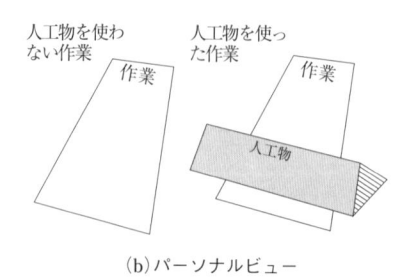

図10-6　パーソナルビューとシステムビュー

そこで，人のパーソナルビューにおいて問題および問題解決はどのように見えているのか，およびそこで用いられるモノのデザインが問題解決過程に与える影響を検討するために，ユーザビリティテストという手法が用いられている．これは，対象とするモノの典型的なユーザに典型的な課題を与え，その問題解決の過程を観察・分析する手法である．特に，問題解決の過程，ならびにそこでユーザの目に映っているモノおよび課題のメンタルモデル（概念的なとらえ方）を明らかにするために，発話思考法などを用いた言語プロトコル分析が用いられている（原田，1994a）．このようにして，人（ユーザ）が持っている課題やモノについてのメンタルモデルを明らかにすることにより，メンタルモデルに対する適合性が高いデザインを可能にして，「わかりやすく学習しやすい」モノへ改善していくと共に，新しい課題状況の中で新しいモノによる新たな問題解決過程の可能性，すなわち新機能を提供していく方法も検討されている．

こうして現実の場面で，モノとの相互作用を介した人の問題解決過程を観察することにより，人の認知過程についての新たな視点も提示されてきている．特に，サッチマン（Suchman, 1987）はコピー機と人との相互作用を観察する中で，人の問題解決過程が，人の頭の中でのプラン設定とその実行という静的なものではなく，その時点その時点での外的状況との相互作用の中で「立ち表れてくる（emergent）」ものであることを見出し，その意味で人の認知過程はまさに「状況の中に埋め込まれている（situated）」という状況主義を主張している．

そこでは，人があらかじめ立てるプランやその課題に関する知識・メンタルモデルも，道具としてのモノ自体，さらには周囲の人や空間的配置までも

が，その時点での認知にとっての資源（resource）として用いられる．そのように考えると，人がそのモノ，その課題をどのような具体的状況の中で行っているのかが，人とモノとの相互作用を決める重要な要因となる．このため近年では，モノと人との相互作用，あるいは人の認知過程そのものを検討するためにも，社会的文脈や状況を研究対象として含み入れていくことが必要であるとする考え方が広く浸透しつつある．

5　状況・社会的文脈の中での人-モノ間相互作用

　人とモノとの相互作用を，社会的文脈あるいは状況の中において検討しようとする動きにはいくつかのグループがある．1つは，上記のサッチマンなどに代表される，実際の状況全体を現象としてとらえようとする立場である．これらは「現場での認知（cognition in situ）」と呼ばれ，ユーザビリティテストのような実験事態ではなく，実際の現場（たとえば協同作業を行っている仕事場）における複数の人たちの間，あるいはそれらの人たちとそこにあるモノの相互作用を記録・解釈していくものである．この中には，文化人類学的な視点を取るハッチンス（Hutchins, 1990, 1995, 1996），社会学，特にエスノメソドロジーを基盤とするサッチマンのグループ（Suchman, 1987, 1994），ヴィゴツキーに始まる認知の社会性を強調する活動理論（activity theory）の研究者たち（Engestroem, 1987; Nardi, 1996）などが含まれる．特に活動理論では，言語や制度，記号体系までも媒介としてのモノ（人工物 [artifact]：アーティファクトというカタカナ語で呼ばれることもある）に含め，人の認知的な過程が必ずモノ（道具）との相互作用を含むこと，人，媒体としてのモノ，対象の間の相互作用がそれぞれ変化を引き起こしていくことなどを取り上げてきている（図10-7）．これらの状況主義的な研究は，いずれも相互作用の研究から生じてきた，認知研究全体への新しい視点の提言として興味深い．

　これとは全く逆の方向として，ローレル（Laurel, 1991）の考え方がある．ローレルは，モノのデザインを，人とモノとの対話のデザインと考えることによる限界から，むしろ状況を含めた全体を構成・デザインする「人の行為のデザイン」という新しい考え方を提示している．人は，そこに机があれば

図10-7 エンゲストロームの行為の三角形

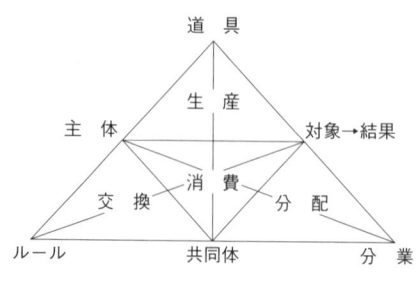

その前に座ろうとし，そこに引出しがあれば開けようとする．逆に引出しがないときには「開ける」という行為を行おうとはしない．したがって，人をあらかじめデザインされた環境に置くことによって，「その人は，その状態でできることだけをしようと考える」ことから，人の行為をデザインすることができると考え，これを観客参加型の演劇として位置付けている．すべてのユーザにとってのすべての状況をデザインするという考え方は，一見破天荒なものにも思えるが，いわゆるビデオゲームやVR（人工現実感）システムではごく当然の考え方となっているのに加え，近年では様々な電気電子製品（冷蔵庫までも）がネットワークで接続可能となりつつある．すべてを取りこんで電子世界上の「作られた状況」の中で活動を実現することも不可能ではなく，その意味では，状況をうまくデザインしていくことによって，人の行為，そして感情までをデザインしていくという考え方は，1つの可能性を表すものといえるかもしれない．

　もう1つ，具体的なモノのデザインを状況・文脈の中で考えていくとき，ユーザと呼ばれる人が1種類ではないことにも気づかされる．たとえば，留守番電話には「それを購入・設置した」ホストユーザと，たまたまかけた電話がそこにつながったゲストユーザとが存在し，それぞれのユーザにとっての「よいデザイン，よい相互作用」は別個の要素を含む（原田，1994b）．同様に，たとえば新生児用の保育器には，その使用を医学的見地から指示する医師，その実際のモニタリングや操作を担当する看護者，それによって新生児との間に壁を築かれる母親や家族，そしてその中に入る新生児といった多様なユーザが想定される．さらには，携帯電話や携帯用電子機器などのように，実際に使っているユーザとは無関係の，しかし影響（迷惑）を被りうる周辺ユーザの存在も考えていく必要が出てきている（原田，1997）．これら各種のユーザ間の相互作用をも含めて，すべてのユーザにとってのパーソナルビューからモノのデザインを検討し，最適なデザインを考えていくことが

求められているといっても過言ではない．まさに状況まで含めて，モノと人の認知的な相互作用をデザインしていくことが求められており，そのための認知的なモデルが必要とされているといえよう．

6　構成概念としての「使いやすさ」

　以上のように，人とモノとの相互作用をめぐる認知科学研究も様々な形で変遷を遂げてきた．これまでの変遷を表10-4にまとめてみると，研究が進むにつれて，モデル化の対象範囲が広がり，それにつれて「使いやすさ」あるいはモノのデザインの良さの評価基準も新しい視点が付与されてきていることがわかる．これは，使いやすさという概念が，客観的なモノの属性によって定義される概念ではなく，人の視点から見た，すなわちパーソナルビューに映ったモノが人によって評価される概念であること，いわば，人の認知過程をフィルタとした構成概念であるためである．そのため人とモノとの相互作用についてのモデル化が変化するにつれて，そこで見えてくる「人の目に映る使いやすさ」の姿も変遷してきている．その意味で，「使いやすさとは何か」という問題そのものが認知科学の1つの研究テーマであると言ってもよいであろう．

　また，エンゲストロームらの指摘を待つまでもなく，人がモノに対して持つ概念（メンタルモデル）によってモノと人との相互作用が変化するのと同様に，人の認知過程はモノとの相互作用の中で様々な影響を被っている．さらに，特定のモノ（特にコンピュータ）を長時間使用し続けることによって，人の認知特性が恒久的に大きな変化を起こす可能性も考えられている（Turkle, 1995：コラム10参照）．

　まさしく人の認知は常にモノとの相互作用の中で生じているのであり，人の頭の中だけを切り離して検討することは不可能である．1990年代以後の状況主義の台頭もその現われの1つであるように，そういった視点から認知科学をもう一度とらえ直そうとする時代がすでに始まっている．しかし，「人の認知はその状況の中でのみ立ち現われる」とする状況主義に対し，モノとの相互作用研究はもう一歩，先へ踏み出そうとする．すなわち，モノはデザ

表10-4 人-モノ相互作用モデルの変遷

モデルの対象範囲	人からみたモノの位置づけ	使いやすさの基準	モデル化の前提
人	カウンターパート，規定要因	ステップ数，実行時間　入れ子の深さ　他	人はシステムを学習済み，エラーなし
人＋モノ	対話相手	対話のスムーズさ　他	人の目標は既存
人＋モノ＋課題	道具，媒体(メディア)	透明性，直接操作性，認知的課題分析　他	その課題に用いられるモノは既存
人＋モノ＋課題 in 状況	資源，環境	シームレス　複数タイプのユーザから見た評価　他	

インし直すことが可能であり，その新しいデザインのモノによって，再度比較・検討をすることができるという点で，大きな研究上のメリットを持つのである．モノのデザインを研究の一環に組み込むことによって，認知工学は認知科学の新しいアプローチの可能性を示している．

　同時に，人が人のために作り出すモノを，いかに人にとってよりよいものになるようデザインしていくか，人-モノ間相互作用研究および認知工学の最終的な目的はそこにある．その意味において，この相互作用研究は認知科学にとって「究極のフィールド」の1つであるといってもよいであろう．

【引用文献】

Atkinson, R. C., & Shiffrin, R. M. 1971 The control processes of short-term memory. *Scientific American*, 225, 82-90.

Card, S., Moran, T., & Newell, A. 1983 *The psychology of human-computer interaction*. Hillsdale, NJ: Lawrence Erlbaum Associates.

Engestroem, Y. 1987 *Learning by expanding: An activity-theoretical approach to developmental research*. Helsinki: Orienta-Konsultit Oy. 山住勝広ほか（訳）1999 拡張による学習――活動理論からのアプローチ――　新曜社

原田悦子　1994a　人-コンピュータ相互作用の分析　海保博之・原田悦子（編）1994　プロトコル分析入門　新曜社

原田悦子　1994b　ゲストユーザのためのインタフェース――留守番電話における発話の『データ化』の効果――　日本認知科学会第11回大会発表論文集, 90-91.

引用文献

原田悦子　1997　人の視点から見た人工物研究——対話にとって使いやすさとは——　共立出版

Healy, J. M.　1998　*Failure to connect: How computers affect our children's minds, for better and worse.* Simon & Schuster.　西村辨作・山田詩津夫（訳）　1999　コンピュータが子どもの心を変える　大修館

Hutchins, E.　1990　The technology of team navigation. In J. Gallagher, R. Kraut, & C. Egido（Eds.）, *Intellectual teamwork.* Lawrence Erlbaum Associates.　宮田義郎（訳）　1992　チーム航行のテクノロジー　安西裕一郎ほか（編）　認知科学ハンドブック　共立出版

Hutchins, E.　1995　*Cognition in the wild.* MIT Press.

Hutchins, E.　1996　協同作業とメディア——コンピュータは何をなすべきか——　法政大学社会学部（編）　統合と多様化——新しい変動の中の人間と社会——　法政大学出版局

海保博之・原田悦子・黒須正明　1991　認知的インタフェース　新曜社

Laurel, B.　1991　*Computers as theatre.* Addison-Wesley.　遠山峻征（訳）　1992　劇場としてのコンピュータ　トッパン

Nardi, B. A.　1996　*Context and consciousness: Activity theory and human-computer interaction.* MIT Press.

Norman, D. A.　1980　Twelve issues for cognitive science. *Cognitive Science*, 4, 1-32.　戸田正道・宮田義一郎（訳）　1984　認知科学のための12の主題　佐伯胖（監訳）　認知科学の展望　産業図書

Norman, D. A.　1986　Cognitive engineering. In D. A. Norman & S. W. Draper（Eds.）, *User centered system design.* Hillsdale, NJ: Lawrence Erlbaum Associates.

Norman, D. A.　1988　*Psychology of everyday things.* Basic Books.　野島久雄（訳）　1990　誰のためのデザイン？　新曜社

Norman, D. A.　1991　*Cognitive artifacts.* 野島久雄（訳）　1992　認知的な人工物　安西裕一郎ほか（編）　認知科学ハンドブック　共立出版

Norman, D. A.　1999　*The invisible computers.* MIT Press.　岡本明・安村通晃・伊賀聡一郎（訳）　2000　パソコンを隠せ，アナログ発想でいこう——複雑さに別れを告げ，＜情報アプライアンス＞へ——　新曜社

Petroski, H.　1989　*The pencil: A history of design and circumstance.* 渡辺潤・岡田朋之（訳）　1993　鉛筆と人間　晶文社

Rasmussen, J.　1986　*Information processing and human-machine interaction: An approach to cognitive engineerring.* North-Holland.　海保博之ほか（訳）　1990　インタフェースの認知工学　啓学出版

Sanders, B. 1995 *A is for Ox : The collapse of literacy and the rise of violence in an electronic age.* Vintage Books. 杉本　卓（訳）　1998　本が死ぬところ暴力が生まれる——電子メディア時代における人間性の崩壊——　新曜社

佐伯　胖　1988　機械と人間の情報処理——認知工学序説——　竹内　啓（編）　意味と情報　東京大学出版会

Suchman, L. A. 1987 *Plans and situated actions: The problem of human-machine communication.* Cambridge University Press. 佐伯　胖（監訳）　プランと状況的行為——人間-機械コミュニケーションの可能性——　産業図書

Suchman, L. A. 1994 *The structuring of everyday activity.* 土屋孝文（訳）　日常活動の構造化　認知科学の発展, 7, 41-65.

Turkle, S. 1995 *Life on the screen.* Simon & Shuster. 日暮雅通（訳）　1998　接続された心——インターネット時代のアイデンティティ——　早川書房

【読書案内】

D. A. ノーマン（野島久雄訳）　1990　誰のためのデザイン？——認知科学者のデザイン原論——　新曜社
　　ヒューマンインタフェース研究のバイブルとも言える本．認知心理学的な研究とデザイン論との関係を知る絶好の入門書であると共に，モノを見る眼を180度変えてくれる面白い本である．

B. ローレル（遠山峻征訳）　1992　劇場としてのコンピュータ　トッパン
　　人とコンピュータとの相互作用のデザインとして，その両者を含めた環境全体をシナリオとしてデザインするという考え方を提議した本．アリストテレスの演劇論に根ざし，「楽しむということ」の本質も含めて人-モノ間相互作用を語っている点が特徴的な本である．できれば，原著で読むことをお奨めする．

J. ラスムッセン（海保博之ほか訳）　1990　インタフェースの認知工学　啓学出版
　　人とモノとの相互作用に，巨大マンマシンシステムのデザインの問題からアプローチした良書．学習・熟達化の問題，組織や文化の問題にまで踏み込む視野の広さが印象的である．

S. タークル（日暮雅通訳）　1998　接続された心——インターネット時代のアイデンティティ——　早川書房
　　人はモノとの相互作用で変わっていく．コンピュータというモノによって人の真偽観，生命観，アイデンティティがどのように変化したかを鋭く考察する書．

原田悦子　1997　人の視点からみた人工物研究——対話にとって使いやすさとは——　共立出版
　　前半はこの章で述べた概観を詳しく述べているが，後半はその考え方を展開して，「単

なる操作しやすさを超えた」デザインの認知的評価を考えている．この分野に興味をもたれた方にはぜひご参照いただきたい．

《コラム 10》
コンピュータはなぜ難しいのか

　コンピュータは難しいと言われる．実際，新しいソフトウェアを立ち上げたところで，「で，何をすればいいの？」と途方にくれることは珍しくない．またコンピュータに慣れた人でも，突然「不法な操作が行われました」というメッセージ（あるいは爆弾の絵）と共に過去数十分の成果がすべて消えてしまい「なんなんだ！」と叫んだ経験がある人は少なくないのであろう．

　なぜ，このようにコンピュータは「難しい」のだろうか．(1)現在のコンピュータはユーザインタフェースのデザインが悪いから？(2)現在の日本ではコンピュータ教育が欠けているから？それとも(3)そもそもコンピュータはわかりにくいものだから？あなたはどれが原因だと思うだろうか．

　実際，上記の3つともが原因である．確かに(1)のように現在のコンピュータシステムには，「人を罠にかける」ような，あるいは「設計者が何を考えているのか見当もつかない」ようなデザインに事欠かない．また車を運転するためには自動車教習所に行って車の仕組みと基本的な運転技術を習うのと同様，コンピュータを使うためにも何らかの「基礎的な訓練と教育」があってしかるべきであるし，その体系的教育が遅れていることも事実である．しかし，それらの背景には，(3)，すなわちコンピュータというモノ自体がこれまでの道具とは全く異なり，そのために理解が難しいという特性がある．

　図10-4で挙げた佐伯（1988）の二重のインタフェース理論を考えてみよう．人はコンピュータというモノを使って，物理世界へ変化を与えているはずである．しかし，たとえばワープロで文書を作り，ファイルに保存するとき，そこで生じている物理世界での変化とはなんだろうか．実際には記憶媒体上（主記憶やフロッピーディスクなど）の磁気情報の並び（スイッチのオン／オフ（1／0）の並び方）という物理特性が変化しているのだが，問題はこの物理世界の変化が私たちの目には見えないことにある．つまり，コンピュータをメディアとした物理的世界への働きかけの多くが電子情報を対象としたものであり，その物理的実体が私たちの生きている身体物理世界と大きくかけ離れているために，私たちの知覚世界では把握できないのである．すなわちコンピュータというモノでは，物理的世界の変化自体がコンピュータを介した表現以外には知覚・理解方法がないこと，そのためにしばしば，目前のコン

《コラム10》

ピュータの向こう側にある電子物理世界を視界に入れることが出来ず,第一のインタフェースだけに向き合っているような錯覚を覚えるのである.

それではこの目に見えない(invisible)コンピュータの本質的な難しさにどのように対処すべきだろうか.上記の3原因に即して考えてみると,まず第1に,ユーザ・インタフェースのデザインを工夫することがある.ハッチンス(1996)はコンピュータのメリットは「いかようにでも表現できること」としている.マッキントッシュ以来,広く普及したデスクトップ・メタファは,電子世界の操作や状態をできる限り現実物理世界の机の上での出来事に「似せて」表現することによって,わかりやすい世界を作ろうとし,成功した.しかし,この方法では,電子世界ならではの(目に見える物理世界ではありえないような)機能や特性についてはうまく対応できない(たとえば,ネットワーク接続上のトラブルをどうやって机の上での出来事に「翻訳」できるだろうか?).「新しい機能・属性」をいかに「透明性をもってわかる」ように表現していくか,まさにそこにチャレンジがあるといえる.

(2)の教育による対応では,高校での新教科「情報科」の導入(2003年より)など急ピッチで対応が進められている.しかし,実際に何をどこまでどのように教えればよいのか,未解決の問題も多い.またその中で「とにかく早い時期からコンピュータに触れさせることこそが重要」という風潮もみられるが,本来,身体を持ち,物理的な世界で生きてきた人間という生物が,電子世界(のみ)を重視して育っていくことは本当によいことなのか?という疑問の声も上がってきている(Healy, 1998; Sanders, 1995).何歳の頃からどのような形で「目に見えない世界での活動」について教え,触れさせていくことが最善であるのか,認知科学と教育・発達心理学が協力して考えるべき問題ではないだろうか.

ノーマン(1999)は(3)の立場からの解決策を提案する.今のコンピュータが使いにくいのは,「何にでも使えるモーターをそのまま売っているようなもの」だからであり,今や裸のモーターを買ってきて自分で洗濯機やミシンに組み込んで使うことがないのと同様,コンピュータの存在を感じさせないで「人々がやりたいことをやれる」ような形でのモノ作りを提唱している.その鍵は,モノの単機能化と,共通の情報通信インフラストラクチャ(および,それによる自由な機種間の連結)という.コンピュータをコンピュータとして使うのは,「趣味でモーターから組み立てる人」と同じように,ごく一部のマニア向けでよいのだ,という考え方である.おもしろい視点だが,かなり挑

第10章　ヒューマン・インタフェース

戦的でもある．

　このように，3方向の解決策それぞれが課題を持っている．あなた自身は，どのような方法が最も望ましいと思うだろうか．一人の認知科学研究者として，ぜひ自分なりの解決策を考えてみていただきたい．

人名索引

ア 行

アイゼンク（M. W. Eysenck）　4
アッシュ（S. E. Asch）　203
アトキンソン（R. C. Atkinson）　56
アリストテレス（Aristoteles）　195, 196
アレ（M. Allais）　147
アンダーソン（J. R. Anderson）　8, 78, 84, 104, 113, 114, 156
アンダーソン（N. H. Anderson）　204
岩田　誠　131
ヴァレラ（F. J. Varela）　2, 15
ウィーナー（N. Wiener）　5
ウィンストン（P. H. Winston）　97
ウェイソン（P. C. Wason）　135, 136
ウォルツ（D. L. Waltz）　119
ウォルフ（J. M. Wolfe）　42
ウルマン（S. Ullman）　32
エヴァンズ（J. S. B. T. Evans）　135, 136
エクマン（P. Ekman）　183, 184
エドワーズ（W. Edwards）　141, 142
エルマン（J. L. Elman）　122, 162, 169
エンゲストローム（Y. Engestroem）　261-263
エンゲル（A. K. Engel）　44
オートリー（K. Oately）　189

カ 行

カーゲル（J. H. Kagel）　143
カード（S. Card）　248
ガードナー（H. Gardner）　3, 4, 5, 6
カーネマン（D. Kahneman）　138, 140, 146, 148
川浦康至　229
キースラー（S. Kiesler）　226
ギガレンツァ（G. Gigerenzer）　141, 148
木村泰之　228
キャスティ（J. L. Casti）　191
キリアン（M. R. Quillian）　76
キンチュ（W. Kintsch）　116-118
熊田孝恒　40
クラー（D. Klahr）　86, 102
クラスク（J. K. Kruschke）　93
グリフィン（D. Griffin）　141, 149
クレイマン（J. Klayman）　136, 148
クワイン（W. V. O. Quine）　164, 165
ケリー（H. H. Kelley）　208, 209
コーエン（L. J. Cohen）　148
コズミディズ（L. Cosmides）　137, 141
コリンズ（M. Collins）　76
ゴンザレス（R. Gonzalez）　146

サ 行

ザイアンス（R. Zajonc）　179
サイモン（H. A. Simon）　13, 84, 105, 133
佐伯　胖　256, 257
サックス（J. S. Sachs）　108
サッチマン（L. A. Suchman）　260, 261
サミュエルソン（W. Samuelson）　148
シーゲル（J. Siegel）　227, 228, 229
シェーラー（K. R. Scherer）　179-182
シェフィア（E. Shafir）　133, 145

人名索引

シフリン（R. M. Shiffrin） 62
シャクター（D. L. Schacter） 57
シャクター（S. Schachter） 179, 180
ジャスト（M. A. Just） 115
シャノン（C. E. Shannon） 5, 8
シャンク（R. C. Schank） 10, 79, 81, 82, 111-113
シューン（C. D. Schunn） 2, 13
シュロスバーグ（H. Schlosberg） 183
ジョンソン-レアド（P. N. Johnson-Laird） 133, 134
スクワイア（L. R. Spuire） 57
スティリングス（N. A. Stillings） 1
スプロール（L. Sproull） 225
スロヴィック（P. Slovic） 140, 142, 143
セント・ジョン（M. F. St. John） 122, 123
ソーンダイク（E. L. Thorndike） 23

タ 行

ター（M. J. Tarr） 36
タイゲン（K. H. Teigen） 140
タプリン（J. A. Taplin） 134
ダマシオ（A. R. Damasio） 15, 178, 190
タルヴィング（E. Tulving） 52, 53, 57
チェン（P. Cheng） 137
チューリング（A. M. Turing） 5, 8, 12
チョムスキー（N. Chomsky） 3, 12, 13, 109
都築誉史 4, 27, 219
デヴァイン（P. G. Devine） 207
テーベス（J. Theeuwes） 44
デュブロフスキー（V. J. Dubrovsky） 227
寺澤孝文 63, 72
ドヴィディオ（J. F. Dovidio） 207
トゥヴァスキー（A. Tversky） 138, 143-145
ドウズ（R. M. Dawes） 141
トゥレツキー（D. S. Touretzky） 90
戸田正直 177
外山紀子 167
トリーズマン（A. Treisman） 40, 41

ナ 行

ナイサー（U. Neisser） 3, 33
ニューエル（A. Newell） 3, 5, 6, 8, 12, 14, 84, 86, 105, 156
ニューポート（E. L. Newport） 166
ノーマン（D. A. Norman） 6, 9, 247, 252-255, 259, 269

ハ 行

バートレット（F. C. Bartlett） 10, 12
ハイダー（F. Heider） 212, 213
バウアー（G. H. Bower） 81, 188
バック（R. Buck） 178
ハッチンス（E. Hutchins） 15, 261, 269
バッデリー（A. D. Baddeley） 59
ハミルトン（D. L. Hamilton） 205
ハメル（J. E. Hummel） 35
原田悦子 260, 262
ハンフリーズ（G. W. Humphreys） 36, 37
ピアジェ（J. Piaget） 10, 174
ピーターソン（M. A. Peterson） 34
ビーダーマン（I. Biederman） 35
ヒンツマン（D. L. Hintzman） 62
ヒントン（G. E. Hinton） 24
フィルモア（C. J. Fillmore） 3, 110
フェスティンガー（L. Festinger） 213
フォーダー（J. A. Forder） 11, 12, 90

フォン・ノイマン（J. von Neumann）5, 141
ブラウン（N. R. Brown）140
ブルーナー（J. S. Bruner）5
ブロードベント（D. E. Broadbent）3, 12
ベイヤルジオン（R. Baillargeon）175
ベーコン（W. F. Bacon）44
ヘッブ（D. O. Hebb）5, 12, 24
ベティ（G. Beattie）136
ペティ（R. E. Petty）214, 215
ペルハム（B. W. Pelham）140
ポズナー（M. I. Posner）39
ホップフィールド（J. J. Hopfield）24, 121
ポパー（K. Popper）135
ホランド（J. H. Holland）84, 86

マ 行

マー（D. Marr）11-13, 24, 32, 35
マークマン（E. M. Markman）164
マーフィー（G. L. Murphy）88
マカロック（W. S. McCulloch）5, 24
マクダーモット（K. B. McDermott）59
マッグラス（E. J. McGrath）234
ミックライネン（R. Miikkulainen）92
ミラー（G. A. Miller）3, 12, 13
三輪和久　105
ミンスキー（M. Minsky）6, 10, 15, 24, 79
メディン（D. L. Medin）88
守　一雄　27, 159

ヤ 行

山岸侯彦　141, 145
山田　寛　187
ヤンティス（S. Yantis）45

横澤一彦　43

ラ 行

ラザルス（R. Lazarus）179
ラスムッセン（J. Rasmussen）258, 259
ラマチャンドラン（V. S. Ramachandran）33
ラメルハート（D. E. Rumelhart）9, 12, 13, 24, 25, 79, 92, 159
ラングレー（P. Langley）105
ランダウアー（T. K. Landauer）118
リクテンシュタイン（S. Lichtenstein）142, 143
リンドマン（H. R. Lindman）142
レバイン（D. S. Levine）93
ローゼンブラット（F. Rosenblatt）24
ローレル（B. Laurel）261

事項索引

ア 行

アトラクタ（attractor） 121
アフォーダンス（affordance） 14
アルゴリズム（algorithm） 138
意識（consciousness） 192
意思決定（decision making） 133
意味記憶（semantic memory） 61
意味空間（semantic space） 184, 185
意味ネットワーク（semantic network） 12, 76, 98, 114
因果図式（causal schema） 209, 210
印象形成（impression formation） 203
インターネット（internet） 13, 15
インダクション理論（induction theory） 86
インプリシット・ステレオタイピング（implicit stereotyping） 207
ウェルニッケ領域（Wernicke area） 130, 131
エージェント（agent） 15
エキスパート・システム（expert system） 7
エクフォリー（ecphory） 53
エネルギー関数（energy function） 24, 121
エピソード記憶（episodic memory） 61
エラー（error） 254, 255
演繹（deduction） 100

カ 行

階層型ネットワーク（multi-layered network） 22-25, 160, 161
外的制約（external constraint） 168
概念（concept） 75
——依存理論（conceptual dependency theory） 79, 111, 112
——学習課題（concept learning task） 236
——の獲得（concept acquisition） 75, 86, 93
——結合（conceptual combination） 80
——の凝集性（cohesiveness of concept） 87
快-不快（pleasantness-unpleasantness） 181, 184
確実性等価物（certainty equivalent） 142, 143, 145
学習（learning） 155
確認バイアス（confirmation bias） 135
格文法（case grammar） 3, 109
格役割（case role） 122
過設計（overdesign） 108, 113
課題指向的（task oriented） 228
活性化拡散（spreading activation） 61, 78, 113
活性値（activation value） 22, 26
葛藤解決（conflict resolution） 234
活動理論（activity theory） 261
カテゴリー（category） 87

事項索引

感情（emotion）177
記憶（memory）3, 51
キーストロークレベル・モデル（key stroke level model, KLM）248
記号処理モデル（symbol-processing model）156-159, 168
記号的コネクショニスト・モデル（symbolic connectionist model）123
記述不変性（description invariance）146
帰属（attribution）208
期待効用（expected utility）141, 142
帰納（induction）86
機能MRI（functional MRI, fMRI）14, 58
機能イメージング（functional imaging）13, 14
気分依存記憶（mood dependent memory）189
ギャバガイ問題（Gavagai problem）164
強化（reinforcement）162
競合解消（conflict resolution）83
教師信号（teacher signal）161
教師付き学習（supervised learning）162
共同（collaboration）234, 237
共変モデル（covariation model）208
局所主義的コネクショニスト・モデル（localist connectionist model）25, 119
局所表現（local representation）22, 89
グローバルマッチング理論（global matching theory）54, 61, 62
経験論（empiricism）162
計算機科学（computer science）3
計算主義（computationalism）8
計算モデル（computational model）198
係留と調整のヒューリスティック（anchoring and adjustment heuristic）141
結合強度（connection weight）23, 26, 161
結合錯誤（illusory conjunction）43
結合探索（conjunction search）40, 42
結合問題（binding problem）42, 43
言語学（linguistics）3, 109
言語獲得（language acquisition）166
言語獲得装置（language acquisition device）109
言語聴覚士（speech therapist）131
言語理解（language comprehension）107
顕在記憶（explicit memory）52
現状維持バイアス（status quo bias）148
現場での認知（cognition in situ）261
行為の7段階モデル（seven stages model of action）253
高次視覚（high-level vision）32-35, 49
構成-統合モデル（construction-integration model）116-118
肯定的テスト方略（positive test strategy）136
行動主義（behaviorism）3, 155, 162, 169
心の社会（society of mind）15
誤差逆伝播（back propagation）24, 161, 185
コネクショニスト・モデル（connectionist model）5, 9, 10, 13, 14, 21-27, 54, 55, 61, 89-93, 119-123, 217
コネクショニズム（connectionism）9, 13, 23
語の獲得（word acquisition）164
コラボレーション（collaboration）225
コンピュータ・コミュニケーション

(computer mediated communication, CMC) 225
コンピュータ・シミュレーション（computer simulation） 11
コンピュータ・チェス（computer chess） 8

サ 行

サイバネティックス（cybernetics） 5
サイモン効果（Simon effect） 254
作業記憶（working memory） 53, 56, 83, 102, 114, 156
　——容量（working memory capacity） 115, 122
三段論法（syllogism） 134
ジオン（geon） 35, 36
自我関与（ego involvement） 215
視覚（vision） 31, 32
　——失認（visual agnosia） 36, 48, 49
　——探索（visual search） 38
　——的ポップアウト（visual pop-out） 38
磁気共鳴画像（magnetic resonance imaging, MRI） 14
資源（resource） 261
視床下部（hypothalamus） 178
事象関連電位（event-related potential, ERP） 13
システムビュー（system view） 259, 260
実験心理学的アプローチ（approach from experimental psychology） 101
実験データ（experimental data） 4
失語症（aphasia） 130, 131
失読症（dyslexia） 130

実用的推論スキーマ（pragmatic reasoning schema） 137
自動的処理（automatic processing） 10
事物全体制約（whole object assumption） 164
シミュレーション・ヒューリスティック（simulation heuristic） 140
社会心理学（social psychology） 10
社会的アイデンティティ理論（social identity theory） 228
社会的認知（social cognition） 203
社会的比較理論（social comparison theory） 228
集団極化（group polarization） 227-229
集団思考（group think） 232
主観的体験（subjective experience） 177, 192
熟達化（expertise） 85, 158
手段-目標分析（means-ends analysis） 159
述語（predicate） 77, 116
馴化（habituation） 163, 174
状況（situation） 9, 260, 263
　——モデル（situation model） 117
条件照合-競合解消-実行（matching, conflict resolution, execution） 114
情報遮蔽性（informationally encapsulated） 11
情報処理アプローチ（information processing approach） 2
情報理論（information theory） 5
情報濾過（cue filtered out） 226
初期視覚（early vision） 31-35, 37, 38, 41, 44, 48, 49

処理資源（processing resource） 10
処理水準（levels of processing） 52
処理説（processing view） 52
事例ベースの推論（case-based reasoning, CBR） 82
事例モデル（exemplar model） 63, 88, 93
進化（evolution） 177, 179
神経細胞（neuron） 21, 22
神経生理学（neurophysiology） 177-179
人工知能（artificial intelligence, AI） 3, 6, 7, 75, 100, 166, 191
深層格（deep case） 110
深層構造（deep structure） 109
身体性（embodiment） 15
心的表象（mental representation） 2
シンボル（symbol） 65, 71
随伴荷重理論（contingent weighting theory） 143
数理モデル（mathematical model） 12
推論（inference） 133
スキーマ（schema） 10, 13, 79, 91
スクリプト（script） 79, 81, 92, 111, 112, 210
図地反転図形（figure-ground reversal figure） 34
スリップ（slip） 254
制御信号（control signal） 189, 190
制御的処理（controlled processing） 10
生成文法（generative grammar） 3, 13, 109
精緻化可能性モデル（elaboration likelihood model） 214
精緻化命題ネット（elaborated prepositional net） 117

生得性（innateness） 163
生得的制約（predispositional constraint） 169
制約（constraint） 109, 163-165, 169
――充足（constraint satisfaction） 92
生理的反応（physiological response） 177
接種理論（inoculation theory） 217
説得（persuasion） 214
――的論拠理論（persuasive argument theory） 228
説明パターン（explanation pattern, XP） 82
宣言的知識（declarative knowledge） 75, 84, 114
選好逆転（preference reversals） 143-145
先行手がかり法（pre-cueing method） 40
潜在意味分析（latent semantic analysis, LSA） 118
潜在記憶（implicit memory） 52
選択制限（selectional restriction） 110
選択的注意（selective attention） 32, 37, 38, 45
相互結合型ネットワーク（interconnected network） 22-26, 160, 161
相互作用（interaction） 9, 14
側抑制（lateral inhibition） 119

タ　行

第五世代コンピュータ・プロジェクト（fifth generation computer project） 7
態度（attitude） 212
大脳辺縁系（limbic system） 178

多義性（ambiguity）　119, 121, 122
多痕跡理論（multiple-trace theory）　62
多数性ヒューリスティック（numerosity heuristic）　140
立場の平等化（status equalization）　226
食べ物の汚染原理（physical principles of contamination）　167
多変量解析（multivariate analysis）　11
短期記憶（short-term memory）　56
単純再帰ネットワーク（simple recurrent network, SRN）　22, 23, 122
小さく始まることの重要性（importance of starting small）　122
知覚（perception）　31
知識（knowledge）　75
　——工学（knowledge engineering）　7
　——構造（knowledge structure）　188
　——表現（knowledge representation）　75, 80, 98
チャンキング（chunking）　85, 86, 157
チャンク（chunk）　3
注意（attention）　31, 41, 48
　——のキャプチャ（attentional capture）　44
中央系（central system）　11
注目-拒否（attention-rejection）　184
チューリング・テスト（Turing test）　5, 191
チューリング・マシン（Turing machine）　5
長期記憶（long-term memory）　56
調整（coordination）　234, 235
超並列統語解析モデル（massively parallel parsing model）　119, 120

直接操作性（direct manipulation）　257, 258
ディープ・ブルー（Deep Blue）　8, 191
定義的特徴モデル（defining feature model）　87
データマイニング（data mining）　21
テキストベース（textbase）　117
手続き的知識（procedural knowledge）　75, 84, 114
手続き不変性（procedure invariance）　142
デフォルト値（default value）　79, 92
デルタ則（delta rule）　23
典型性効果（typicality effect）　87
典型との類似性のヒューリスティック（representativeness heuristic）　138, 139
電子ネットワーキング（electronic networking）　225
特徴統合理論（feature integration theory）　40-43
トップダウン（top-down）　9, 32-35, 42

　　　　　ナ　行

内集団偏好（ingroup favoritism）　224
二重のインタフェース・モデル（dual interface model）　256, 257
乳児（infant）　163, 174
ニューラルネットワーク（neural network）　21, 159, 183-186
2要因説（two-factor theory）　179, 180
人間情報処理モデル（model human processor）　248
認知（cognition）　1, 2

——科学（cognitive science） 1, 4-9
——革命（cognitive revolution） 3
——過程（cognitive process） 9, 10
——工学（cognitive engineering） 247
——構造（cognitive structure） 10, 11
——障害（cognitive disorder） 13
——神経心理学（cognitive neuropsychology） 13
——心理学（cognitive psychology） 1-4
——的均衡理論（cognitive balance theory） 212
——的評価（cognitive appraisal） 180
——的不協和理論（cognitive dissonance theory） 213
——発達（cognitive development） 155, 163, 169
——モデル（cognitive model） 199
ネガティビティ・バイアス（negativity bias） 205
ネットワーク理論（network theory） 61
脳画像研究（brain imaging study） 58
脳研究（brain study） 13, 55
脳磁図（magnetoencephalogram, MEG） 14
脳モデル（brain model） 197

ハ　行

パーセプトロン（perceptron） 24
パーソナルビュー（personal view） 259, 260, 263
パターン認識（pattern recognition） 61
発達心理学（developmental psychology） 10, 163

破滅的忘却（catastrophic forgetting） 61
反証可能性（falsifiability） 135
非言語的情報（nonverbal information） 226
ヒューマン・インタフェース（human interface） 14, 15, 247
ヒューリスティック（heuristic） 137-141, 148
評価理論（appraisal theory） 179
表示規則（display rules） 195, 196
表出行動（expressive behavior） 177
表情（facial expression） 177, 183-187, 195
表情認識（facial recognition） 177, 187
表象レベル（representational level） 169
表層格（surface case） 110
表層構造（surface structure） 109
複数記憶システム（multiple memory system） 52
符号化特定性原理（encoding specificity principle） 52
物理記号系仮説（physical symbol system） 8, 14
プライミング効果（priming effect） 56, 206
プラン（plan） 81, 112
ブレインストーミング（brainstorming） 237-239
フレーミング（flaming） 229, 230
フレーミング効果（framing effect） 146
フレーム（frame） 79, 80
ブローカ領域（Broca area） 130, 131
プロスペクト理論（prospect theory） 146-148
プロダクション・システム（production

system) 3, 8, 10, 12, 82-84, 90, 102, 113-115, 156-159
プロダクション・ルール (production rule) 83-85, 156, 157, 195, 196
文化的制約 (cultural constraint) 168
文ゲシュタルト・ネットワーク (sentence gestalt network) 122, 123
分散化された認知 (distributed cognition) 9, 15
分散表現 (distributed representation) 22, 89, 159
文の表象 (representation of sentence) 108
文法の学習 (learning of syntax) 166, 167
文脈モデル (context model) 88
並列処理 (parallel processing) 10, 157, 159
並列制約充足モデル (parallel constraint satisfaction model) 218
並列分散処理モデル (parallel-distributed-processing model) 21, 89, 120-123, 156, 159, 168
ヘッブ則 (Hebbian rule) 24, 26
変数束縛 (variable binding) 91
扁桃体 (amygdala) 58, 178
弁別ネット (discrimination net) 76
ポジトロン断層法 (positron emission tomography, PET) 14
ポップアウト (pop-out) 38, 40-42, 44
ボトムアップ (bottom-up) 9, 32, 33, 42
ポリアンナ仮説 (Pollyanna principle) 206
ボルツマン・マシン (Boltzmann machine) 24

マ 行

マクロ構造 (macro structure) 116
マッチング仮説 (matching hypothesis) 136
満足化 (satisficing) 133, 148
ミステイク (mistake) 254
名義集団 (nominal group) 238
命題 (proposition) 77, 116
命題ネットワーク (propositional network) 78
メディア・リッチネス (media richness) 226
メンタルモデル (mental model) 134, 135, 260
モジュール (module) 13, 130
モジュール性 (modularity) 11
モデル (model) 12, 197
ものの永続性 (object permanence) 174, 176

ヤ 行

ユーザ (user) 262
誘導探索モデル (guided search model) 42, 43
ユニット (unit) 21, 22, 25, 26, 89, 160, 161
要素処理モデル (components process model) 179-182
容量モデル (capacity model) 115
4枚カード問題 (four-card problem) 136, 137

ラ 行

ランダム性 (randomness) 138

リーディングスパン・テスト (reading span test) 115
リスキーシフト (risky shift) 227, 228
利用可能性のヒューリスティック (availability heuristic) 139, 140
両立性原理 (compatibility principle) 143
理論ベースモデル (theory-based model) 88
ルール集合 (production set) 102
連言誤謬 (conjunction fallacy) 137, 140
連続体モデル (continuum model) 204
ロゴジェン・モデル (logogen model) 53

アルファベット

ACT (adaptive control of thought) 8, 54, 55, 61, 78, 85, 113-115
ACT* (アクトスター) 84, 114, 115, 156-158
ACT-R 105, 115
ALCOVE (attention learning covering map) 93
CHARM (composite holographic associative recall model) 54, 64
CMC (computer mediated communication) 225
CSCW (computer supported cooperative work) 15
DISCERN (distributed script processing and episodic memory network) 92
EPAM (elementary perceiver and memorizer) 76
FACS (facial action coding system) 183, 184
fMRI (functional magnetic resonance imaging) 14, 58
GOFAI (good old-fashioned artificial intelligence) 7
GOMS (goal, operator, method and selection-rule) 249-251
HAM (human associative memory) 113
HERA モデル (hemispheric encoding/retrieval asymmetry model) 52, 59
Linux 97
Logic Theorist 6
MATRIX 54, 64
MEG (magnetoencephalogram) 14, 58
MINERVA2 54, 62, 63, 73
MOP (memory organization packet) 82, 112, 113
PDP (parallel distributed processing) 21, 89
PET (positron emission tomography) 14, 58
PRS (perceptual representation system) 57
SAM (script applier mechanism) 81
SAM (search of associative memory) 54, 62, 63
Soar (state, operator, and result) 84, 86, 105, 156
TODAM (theory of distributed associative memory) 54, 64
TOP (thematic organization point) 82
UME モデル 64, 71

〈編者紹介〉

都築誉史(つづき　たかし)

1959年　愛知県生まれ
現　在　立教大学社会学部教授，博士(教育心理学)

〈主要著書〉

経済・社会学のためのコンピュータ入門　朝倉書店　1994年(分担執筆)
データ分析のための統計入門　共立出版　1995年(共著)
言語処理における記憶表象の活性化・抑制過程に関する研究　風間書房　1997年
認知研究の技法　福村出版　1999年(分担執筆)
コネクショニストモデルと心理学——脳のシミュレーションによる心の理解——
　北大路書房　2001年(共編著)　ほか

認知科学パースペクティブ——心理学からの10の視点——
2002年(平成14年) 6月30日　第1版第1刷発行

編　者　都　築　誉　史
発行者　今　井　　　貴
　　　　渡　辺　左　近
発行所　信山社出版株式会社
〒113-0033　東京都文京区本郷6-2-9-102
　　　　　　電　話　03(3818)1019
　　　　　　FAX　03(3818)0344

発売所　大　学　図　書
　　　　電　話　03(3295)6861
　　　　FAX　03(3219)5158

Printed in Japan

©都築誉史, 2002.　　印刷・製本／図書印刷・大三製本

ISBN4-7972-2217-4　C3011
NDC　140.000